工业和信息化高职高专
“十二五”规划教材立项项目

职业教育财经类“十二五”规划教材

基础会计

Basic Accounting

苏元涛 主编
巫永英 吴梅兰 张碧榕 副主编

人 民 邮 电 出 版 社
北 京

图书在版编目（CIP）数据

基础会计 / 苏元涛主编. -- 北京 : 人民邮电出版社, 2014.9
职业教育财经类“十二五”规划教材
ISBN 978-7-115-33695-8

Ⅰ. ①基… Ⅱ. ①苏… Ⅲ. ①会计学－高等职业教育－教材 Ⅳ. ①F230

中国版本图书馆CIP数据核字(2014)第158260号

内 容 提 要

本书从知识和能力训练两条教学主线的融合为切入点，以重构课程知识体系和能力训练体系为要求，设计了10个项目：总论、会计要素与会计科目、会计等式与复式记账、会计凭证、会计账簿、账务处理程序、财产清查、财务会计报告、会计档案和主要经济业务事项账务处理。

为了让读者能够及时地自我检查学习效果，把握学习进度，每个学习任务中都穿插了丰富的例题及参考答案，每个项目结束给出小结、同步练习与实践训练。另外，加入来源于企业的典型案例和素材，便于实践教学的开展。

本书可以作为高等职业院校、高等专科院校、高校、独立学院、应用型本科院校等不同层次会计及相关专业的教学用书，也可以作为中等职业教育相关专业及社会从业人士的业务参考书及培训用书。

◆ 主　　编　苏元涛
副 主 编　巫永英　吴梅兰　张碧榕
责任编辑　李育民
责任印制　焦志炜

◆ 人民邮电出版社出版发行　　北京市丰台区成寿寺路11号
邮编　100164　　电子邮件　315@ptpress.com.cn
网址　http://www.ptpress.com.cn
北京中新伟业印刷有限公司印刷

◆ 开本：787×1092　1/16
印张：17.25　　　　2014年9月第1版
字数：395千字　　　　2014年9月北京第1次印刷

定价：38.00元

读者服务热线：(010) 81055256　印装质量热线：(010) 81055316
反盗版热线：(010) 81055315
广告经营许可证：京崇工商广字第0021号

前言

"基础会计"作为经济管理类各专业开设的专业基础课程，是学习后续财务课程的前导课程。本书结合会计从业资格考证要求，在阐述会计基本知识和理论的基础上，精心筛选了适量的习题，供读者检测学习效果。同时配备实务操作的具体案例和相关素材，便于实践教学的展开。

本书在编写过程中，坚持理论与实践一体化的原则，以财政部最新颁布制定的《企业会计准则》等为依据，以会计证考试大纲为引导，注重知识与能力的双重培养，加入大量的会计实操素材和实训案例。全书理论以初级会计岗位需要为度，突出了社会实践和岗位工作的实际需要。

本书的参考学时为64～96学时，建议采用理论实践一体化教学模式，项目参考学时见下面的学时分配表。

学时分配表

项　目	课程内容	学　时
项目一	总论	4～6
项目二	会计要素与会计科目	6～8
项目三	会计等式与复式记账	6～8
项目四	会计凭证	6～10
项目五	会计账簿	6～8
项目六	账务处理程序	8～10
项目七	财产清查	6～10
项目八	财务会计报告	6～10
项目九	会计档案	6～10
项目十	主要经济业务事项账务处理	10～16
课时总计		64～96

本书由苏元涛任主编，巫永英、吴梅兰、张碧榕任副主编，苏元涛编写项目一、项目二、项目三，巫永英和林艳编写项目四，许蓉蓉编写项目五，张碧榕编写项目六，倪丽萍编写项目七，吴梅兰编写项目八，吴雅彬编写项目九，吴红萍编写项目十。巫永英编写项目四、项目五的实训部分内容，张碧榕对全书习题进行了编排。

由于编者水平和经验有限，书中难免有欠妥和错误之处，恳请读者批评、指正。

编　者

2014年5月

目录

目录

目录

项目一　总　　论

学习目标

知识目标

- ✧ 理解会计的含义、职能、对象等基本概念
- ✧ 掌握会计核算的具体内容
- ✧ 熟悉会计基本假设
- ✧ 理解并掌握会计核算基础的内涵

能力目标

- ✧ 了解会计工作的应用领域
- ✧ 建立对会计工作重要性的正确认知
- ✧ 区别权责发生制与收入实现制的不同

案例导入

关于会计的对话

在我们开始学习会计的一些基本知识之前，我们先来看一段关于会计含义的对话。

甲、乙、丙、丁是四个好伙伴，在一次聚会上，一通天南海北之后，聊起了什么是会计这一话题，4人各执一词，谁也说服不了谁。

甲：什么是会计？这还不简单，会计就是指一个人，即会计人员。例如，我们公司的刘会计，是我们公司的会计人员，这里会计不是人是什么？

乙：不对，会计不是指人，会计是指一项工作，例如我们常常这样问一个人，你在公司做什么？他说，我在公司当会计，这里会计当然是指会计工作了。

丙：会计不是指一项工作，也不是指一个人，而是指一个部门，一个机构，即会计机构，你们看，每个公司都有一个会计部，或者会计处什么的，这里会计就是指会计部门，显然是一个机构。

丁：你们都错了，会计既不是一个人，也不是一项工作，更不是指一个机构，而是指一门学科，我弟弟就是在湖南大学学会计的，他当然是去学一门学科或科学的。

结果，他们谁也说服不了谁。

亲爱的朋友，如果让你来谈谈什么是会计，你会怎么说呢？

在日常生活中，会计确实有多种不同的含义。甲、乙、丙、丁 4 个人的看法都说明了会计含义的一部分，但又都不全面。我们说会计主要还是指会计工作和会计学。

会计是一项经济管理工作，一项为生产经营活动服务的社会实践，这就是说，会计是指会计工作。同时，既然有会计工作的实践，就势必有实践经验的总结和概括，就有会计理论，就有会计工作赖以进行的指导思想。会计是解释和指导会计实践的知识体系，是一门学科，也就是说，会计是指会计学。可见，会计既指会计学，又指会计工作，会计既包括会计理论，又包括会计实践。

启发与思考

会计的含义是什么？

学习任务一　会计的概念与特点

一、会计的概念及特征

（一）会计的概念

会计是人类社会发展到一定历史阶段的产物，它起源于生产实践，是为管理生产活动而产生的。

1. 含义

会计是以货币为主要计量单位，以凭证为依据，借助于专门的技术方法，对一定单位的资金运动进行全面、综合、连续、系统的核算与监督，向有关方面提供会计信息，参与经营管理，旨在提高经济效益的一种经济管理活动。

【例题 1-1·单选题】会计是以（　）为主要计量单位，反映和监督一个单位经济活动的一种经济管理工作。

A. 数量　　B. 金额　　C. 货币　　D. 时间

参考答案：C

答案解析：会计的含义明确指出会计指以货币为主要计量单位，但不是唯一的计量单位，会计计量单位有 3 种：实务量（公斤、件）、劳动量（工时）、价值量（货币），其中，实务量（公斤、件）、劳动量（工时）为辅助计量单位，价值量（货币）为主要计量单位。

2. 分类

（1）财务会计：主要侧重于向单位外部关系人提供有关企业财务状况、经营成果和现金流量情况等有关信息，而且侧重于过去的信息。反映财务状况的是资产负债表，反映经营成果的是利润表，反映现金流量的是现金流量表。

（2）管理会计：主要侧重于向企业内部管理者提供进行经营规划、经营管理、预测决策所需的相关信息，而且侧重于未来的信息。

【例题 1-2・判断题】管理会计侧重于过去的信息。

参考答案：×

答案解析：财务会计是侧重于过去的会计信息，管理会计则侧重于企业内部、未来的信息。

（二）会计的基本特征

（1）会计以货币为主要计量单位。

（2）会计拥有一系列专门方法。会计的方法是指用来核算和监督会计内容，完成会计任务的手段。会计的方法包括会计核算方法、会计分析方法和会计检查方法。会计核算方法是对经济活动进行全面、综合、连续、系统的记录和计算，为经营管理提供必要的信息所应用的方法，它是整个会计方法体系的基础。会计核算方法主要包括以下几种。

① 设置账户，是对会计对象的具体内容进行归类核算和监督的一种专门方法。

② 复式记账，是对任何一笔经济业务都以相等的金额，在两个或两个以上的相关账户中做相互联系的登记，从而能够全面、系统地核算经济业务对各会计要素的影响及其结果。

③ 填制和审核会计凭证，会计凭证是用来记录经济业务、明确经济业务责任，并据以登记账簿的书面凭证。

④ 登记账簿，就是根据会计凭证，在账簿上连续、完整、系统地记录经济业务的一种专门方法。

⑤ 成本计算，是按一定对象归集各个经营时期发生的费用，从而计算各个对象的总成本和单位成本的一种专门方法。

⑥ 财产清查，是指通过对货币资金、实物资产和往来款项的盘点或核对，确定其实存数，查明账存数与实有数是否相符的一种专门方法。

⑦ 编制会计报表，是以书面报告的形式，定期总括地反映企事业单位财务状况、经营成果和现金流量变动情况的一种专门方法。

会计核算方法的基本程序如图 1-1 所示。

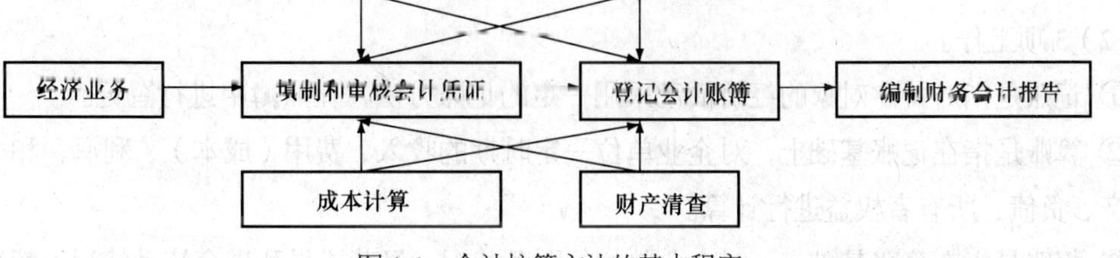

图 1-1　会计核算方法的基本程序

以上这些会计核算方法是一个完整的方法体系。在实际工作中它们之间是相互联系、紧密结合的。一般来说，经济业务发生后，首先要运用复式记账方法填制和审核会计凭证，然后据以登记各种账簿，对于经营过程中发生的各种费用要按规定进行成本计算，并定期进行财产清查，在账实相符的基础上，根据账簿记录编制财务会计报告。但在实务中，会计方法并不是按固定顺序来运用的，而是作为一种方法体系，在会计核算中相互配合运用的，缺少任何一种方法，都无法完成会计任务。

（3）会计具有核算和监督的基本职能。会计核算和监督的基本职能，即对发生的经济业务以会计语言进行描述，并在此基础上对经济业务的合法性和合理性进行审查。

（4）会计的本质就是管理活动。会计的本质就是一项经济管理活动，它属于管理范畴。

二、会计的基本职能

会计的职能是指会计在经济管理过程中所具有的功能，生产力发展水平和经营管理水平的高低，对会计的职能具有决定性的影响。随着生产力水平的日益提高，社会经济关系的日益复杂和管理理论的不断深化，会计所发挥的作用日益重要，其职能也不断地被丰富和发展。人们一般认为，会计具有进行会计核算、实施会计监督、预测经济前景、参与经济决策和评价经营业绩的功能，其中进行会计核算和实施会计监督是会计的基本职能。

（一）会计的核算职能

1. 含义

会计核算贯穿于经济活动的全过程，它是会计最基本的职能，也称反映职能。它是指会计以货币为主要计量单位，通过确认、记录、计算、报告等环节，对特定对象（或称特定主体）的经济活动进行记账、算账、报账，为各有关方面提供会计信息的功能。

（1）4 个环节。

① 确认——（能不能记账或用不用记账）是否应该或能够进行会计处理。

例如，公司部分员工离职——不用做会计处理；公司销售了一批新产品——应该记账。

② 记录——（怎么记）将发生的经济活动在会计特有的载体上进行登记的工作。

例如，上面的业务，经确认后确定产品销售收入为 10 000 元，根据借贷记账法，我们在凭证和账簿中都会记录——贷：主营业务收入 10 000。

③ 计算——（记多少）对已确定可以进行会计处理的经济活动确定其应记录的金额。

例如，上面提到的销售产品，通过计算后我们才能确定其收入的具体金额。

④ 报告——通过编制财务报告提供信息。

（2）3 项工作。

① 记账是指对特定对象的经济活动采用一定的记账方法，在账簿中进行登记。

② 算账是指在记账基础上，对企业单位一定时期的收入、费用（成本）、利润，和一定日期的资产、负债、所有者权益进行计算。

③ 报账是指在算账基础上，对企业单位的财务状况、经营成果和现金流动情况（就行政事业

单位而言，则是对其经费收入、经费支出、经费结余及其财务状况）以会计报表的形式对有关方面进行报告。

记账（在账簿中登记）→算账（对各要素进行计算）→报账（以会计报表形式进行报告）。

2. 分类

事前核算：进行预测、参与决策。

事中核算：在计划执行过程中，通过核算和监督相结合的方法，对经济活动进行控制，使经营活动过程按照计划或预期的目标进行。

（二）会计的监督职能

1. 含义

会计监督职能也称控制职能，是指会计人员在进行会计核算的同时，对特定对象经济业务的合法性、合理性进行审查。

合法性审查是指保证各项经济业务符合国家的有关法律法规，遵守财经纪律，执行国家的各项方针政策，杜绝违法乱纪行为。

合理性审查是指检查各项财务收支是否符合特定对象的财务收支计划，是否有利于预算目标的实现，是否有奢侈浪费行为，是否有违背内部控制制度要求等现象，为增收节支、提高经济效益严格把关。

2. 分类

事前监督（过程之初）、事中监督（过程之中）和事后监督（过程之后）。

（三）会计核算与监督职能的关系

上述两项基本会计职能是相辅相成、辩证统一的关系。会计核算是会计监督的基础，没有核算所提供的各种信息，监督就失去了依据；而会计监督又是会计核算质量的保障，只有核算、没有监督，就难以保证核算所提供信息的真实性、可靠性。

三、会计核算的具体内容

会计核算的内容是指应当进行会计核算的经济业务事项。根据《中华人民共和国会计法》（以下简称《会计法》）规定，对下列经济业务事项，应当及时办理会计手续，进行会计核算。

1. 款项和有价证券的收付

款项和有价证券是各单位流动性最强的资产，是各单位内部会计控制的重点。其中，款项是指货币资金，包括库存现金、银行结算户存款和其他货币资金以及单位其他部门使用的备用金等。有价证券是指表示一定财产拥有权或支配权的证券，如国库券、股票、企业债券和其他债券等。各单位必须按照国家统一的会计制度的规定，及时反映款项和有价证券的增减变化及其结存情况，加强监督与管理，保证其流通性和安全性，提高其使用效率。

2. 财物的收发、增减和使用

财物是指单位具有实物形态的经济资源（即实物资产），包括原材料、燃料、包装物、低值易耗品、在产品、自制半成品、产成品（或库存商品）、房屋建筑物、机器设备、运输工具、设施等。其中，一部分是单位的流动资产，一部分是单位的固定资产。各单位必须加强对财物收发、增减和使用的管理和核算，维护单位正常生产经营秩序和会计秩序，合理降低其成本费用水平，确保财产物资的安全性，提高其使用效率。

3. 债权债务的发生和结算

债权是指单位未来收取款项的权利，包括应收账款、应收票据、预付账款、其他应收款、应收股利、应收利息、应收补贴款等。债务是指由过去交易、事项形成的，由单位承担并预期会导致经济利益流出单位的现时义务，包括各种借款、应付及预收款项等。债权和债务是各单位在其日常经济业务中产生的，其发生的种类、时间和规模会直接对单位的财务状况、经营成果和其他单位或个人的经济利益等产生重大的影响。因此，各单位应及时、真实、完整地核算和监督其债权债务的发生、收回或偿还、结存情况。

4. 资本的增减

资本是指企业所有者（或投资人）投资转入的资本金（即开展生产经营活动的本钱）。单位资本的增减，直接涉及企业所有者（或投资人）在企业所享有的权益比例的变化，或单位按规定用途使用资金的责任与义务等。

5. 收入、支出、费用、成本的计算

对于企业来说，收入是指企业在销售商品、提供劳务及让渡资产使用权等日常活动中所形成的经济利益的总流入。这种经济利益的流入表现为资产的增加或债务的减少，同时所有者权益也随之增加。但是，不包括为第三方或客户代收的款项。对于财政总预算会计来说，收入是指国家为实现其职能，根据法令和法规所取得的非偿还性资金。对于行政事业单位来说，收入是指各单位为开展业务活动，依法取得的非偿还性资金。

支出是财政总预算、行政事业单位和社会团体在履行其法定职能、发挥其特定功能时所发生的各项开支以及企业在正常生产经营活动之外的支出和损失。其中，政府的财政支出表现为各级政府为实现其职能，对财政资金的再分配；行政事业单位的支出表现为开展业务活动所发生的资金耗费和损失。

费用是指企业在销售商品、提供劳务等日常活动中所发生的经济利益的流出。它包括生产费用和期间费用。生产费用是指企业在一定时期内为生产产品、提供劳务所发生的，能用货币加以计量的，按规定可以计入产品或劳务成本的生产耗费（即各项资金支出）。期间费用是指企业在一定时间内所发生的按规定不能计入产品或劳务成本，而是直接计入当期损益和资金耗费，包括管理费用、财务费用和销售费用。

成本是指对象化的费用。例如，产品成本是指一定种类和数量的产品所应负担的生产费用，包括直接材料费用、直接人工费用和应分摊的制造费用等。外购材料的采购成本是指一定种类和数量的外购存货所应负担的存货买价和应分摊的采购费用等。

6. 财务成果的计算和处理

财务成果是指企业、事业单位等在一定时期内通过经营活动所实现的利润或发生的亏损。任何从事生产经营的企业或单位，都应该通过定期结账计算该期实现的利润或发生的亏损，然后按税法要求计算和缴纳所得税，并进行利润分配。

7. 需要办理会计手续、进行会计核算的其他事项

其他事项是指除上述 6 项经济业务事项外，按国家统一的会计制度规定应办理会计手续和进行会计核算的其他经济业务事项。《会计法》将各单位可能出现的其他特殊交易或会计事项，尤其是可能出现的新的会计事项作为“其他事项”纳入各单位的核算范围，主要是考虑企业、事业、机关等单位经济业务的复杂性和经济发展对会计核算工作的要求，保证所有的经济业务事项都能依法及时得到核算和监督。

四、会计核算的一般要求

会计核算是会计的基本职能之一。会计核算的基本内涵是以货币为主要计量单位，运用专门的会计方法，对生产经营活动或者预算执行过程及其结果进行连续、系统、全面地记录、计算、分析，定期编制并提供财务会计报告和其他一系列内部管理所需的会计资料，为做出经营决策和宏观经济管理提供依据的一项会计活动。会计核算往往渗透到生产经营和业务活动的全过程，包括对经济业务事项的事前预测、事中控制和事后核算。会计核算是会计工作的核心和重点。会计核算的一般要求是指各单位进行会计核算应当遵循的基本规范。根据《会计法》和国家统一的会计制度规定，企业在进行会计核算时应遵循以下一般要求。

（1）各单位必须按照国家统一的会计制度要求，设置会计科目和账户，采用复式记账，填制会计凭证，登记会计账簿，进行成本核算、财产清查和编制财务会计报告。

（2）各单位必须根据实际发生的经济业务事项进行会计核算，编制财务会计报告。

企业提供会计信息的目的是满足会计信息使用者的决策需要，因此，会计核算必须以实际发生的经济业务事项为依据，做到内容真实、数字准确、资料可靠，这是会计核算的重要前提，是填制会计凭证、登记会计账簿、编制财务会计报告的基础，是保证会计资料质量的关键。

实际发生的经济业务事项是指各单位在生产经营或预算执行过程中发生的包括引起或未引起资金增减变化的经济活动。并非所有实际发生的经济业务事项都需要进行会计记录和会计核算。如签订合同或协议的经济业务事项，在签订合同或协议时，无须进行会计核算，只有当合同或协议实际履行并引起资金运动时，才需要对履行合同或协议这一经济业务事项如实记录和反映，进行会计核算。

任何单位不得以虚假的经济业务事项或资料进行会计核算。如果以不真实或虚假的经济业务事项为依据进行会计核算，会导致所发生的会计资料与实际发生的经济业务事项不相符合，造成会计资料的失实与失真，从而影响会计资料的有效使用和扰乱社会经济秩序，是一种严重的违法行为。

（3）各单位发生的各项经济业务事项应当在依法设置的会计账簿上统一登记、核算，不得违反《会计法》和国家统一的会计制度的规定私设会计账簿登记、核算。

《会计法》对账外账问题做出了禁止性强制规定。违反规定账外设账，主要表现为在法定会计

账簿之外，另设置一套或多套账簿，用于登记没有纳入法定会计账簿之内统一核算的其他经济业务事项，以达到种种非法目的，如单位设置小金库、隐瞒真实财务状况和经营成果、偷逃税款等。设置账外账是产生虚假会计资料的根源，直接影响到会计资料的真实、完整，是一种极为严重的违法行为。

（4）各单位对会计凭证、会计账簿、财务会计报告和其他会计资料应当建立档案，妥善保管。

会计档案是指记录和反映经济业务事项的重要历史资料和证据，一般包括会计凭证、会计账簿、财务会计报告以及其他会计资料等会计核算的专业材料。会计档案对于总结经济工作，指导生产经营管理和事业管理，查验经济财务问题，防止贪污舞弊，研究经济发展的方针、战略都具有重要作用。因此，各单位必须加强对会计档案的管理，确保会计档案资料的安全和完整，并充分加以利用。

财政部和国家档案局根据经济发展和会计改革的要求，制定了《会计档案管理办法》，对会计档案的立卷、归档、保管、调阅和销毁，以及单位变更后的会计档案管理等内容做出了明确的规定。如果不按规定管理会计档案，致使会计档案销毁、灭失的就是违法行为，应当承担相应的法律责任。会计档案的内容、保管、销毁等将在后面项目中单独详细介绍。

（5）使用电子计算机进行会计核算的，其软件及其生成的会计凭证、会计账簿、财务会计报告和其他会计资料，必须符合国家统一的会计制度规定。

会计电算化是以电子计算机为主的当代电子和信息技术应用于会计工作中的简称，是采用电子计算机替代手工记账、算账、报账，以及对会计资料进行电子化分析和利用的现代记账手段。实现会计电算化，是现代化管理和会计自身改革与发展的客观要求，是现代科技发展的必然，对实现会计核算手段现代化和提高会计参与经营管理的能力具有十分重要的意义。

用电子计算机进行会计核算与手工记账既有相同点，也有不同点。相同点是会计资料和对会计资料的基本要求都是一致的，都必须保证会计资料的真实、完整；不同点是在实行会计电算化后，会计资料是由电子计算机按照规定的程序生成。为保证计算机生成的会计资料真实、完整和安全，加强对会计电算化工作的规范，《会计法》对会计电算化做出了两方面规定。一是用电子计算机进行会计核算的单位，使用的会计软件必须符合国家统一的会计制度的规定。会计软件是会计电算化的重要手段和工具，会计软件是否符合国家统一的会计制度规定的核算要求，是保证会计资料质量和会计工作正常进行的重要前提。二是用电子计算机生成的会计资料（包括会计凭证、会计账簿、财务会计报告和其他会计资料）必须符合国家统一的会计制度的要求。上述两方面规定，是对实行会计电算化的单位有关会计软件和会计资料的基本要求。

（6）会计记录的文字应当使用中文。在民族自治地区，会计记录可以同时使用当地通用的一种民族文字。在中华人民共和国境内的外商投资企业、外国企业和其他外国组织的会计记录，可以同时使用一种外国文字。

会计记录所使用的文字是正确进行会计核算和表述各种会计记录、会计资料的重要媒介，对会计人员准确、完整地记录会计资料，对会计资料使用者全面、细致地了解会计资料所表述的经济内涵等，起着重要的辅助作用。会计资料作为一种商业语言和社会资源，必须规范统一，而对会计资料起辅助说明作用的会计记录文字也必须通行，为广大会计资料使用者所熟知。在我国，中文是法定的官方语言，有广泛的适应性。因此，我国《会计法》中规定，“会计记录的文字应当使用中文”。

然而，我国是个多民族、多语言文字的国家，民族自治地方有使用自己的语言文字的自由；加之改革开放的深入，大量外国经济组织在我国投资办企业，为了方便使用不同文字的人员阅读会计资料，《会计法》规定，“在民族自治地区，会计记录可以同时使用当地通用的一种民族文字。在中华人民共和国境内的外商投资企业、外国企业和其他外国组织的会计记录，可以同时使用一种外国文字。”这一规定，实际上是允许会计记录文字上可以并用中文和其他通用文字。使用中文也是强制性的法定要求，使用其他通用文字是备选性的，不能理解为可以使用中文，也可以使用其他通用文字。

学习任务二 会计的对象

会计的对象是指会计所核算和监督的内容。凡是特定主体能够以货币表现的经济活动，都是会计核算和监督的内容，也就是会计的对象。以货币表现的经济活动通常又称为价值运动或资金运动。会计对象不是社会再生产过程中的全部经济活动，而是其中能够用货币表现的方面。

由于各单位经济活动的具体内容不同，经济活动、资金运动的方式也不相同，具体的会计对象也不一样。如工业企业的主要活动是从事产品生产，为了进行生产经营活动，必须拥有一定的劳动资料（厂房、机器设备等）、劳动对象（原材料）和劳动者（生产工人等），劳动者将自己的劳动通过劳动资料作用于劳动对象，生产出劳动产品。其生产经营活动最终要借助价值形态，以货币形式表现出来。这些以货币形式表现的生产经营活动构成了工业企业的资金运动。具体的资金运动程序可分为资金投入、资金循环与周转（即资金的运用）、资金退出 3 个基本环节。

（1）资金投入包括企业所有者投入的资金和债权人投入的资金两部分，前者属于企业所有者权益，后者属于企业债权人权益，即负债。

（2）资金循环与周转过程即工业企业的主要经营过程，是以生产过程为中心的供应、生产和销售的有机结合。所有者和债权人投入资金后，资金就要伴随生产经营过程的进行，不断地发生运动变化。资金形态依次由货币资金转化为储备资金、生产资金和产品资金，随着产品的出售又转化为货币资金，这个过程称为资金循环，如图 1-2 所示。资金的不断循环，则称为资金周转。

在供应过程，企业要购买各种原材料，发生材料费、运输费、装卸费等材料采购成本，与供应单位发生货款结算关系。在生产过程，因产品的生产而发生各种生产费用，包括材料的消耗费用、工资费用、固定资产折旧费用等。在销售过程，企业一方面将产品销售给购买单位，取得销售收入，另一方面需要支付必要的产品包装、运输、广告等销售费用，计算销售成本和销售税金，办理货款及其他各项销售费用的结算。一般情况下，经营收回的货币资金数额通常应大于原先投

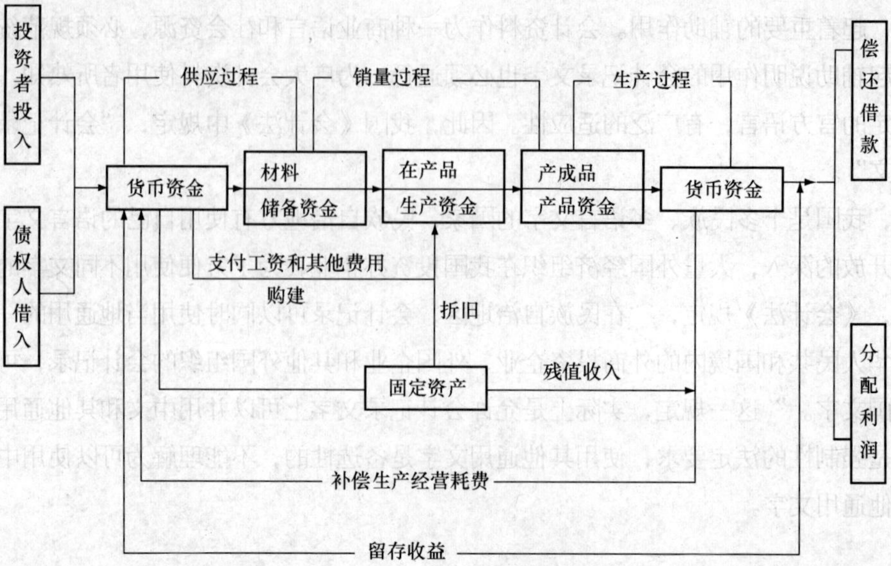

图 1-2　工业企业的资金运行过程

入的数额。除补偿生产和销售过程的耗费外，就是企业的纯收入。企业实现的纯收入要按国家的规定进行分配，其中一部分以税金形式上缴国家，一部分以利润形式分配给投资者，一部分留给企业，形成留存收益。

（3）资金退出包括偿还债务、上交税金、向所有者分配利润、经法定程序减少资本等。

上述由于资金的投入、运用和退出等经济活动所引起的各项财产物资和资源的增减变动情况及在生产经营过程中各项费用的支出和成本形成情况，就构成了工业企业会计的具体对象。

【例题 1-3・判断题】企业所有的经济活动都是会计核算和监督的内容。

参考答案：×

答案解析：凡是能够以货币表现的经济活动，都是会计核算与监督的内容，会计监督的对象是特定主体的经济活动过程及其引起的资金运动。而不能用货币表现的经济活动，如签订意向书、股东会议等，也属于企业经济活动，但不是会计核算与监督的内容。

【例题 1-4・多选题】会计监督可分为（　　）。

A. 事前监督　　B. 事中监督　　C. 事后监督　　D. 控制性监督

参考答案：A、B、C

答案解析：会计监督可分为事前监督（过程之初）、事中监督（过程之中）和事后监督（过程之后）。

学习任务三　会计核算基本前提

为了连续、系统、全面地核算和监督企业的经济活动和财务状况，就需要对不确定的经济环境和企业自身的经营活动做出合理的判断，这种合理的判断则构成了企业会计核算的前提条件。

这些条件是人们在长期的会计实践中逐步认识和总结出来的，当前人们一般把会计核算前提概括为4项，即会计主体、持续经营、会计分期和货币计量，也称为会计核算假设。

一、会计主体

会计主体是指会计人员所核算和监督的特定单位，是会计核算和监督的空间范围。会计主体前提要求会计人员只能核算和监督所在主体的经济业务。会计制度规定，会计核算应当以企业发生的各项交易或事项为对象，记录和反映企业本身的各项生产经营活动。

应当注意的是，会计主体与法律主体（法人）并非是对等的概念，法人可作为会计主体，但会计主体不一定是法人。例如，由自然人所创办的独资与合伙企业不具有法人资格，但在会计核算上必须将其作为会计主体，以便将企业的经济活动与其所有者个人的经济活动以及其他实体的经济活动区别开来。又如，企业集团由若干具有法人资格的企业组成，各个企业是独立的会计主体，但为了反映整个集团的财务状况、经营成果及现金流动情况，还应编制该集团的合并财务会计报告。这里的企业集团是会计主体，但通常不是一个独立的法人。

【例题 1-5・判断题】会计主体所核算的生产经营活动也包括其他企业或投资者个人的生产经营活动。（　　）

参考答案：×

答案解析：会计主体是指会计人员所核算和监督的特定单位，是会计核算和监督的空间范围。要求会计人员只能核算和监督所在主体的经济业务。

【例题 1-6・判断题】会计主体必须是法律主体。（　　）

参考答案：×

答案解析：会计主体与法律主体（法人）并非是对等的概念，法人一般都可作为会计主体，但会计主体不一定都是法人。在某种意义上说，会计主体的范围比法人要宽。

【例题 1-7・单选题】关于会计主体的概念，下列各项说法中不正确的是（　　）。

A. 可以是独立法人，也可以是非法人

B. 可以是一个企业，也可以是企业内部的某一个单位

C. 可以是一个单一的企业，也可以是由几个企业组成的企业集团

D. 当企业与业主有经济往来时，应将企业与业主作为同一个会计主体处理

参考答案：D

答案解析：会计主体是指会计人员所核算和监督的特定单位，在会计核算上必须将企业作为会计主体，以便将企业的经济活动与其所有者个人的经济活动以及其他实体的经济活动区别开来。

二、持续经营

持续经营是指会计主体在可预见的未来，将根据正常的经营方针和既定的经营目标持续经营下去，即在可预见的未来，该会计主体不会破产清算，所持有的资产将正常营运，所负有的债务将正常偿还。如果说会计主体是一种空间界定，那么持续经营是一种时间上的界定。会计制度规定，会

计核算应当以企业持续、正常的生产经营活动为前提。持续经营前提的主要意义在于：它可使会计原则建立在非清算基础之上，从而为解决很多常见的资产计价和收益确认问题提供了基础。

三、会计分期

根据持续经营假设，企业的生产经营活动将持续不断地经营下去。为了及时获得会计信息，更好地进行会计核算和监督，需要合理地划分会计期间，即进行会计分期。所谓会计分期就是将企业的经营活动人为划分成若干个相等的时间间隔，以便确认某个会计期间的收入、费用、利润，确认某个会计期末的资产、负债、所有者权益，编制财务会计报告。

会计期间通常分为年度和中期。

中期是短于一个完整会计年度的报告期间，又可以分成季度、月度、半年度。

这里的会计年度采用的是日历年度，即从每年的 1 月 1 日到 12 月 31 日为一个会计年度。

由于会计分期，才产生了当期与以前、以后期间的差别，从而产生了权责发生制和收付实现制的区别，进而出现了预收、预付、应收、应付、预提、待摊等会计处理方法。

会计制度规定，会计核算应当划分会计期间，分期结算账目和编制财务会计报告。

【例题 1-8 · 多选题】会计中期包括（　　）。

A. 月度　　B. 季度　　C. 半年度　　D. 年度

参考答案：A、B、C

答案解析：会计期间通常分为年度和中期。中期是短于一个完整会计年度的报告期间，又可以分成季度、月度、半年度。

四、货币计量

货币计量是指在会计核算中，以货币作为统一计量单位。会计制度规定，企业的会计核算以人民币为记账本位币；业务收支以外币为主的企业，可以选定其中一种货币作为记账本位币，但编制的财务会计报告应当折算为人民币。

【例题 1-9 · 多选题】某外资企业日常经营活动中主要交易是以美元为主要业务收支的货币，那么它的记账本位币可以为（　　）。

A. 人民币　　B. 美元　　C. 日元　　D. 以上都不行

参考答案：A、B

答案解析：《会计法》规定，会计核算以人民币为记账本位币。业务收支以人民币以外的货币为主的单位，可以选定其中一种货币作为记账本位币，但是编报的财务会计报告应当折算为人民币。

五、4 项会计核算前提的关系

4 项会计核算前提相互依存、相互补充。会计主体确立了会计核算的空间范围，持续经营与会计分期确立了会计核算的时间长度，而货币计量为会计核算提供了必要手段。没有会计主体，就不会有持续经营；没有持续经营，就不会有会计分期；没有货币计量，就不会有现代会计。

【例题 1-10·判断题】会计主体确立了会计核算的空间范围，持续经营与会计分期确立了会计核算的时间长度，而货币计量则为会计核算提供了必要手段。（ ）

参考答案：✓

答案解析：正确反映了 4 项基本假设之间的关系。会计主体是会计确认、计量和报告的空间范围。持续经营是指会计主体在可预见的未来按照当前的规模和状态继续经营下去，不会停业，也不会大规模削减业务。会计分期是指将一个会计主体持续的经营活动划分为若干连续的、长短相同的会计期间，以便能分期结算账目和编制财务会计报告。货币计量是指会计主体在进行会计确认、计量和报告时以货币计量，反映会计主体的财务状况、经营成果和现金流量。

学习任务四 会计核算基础

一、会计核算基础的概念和种类

会计核算基础是指会计以什么为标准来确认、计量和报告企业单位的收入和费用，是为了更加真实、公允地反映企业单位某一特定日期的财务状况和某一特定期间的经营成果。

二、权责发生制

权责发生制也称应计制或应收应付制，是以权利或责任的发生与否为标准来确认收入和费用。凡属本期的收入，不管其款项是否收到，都应作为本期的收入；凡属本期应当负担的费用，不管其款项是否付出，都应作为本期的费用。反之，凡不应归属本期的收入，即使款项在本期收到，也不应作为本期的收入；凡不应归属本期的费用，即使款项已经付出，也不能作为本期的费用。

例如，企业销售货物 100 000 元未收到货款（应收账款、主营业务收入）；企业预收某单位货款 50 000 元（银行存款、预收账款）。

依上述，按权责发生制确定该企业销售收入应为 100 000 元，预收账款虽然收到银行存款，但不归属本期的收入。

权责发生制的优点：可以正确反映各个会计期间所实现的收入和为实现收入所应负担的费用，从而可以把各期的收入与其相关的费用、成本相配合，加以比较，正确确定各期的财务成果。

缺点：实务处理繁琐。因为企业不可能在日常的会计工作中对每项业务都按权责发生制来记录，因而就需要在期末按权责发生制的要求进行账项调整。

三、收付实现制

与权责发生制相反的是收付实现制，也称现金制，是以现金收到或付出为标准，来记录收入的实现或费用的发生。凡属本期收到的收入和支出的费用，不管其是否应归属本期，都作为本期的收入和费用；反之，凡本期未收到的收入和未支付的费用，即使应归属本期的收入和费用，也不能作为本期的收入和费用。

采用收付实现制的优点：会计记录直观，便于根据账簿记录来量入为出；会计处理简便，不需要对账簿记录进行期末账项调整。然而，收付实现制这种确认本期收入、费用的方法不符合配比原则的要求。

缺点：不能正确计算各期损益。因而，可适用于各级人民政府的财政会计、行政单位会计和不实行成本核算的事业单位会计。

总结：

企业——权责发生制

行政单位——收付实现制

事业单位——大部分业务是收付实现制，经营业务采用权责发生制

【例题 1-11・单选题】企业会计核算，应当采用（　　）确认收入和费用。

A. 收付实现制　　B. 权责发生制　　C. 永续盘存制　　D. 实地盘存制

参考答案：B

答案解析：权责发生制原则是企业进行会计核算时要遵守的 13 条基本规则中的一条。要求企业的会计核算凡是当期已经实现的收入和已经发生或应当负担的费用，不论款项是否收付，都应当作为当期的收入和费用；凡是不属于当期的收入和费用，即使款项已在当期收付，也不应当作为当期的收入和费用。本期确认收入、费用的方法符合配比原则。

补充阅读

会计从业资格考试相关政策

由财政部组织全国性考试，该考试实行全国统一大纲，各地自行编制教材及安排考试时间。

必要性：《会计法》规定，从事会计工作必须要有会计证。

会计从业资格考试科目为：《财经法规与会计职业道德》、《会计基础》、《初级会计电算化》（或者《珠算五级》）。

会计从业资格考试的免试规定：《会计从业资格管理办法》第 10 条规定，申请人符合基本报名条件且具备国家教育行政主管部门认可的中专以上（含中专，下同）会计类专业学历（或学位）的，自毕业之日起两年内（含两年），免试“会计基础”、“初级会计电算化”（或者“珠算五级”）科目。但是，目前部分省市取消免试制度。

会计类专业包括会计学、会计电算化、注册会计师专门化、审计学、财务管理和理财学。

会计从业资格报名条件：

（1）遵守会计和财经法律、法规；

（2）具备良好的道德品质；

（3）具备会计专业基本知识和技能。

报名时间和考试时间：有的省市一年4～5次，有的省市每年举行两次考试，分上半年和下半年，有的省市每年一次。部分已采用了无纸化考试，具体报名时间以当时财政局公布的通知为准，考试时间以当地财政局印发的会计从业资格考试通知上的时间为准。

考试题型和形式：各地不完全一样，一般题型包含单项选择题、多项选择题、判断题等。“会计基础”、“财经法规和会计职业道德”考试有些城市采用闭卷笔试，“初级会计电算化”采用上机考试的办法，但目前大部分省市已三科全部采用上机考试，即无纸化考试。

试卷满分100分，60分合格。会计从业证一经取得，全国范围内有效。

项目小结

本项目主要阐述了会计的含义、职能、对象等基本概念，以及会计核算的具体内容、会计基本假设和会计基础等相关内容。一是会计的概念、职能、对象和会计核算的具体内容。会计是以货币为主要计量单位，运用一系列专门方法，核算和监督一个单位经济活动的一种经济管理工作。会计的基本职能包括会计的核算职能和会计的监督职能两个方面。会计对象是指会计核算和监督的内容，即特定主题能够以货币表现的经济活动。会计核算的具体内容包括款项和有价证券的收付；财务的收发、增减和使用；债权、债务的发生和结算；资本的增减；收入、支出、费用、成本的计算；财务成果的计算和处理；需要办理会计手续、进行会计核算的其他事项。二是会计基本假设。会计核算的基本假设有会计主体、持续经营、会计分期和货币计量4个方面。三是会计基础。会计基础是企业在会计确认、计量和报告的过程中采用的基础，是确认一定会计期间的收入和费用，从而确定损益的标准。会计基础主要有两种：权责发生制和收付实现制。

同步练习与实践训练

一、理论与技能测试

（一）单项选择题

1. 形成权责发生制和收付实现制不同的记账基础，进而出现应收、应付、预收、预付、折旧、摊销等会计处理方法所依据的会计基本假设是（ ）。

A. 货币计量 B. 会计年度 C. 持续经营 D. 会计分期

2. 在会计核算的基本前提中，确定会计核算空间范围的是（ ）。

A. 会计主体 B. 持续经营 C. 会计分期 D. 货币计量

3. 会计的基本职能包括（ ）。

A. 会计控制与会计决策 B. 会计预测与会计控制

C. 会计核算与会计监督 D. 会计计划与会计决策

4. 以货币为主要计量单位，通过确认、计量、报告等环节，对特定主体的经济活动进行记账、算账、报账，为各有关方面提供会计信息的功能是（ ）。

A. 会计核算职能 B. 会计监督职能 C. 会计计划职能 D. 会计预测职能

5. 会计主要的计量单位是（ ）。

A. 货币 B. 劳动量 C. 实物 D. 价格

6. 根据权责发生制原则，以下属于本期的收入和费用的是（ ）。

A. 支付明年的房屋租金 B. 本期已经收款，但商品尚未制造完成

C. 当期按照税法规定预缴的税费 D. 商品在本期销售，但货款尚未收到

7. 企业计划在年底购买一批机器设备，8 月份与销售方达成购买意向，9 月份签订了购买合同，但实际购买的行为发生在 11 月份，则企业应该在（ ）将该批设备确认为资产。

A. 8 月 B. 11 月 C. 12 月 D. 9 月

8. 权益一般包括（ ）。

A. 资产和所有者权益 B. 债权人权益和所有者权益

C. 收入和利润 D. 资产和债权人权益

9. 会计分期是把企业持续经营过程划分为若干个起讫日期较短的会计期间，其起讫日期通常为（ ）。

A. 一个会计日度 B. 一个会计月度 C. 一个会计年度 D. 一个会计季度

10. 下列关于会计监督职能的表述中，不正确的是（ ）。

A. 会计的监督职能是指对特定对象经济业务的合法性、合理性进行审查

B. 会计监督可以分为事前、事中和事后监督

C. 会计监督是会计核算的基础

D. 会计监督是会计核算的质量保障

（二）多项选择题

1. 下列项目中，可以作为一个会计主体进行核算的有（ ）。

A. 销售部门 B. 分公司 C. 母公司 D. 企业集团

2. 根据权责发生制原则，应计入本期收入和费用的有（ ）。

A. 前期提供劳务未收款，本期收款 B. 本期销售商品一批，尚未收款

C. 本期耗用的水电费，尚未支付 D. 预付下一年的报刊费

3. 下列选项中，符合权责发生制要求的有（ ）。

A. 某公司年末支付以后年度租金，并确认了相关费用

B. 某公司 4 月份支付了 3 月份员工工资，并确认了相关费用

C. 某公司销售货物一批，但货款未收，确认了收入

D. 某公司对其固定资产计提折旧

4. 下列关于会计核算的基本前提的描述正确的有（ ）。

A. 会计核算的 4 项基本前提具有相互依存、相互补充的关系

B. 没有会计主体，就不会有持续经营

C. 没有持续经营，就不会有会计分期

D. 没有货币计量，就不会有现代会计

5. 会计期间可以分为（　　）。

A. 月度　B. 季度　C. 半年度　D. 年度

6. 关于会计记录文字的要求，下列说法中正确的有（　　）。

A. 应当使用中文
B. 可以同时使用中文和一种民族文字
C. 可以同时使用中文和一种外国文字
D. 民族自治地方应使用当地通用的一种民族文字

7. 属于会计基础的有（　　）。

A. 持续经营　B. 权责发生制　C. 会计主体　D. 收付实现制

8. 企业会计核算中所称的资产，其基本特征主要有（　　）。

A. 是人们看得见或摸得着的财物
B. 是由过去的交易或事项形成的资源
C. 是由企业拥有或控制的资源
D. 该资源预期会给企业带来经济利益流入

9. 会计分期这一基本假设的主要意义在于（　　）。

A. 使会计原则建立在非清算基础之上
B. 产生了当期与以前期间、以后期间的差别
C. 界定了提供会计信息的时间和空间范围
D. 为分期结算账簿、编制财务报告以及相关会计原则的使用奠定了理论与实务基础

10. 下列各项中，属于会计核算基本前提的有（　　）。

A. 会计主体　B. 持续经营　C. 会计分期　D. 货币计量

（三）判断题

1. 会计是以货币为主要计量单位，反映和监督一个单位经济活动的一种经济管理工作。（　　）

2. 会计的基本职能是会计核算和会计监督，会计监督是首要职能。（　　）

3. 会计主体必须是法律主体。（　　）

4. 持续经营假设是假设企业可以长生不老，即使进入破产清算，也不应该改变会计核算方法。（　　）

5. 按照权责发生制原则的要求，凡是本期实际收到款项的收入和付出款项的费用，不论是否归属于本期，都应当作为本期的收入和费用处理。（　　）

6. 会计只有会计核算与会计监督两个职能。（　　）

7. 我国企业会计采用的计量单位只有一种，即货币计量。（　　）

8. 在我国境内设立的企业，会计核算可以不以人民币作为记账本位币。（　　）

9. 由于有了持续经营这个会计核算的基本前提，才产生了当期与其他期间的区别，从而出现了权责发生制与收付实现制的区别。（　　）

10. 企业会计的对象就是企业的资金运动。（　　）

二、模拟实训

某企业在 2013 年 10 月份发生以下经济业务（如表 1-1 所示），试比较在权责发生制和收付实现制两种确认基础下，收入和费用的归属期有什么差别，表格里填写归属期。

表 1-1　　某企业 2013 年 10 月发生的经济业务

经济业务	业务简称	权责发生制	收付实现制
1.10 月 10 日销售，同时收款	即销即收		
2.10 月 10 日收款，合同约定 12 月 10 日交付商品	预收账款		
3.10 月 10 日销售，12 月 10 日收款	应收账款		
4.10 月 10 日购入办公用品一批且付款	即买即付		

三、拓展训练

光华公司 10 月份销售 A 产品一批，价款 20 000 元，款未收；销售 B 产品一批，取得转账支票一张，价款 8 000 元；收到 9 月份所欠货款 5 000 元。

要求：

1. 企业核算基础有哪些？什么是权责发生制？
2. 按权责发生制确定该企业 10 月份销售收入应为多少元？

项目二　会计要素与会计科目

学习目标

知识目标

✧ 理解会计要素的定义

✧ 重点掌握会计六要素

✧ 理解会计科目的定义

✧ 了解会计科目的作用

✧ 掌握会计科目的分类

能力目标

✧ 掌握会计的5种计量

案例导入

康华公司2012年6月月初资产总额为140 000元，月末负债总额比月初增加20 000元，所有者权益总额比月初减少10 000元，则企业期末资产总额为多少？该公司2012年10月末负债总额120万元，11月份收回应收账款20万元，用银行存款归还借款15万元，预付购货款6万元，11月末负债总额为多少元？

启发与思考

1. 什么是资产？案例中哪些属于资产？引起资产总额变动的经济业务活动是什么？

2. 什么是负债？案例中哪些属于负债？引起负债总额变动的经济业务活动是什么？

学习任务一 会计要素

一、会计要素的定义

（一）概念

会计要素（又称为会计报表要素、财务报表要素、会计对象要素）是对会计对象进行的基本分类，是会计核算对象的具体化，是对资金运动第二层次的划分。

这些基本分类在会计上都有特定的含义和特征，为会计分类核算提供了基础，也为财务会计报告构筑了基本框架，因而会计要素也可称为会计报表要素。

（二）企业会计的会计要素（会计六要素）

《企业会计准则——基本准则》第十条规定，企业应当按照交易或者事项的经济特征确定会计要素。会计要素包括资产、负债、所有者权益、收入、费用和利润。

资产、负债和所有者权益这三项会计要素是资金运动的静态表现，反映企业的财务状况，是资产负债表的基本要素；收入、费用和利润这三项会计要素是资金运动的动态表现，反映企业的经营成果，是利润表的基本要素。

【例题 2-1·单选题】下列属于反映企业财务状况的会计要素是（　　）。

A. 收入　　B. 所有者权益　　C. 费用　　D. 利润

参考答案：B

答案解析：反映企业财务状况的会计要素是资产负债表要素，包括资产、负债和所有者权益。

【例题 2-2·多选题】（　　）是反映企业财务状况的会计要素，也称为静态会计要素，构成资产负债表的基本框架。

A. 利润　　B. 负债　　C. 资产　　D. 所有者权益

参考答案：B、C、D

答案解析：资产负债表要素有资产、负债和所有者权益；构成利润表要素的有收入、费用和利润。

二、资产

（一）资产的定义

资产是指由企业过去的交易或事项形成的，由企业拥有或控制，预期会给企业带来经济利益的资源。资产具有以下基本特征。

1. 由过去的交易或事项形成

企业过去的交易或者事项包括购买、生产、建造行为或其他交易或者事项，预期在未来发生的交易或者使用不形成资产。也就是说，资产必须是现实的资产（过去已经发生的交易或事项所产生的结果），而不能是预期的资产（未来交易或事项以及未发生的交易或事项可能产生的结果）。

例如，甲企业在 2013 年 6 月份与他人签订了一项购买设备的合同，实际购买设备的时间是 9

月份，则企业不能在 6 月份就将该设备确认为自己的资产，因为实际交易 6 月份并未发生。

2. 由企业拥有或控制

由企业拥有或者控制，是指企业享有某项资产的所有权，或者虽然不享有某项资源的所有权，但该资源能被企业所控制。

企业拥有资产就能够排他性地从资产中获取经济利益。企业是否拥有一项资源的所有权，并不是确认资产的唯一标准，有些资产虽然不为企业所拥有，但是企业能够支配这些资产，因此同样能够排他性地从资产中获取经济利益。如对于以融资租赁方式租入的固定资产，虽然企业并不拥有其所有权，但是由于租赁合同的租赁期相当长，一般接近于该资产的使用寿命，租赁期满，承租企业一般有优先购买该资产的选择权，在租赁期内，承租企业有权支配资产并从中受益。因此，以融资租赁方式租入的固定资产应视同本企业的资产加以管理和核算。

对于以经营租赁方式租入的固定资产，由于企业不能控制它，因此，以经营租赁方式租入的固定资产不应确认为本企业的资产。

《企业会计准则——基本准则》第十六条规定，企业应当按照交易或者事项的经济实质进行会计确认、计量和报告，不应仅以交易或者事项的法律形式为依据（实质重于形式的会计信息质量要求）。一项资源要作为资产来确认，要么该资源被企业所拥有，要么为企业所控制，否则不能作为资产。

【例题 2-3 · 案例题】甲企业的加工车间有两台设备。A 设备系从乙企业融资租入获得，B 设备系从丙企业以经营租入方式租入获得，目前两台设备均投入使用。A、B 设备是否为甲企业的资产？

参考答案：A 设备应确认为甲企业的资产，B 设备不应确认为甲企业的资产。

答案解析：资产是指企业过去的交易或者事项形成的由企业拥有或者控制的预期会给企业带来经济利益的资源。以融资租赁方式租入的固定资产应视同本企业的资产加以管理和核算。对于经营性租入的固定资产企业既没有拥有它的所属权，又控制不了它的使用情况，不符合资产定义。

课堂思考

经营租出的固定资产算不算本企业的资产？

3. 预期会给企业带来经济利益

预期会给企业带来经济利益，是指直接或者间接导致现金和现金等价物流入企业的潜力。如厂房场地、机器设备、原材料等可以用于生产经营过程，制造商品或提供劳务，出售后收回货款，货款即为企业所获得的经济利益。

又如，一台在技术上已经被淘汰的生产设备，尽管在实物上仍旧存在，但它实际上已经不能再用于产品生产，不能为企业带来经济利益。这样的生产设备，就不应确认为企业的资产，而应在其失去为企业创造未来经济利益的能力时，确认为一项资产损失。

【例题 2-4 · 单选题】下列各项中，不符合资产要素定义的是（　　）。

A. 库存商品　B. 委托加工物资　C. 尚待加工的半成品　D. 盘亏、毁损的材料

参考答案：D

答案解析：工业企业发生的原材料盘亏、毁损，处理前计入“待处理财产损溢”科目，处理后视情况分别计入“管理费用”、“其他应收款”、“营业外收入”等科目。

【例题 2-5・多选题】下列各项中，企业能够确认为资产的有（　　）。

A. 经营租出的设备

B. 经营租入的设备

C. 已收到发票，但尚未到达企业的原材料

D. 近期将要购入的设备

参考答案：A、C

答案解析：资产是指企业过去的交易或者事项形成的由企业拥有或者控制的预期会给企业带来经济利益的资源。经营租出的设备，所有权还是本企业的预期能够给企业带来利益，符合资产的定义。对于尚未到达企业的原材料属于在途物资或者材料采购，也属资产。对于经营性租入的固定资产企业既没有拥有它的所属权，又控制不了它的使用情况，不符合资产定义。要购入的设备不是现在拥有或控制，也不属于资产。

【例题 2-6・判断题】只要是过去的交易或事项形成的并由企业拥有或控制的资源，均应确认为企业的一项资产。（　　）

参考答案：×

答案解析：资产具有以下基本特征：①过去的交易或事项形成；②由企业拥有或控制的；③预期会给企业带来经济利益。

【例题 2-7・判断题】某企业某工序上有甲、乙两台机床，其中甲机床型号较老，自乙机床投入使用后，一直未再使用且已不具备转让价值。乙机床是甲机床的替代产品。目前承担该工序的全部生产任务。那么甲机床不应确认为企业的固定资产。（　　）

参考答案：√

答案解析：资产是指由企业过去的交易或事项形成的，由企业拥有或控制，预期会给企业带来经济利益的资源。甲机床预期不会给企业带来经济利益，不符合资产定义，不应确认为资产。

（二）资产的分类

资产按流动性（变现或耗用时间的长短）可以分为流动资产和非流动资产。通常在一年或超过一个营业周期内（一个正常营业周期内）变现或耗用的资产，称为流动资产；流动资产以外的资产，称为非流动资产。

（1）货币资金：企业在生产经营过程中处于货币形态的资产，包括库存现金、银行存款和其他货币资金。

（2）交易性金融资产：企业为了近期内出售而持有的金融资产，如企业以赚取差价为目的从二级市场购入的股票、债券、基金等。

（3）应收及预付款项：企业在日常经营过程中发生的各项债权，包括应收款项（应收票据、应收账款、其他应收款等）和预付款项（指企业按照合同规定预付的款项，即预付账款）。

（4）存货：企业在日常活动中持有以备出售的产成品或商品，处在生产过程中的在产品，在生产过程或提供劳务过程中耗用的材料或物料等，包括各类材料、在产品、产成品、商品以及包装物、低值易耗品、委托代销商品等。

（5）长期股权投资：是指通过投资取得被投资单位的股份。企业对其他单位的股权投资，通常视为长期持有，以及通过股权投资达到控制被投资单位，或对被投资单位施加重大影响，或为了与被投资单位建立密切关系，以分散经营风险。

（6）固定资产：同时具备两个特征的有形资产：①为生产商品、提供劳务、出租或经营管理而持有的；②使用寿命超过一个会计年度。固定资产一般包括房屋及建筑物、机器设备、运输设备和工具器具等。

（7）无形资产：是指企业拥有或控制的没有实物形态的可辨认非货币性资产，包括专利权、非专利技术、商标权、著作权、土地使用权、特许权等。

注意

商誉的存在无法与企业自身分离，不具有可辨认性，不属于无形资产。

【例题 2-8・单选题】下列各项中，不属于流动资产的是（　　）。

A. 预收账款　　B. 预付账款　　C. 应收账款　　D. 应收票据

参考答案：A

答案解析：预收账款编号 2203，是买卖双方协议商定，由购货方预先支付一部分货款给供应方而发生的一项负债。预付账款、应收账款、应收票据是资产。

预收账款的核算应视企业的具体情况而定。如果预收账款比较多的，可以设置“预收账款”科目；预收账款不多的，也可以不设置“预收账款”科目，直接记入“应收账款”科目的贷方。单独设置“预收账款”科目核算的，其“预收账款”科目的贷方，反映预收的货款和补付的货款，借方反映应收的货款和退回多收的货款；期末贷方余额反映尚未结清的预收款项，借方余额反映应收的款项。

【例题 2-9・多选题】下列各项，属于资产必须具备的基本特征是（　　）。

A. 由过去的交易或事项形成　　B. 被企业拥有或控制

C. 预期会给企业带来经济利益　　D. 都必须具有实物形态

参考答案：A、B、C

答案解析：考核资产的定义。D 项固定资产不一定都是实物形态，资产包括货币资金、交易性金融资产，应收及预付款项、存货、长期股权投资、固定资产、无形资产等。

三、负债

（一）负债的定义

负债是指企业过去的交易或者事项形成的，预期会导致经济利益流出企业的现时义务。

负债具有以下基本特征。

（1）现时义务是指企业在现行条件下已承担的义务。未来发生的交易或者事项形成的义务，不属于现时义务，不应当确认为负债。

例如，假设短期借款的利息是半年支付一次，但每月都要将应付的利息作为一项负债来确认。2012 年 6 月份，企业拟于 3 个月后购买设备一台，设备价款 10 万元，6 月份不能将应付的 10 万元作为企业的负债。

（2）负债是企业过去的交易或事项形成的，即导致负债的交易或事项必须已经发生。正在筹划的未来交易或事项，如企业的业务计划不会产生负债。

（3）负债的清偿预期会导致经济利益流出企业。无论采用哪种方式清偿负债，企业都要付出相应的代价，从而导致经济利益流出企业，除非债权人放弃债权。

【例题 2-10・多选题】负债要素的定义包括（　　）。

A. 由现在的交易或事项形成的偿债义务　B. 由过去的交易或事项形成的现时义务

C. 由过去的交易或事项引起的偿债义务　D. 预期会导致经济利益流出企业

参考答案：B、D

答案解析：负债的定义是指企业过去的交易或者事项形成的，预期会导致经济利益流出企业的现时义务。

（二）负债的分类

负债按流动性分类，可分为流动负债和长期负债（非流动负债）。通常在一年或超过一年的一个营业周期内（一个正常营业周期内）偿还的债务，称为流动负债；偿还期在一年或超过一年的一个营业周期以上的债务，称为长期负债。

注意

流动负债主要包括短期借款、应付票据、应付账款、应付工资、应付福利费、应付股利、应交税金、其他暂收应付款项、预提费用和一年内到期的长期借款等。长期负债包括长期借款、应付债券、长期应付款、其他长期负债等。

【例题 2-11・多选题】负债按流动性分类可分为（　　）。

A. 流动负债　B. 或有负债　C. 预计负债　D. 长期负债

参考答案：A、D

答案解析：负债按流动性分类可分为流动负债和长期负债。

【例题 2-12・单选题】下列各项中，不属于流动负债的是（　　）。

A. 应付账款　B. 应交税费　C. 预付账款　D. 预收账款

参考答案：C

答案解析：预付账款属于资产类科目。

【例题 2-13・多选题】关于负债，下列各项表述中正确的有（　　）。

A. 负债按其流动性不同，分为流动负债和长期负债

B. 负债通常在未来某一时日通过交付资产或提供劳务清偿

C. 正在筹划的未来交易事项，也会产生负债

D. 应付债券属于流动负债

参考答案：A、B

答案解析：负债是指企业过去的交易或者事项形成的，预期会导致经济利益流出企业的现时义务，正在筹划的未来交易事项不是负债。应付债券属于长期负债（非流动负债）。

注意

判断一项负债是流动负债还是长期负债，关键看该负债的偿还期。例如，长期借款一般是长期负债，但如果该项长期负债需要在一年内偿还，就应该作为流动负债资产负债表的“一年内到期的非流动负债”项目中列示。

四、所有者权益（净资产）

（一）所有者权益的定义

所有者权益又称净资产，是指企业资产扣除负债后由所有者享有的剩余权益。公司的所有者权益又称为股东权益。

所有者权益具有如下特征。

（1）所有者权益表明企业归谁所有。在企业清算时，资产要先清偿债务，有剩余才会分配给投资者。

（2）除非发生减资、清算，否则企业不需要偿还所有者权益。

（3）所有者凭借所有者权益能够参与利润的分配。所有者以其出资额的比例分享企业利润，与此同时，所有者也必须以其出资额承担企业的经营风险。

（4）所有者权益计量的间接性。所有者权益除了投资者投入资本能够直接计量外，在企业存续期内任一时点都不是直接计量的，而是通过计量资产和负债来间接计量的。

（二）所有者权益的分类

所有者权益的形成来源包括所有者投入的资本，直接计入所有者权益的利得和损失，留存收益等，通常划分为实收资本、资本公积、盈余公积和未分配利润等项目。

（1）实收资本，是指投资者实际投入企业开展经营活动的资本金，形态上表现为各种财产物资，如国家、集体、个人、法人资本。

（2）公积金，是指企业为了增强其经济实力和应付经营不测而必须保留的资本额，也称为准资本。它包括资本公积和盈余公积两部分。

① 资本公积金是指由投入资本本身所引起的各种增值。它与生产经营活动无直接关系。它包括股本溢价、法定财产重估增值、接受捐赠的资产价值和资本汇率折算差额等。

② 盈余公积金是指企业从净利润中提取的公积金。它包括法定盈余公积和任意盈余公积以及公益金。

资本公积金、盈余公积金，可按照规定的程序转增资本金；法定盈余公积和任意盈余公积也可以弥补企业亏损，在特殊情况下经批准还可以发放股利。

③ 未分配利润，是指企业留待以后年度分配的利润。

在未分配利润的数量上是企业净利润扣除提取的盈余公积金、公益金和分配给投资者的利润后的余额。盈余公积金是有特定用途的累积盈余，未分配利润是没有指定用途的累积盈余。

盈余公积金和未分配利润又统称为留存收益。留存收益是公司在经营过程中所创造的，但由于公司经营发展的需要或法定的原因等，没有分配给所有者而留存在公司的盈利。留存收益是企业从历年实现的利润中提取或留存于企业的内部积累，它来源于企业的生产经营活动所实现的净利润。

盈余公积金和未分配利润又统称为留存收益。

【例题 2-14 · 单选题】属于企业经营活动而形成的所有者权益是（　　）。

A. 实收资本　　B. 留存收益　　C. 资本公积　　D. 股本

参考答案：B

答案解析：留存收益是指企业从历年实现的利润中提取或留存于企业的内部积累，它来源于企业的生产经营活动所实现的净利润，包括企业的盈余公积金和未分配利润两个部分。

【例题 2-15 · 单选题】下列不属于所有者权益的是（　　）。

A. 资本公积　　B. 盈余公积　　C. 未分配利润　　D. 累计折旧

参考答案：D

答案解析：所有者权益包括资本公积、盈余公积、盈余公积和未分配利润等项目。累计折旧属于资产类要素。

【例题 2-16 · 多选题】下列项目中，属于所有者权益的是（　　）。

A. 所有者投入的资本　　B. 直接计入所有者权益的利得和损失

C. 留存收益　　D. 应付职工薪酬

参考答案：A、B、C

答案解析：应付职工薪酬属于负债类要素。

【例题 2-17 · 多选题】下列属于来源于非盈余部分的所有者权益的有（　　）。

A. 实收资本　　B. 资本公积　　C. 盈余公积　　D. 未分配利润

参考答案：A、B

答案解析：所有者权益通常划分为实收资本、资本公积、盈余公积和未分配利润等项目。盈余公积金和未分配利润又统称为留存收益。

注意

> 所有者权益与企业特定的、具体的资产并无直接关系，它不与企业任何具体的资产项目发生对应关系；所有者权益只是整体上，在抽象意义上与企业的资产保持数量的关系。

知识链接

利得和损失

利得和损失分为两种：一种是直接计入所有者权益的利得或损失；另一种是直接计入当期利润的利得或损失。换言之，利得和损失会分别反映在资产负债表（或所有者权益增减变动表）和利润表中。

利得或损失具体涉及非常多的业务。

计入当期利润的利得或损失，是指企业发生的与日常活动无关的各项利得和损失，包括的业务有盘亏损失、非常损失、公益性捐赠支出、盘盈利得、政府补助、捐赠利得、处置非流动资产的利得或损失、非货币性资产交换的利得或损失、债务重组的利得或损失等。一般计入当期利润的利得或损失用"营业外收入"、"营业外支出"科目来核算。

计入所有者权益的利得或损失一般用"资本公积——其他资本公积"科目核算，常见的业务有可供出售金融资产的公允价值变动计入所有者权益，被投资方除净损益外的其他权益变动时投资方按应享有的份额而增加或减少的资本公积。

（1）企业对被投资单位的长期股权投资采用权益法核算时，在持股比例不变的情况下，对因被投资单位除了净损益以外的所有者权益的其他变动，如是利得，应按持股比例计算其应享有被投资企业所有者权益的增加数额。（贷记：资本公积——其他资本公积）

借：长期股权投资——××公司

　　贷：资本公积——其他资本公积

（2）结转出售、报废、毁损固定资产净收益（贷记：营业外收入）

借：固定资产清理

　　贷：营业外收入

（3）企业对被投资单位的长期股权投资采用权益法核算时，在持股比例不变的情况下，对因被投资单位除了净损益以外的所有者权益的其他变动，如是损失，应按持股比例计算其应享有被投资企业所有者权益的减少数额。（借记：资本公积——其他资本公积）

借：资本公积——其他资本公积

　　贷：长期股权投资——××公司

（4）结转出售、报废、毁损固定资产净损失（借记：营业外支出）

借：营业外支出

　　贷：固定资产清理

【例题 2-18 · 判断题】利得是由企业非日常活动形成的，会导致所有者权益增加的，与所有者投入资本无关的经济利益的流入，利得不应计入当期损益。（　　）

参考答案：×

答案解析：计入当期利润的利得或损失，是指企业发生的与日常活动无关的各项利得和损失。一般计入当期利润的利得或损失用"营业外收入"、"营业外支出"科目来核算。计入所有者权益的利得或损失一般用"资本公积——其他资本公积"科目核算。

【例题 2-19·判断题】直接计入当期利润的利得和损失，是指应当计入当期损益，不会导致所有者权益发生增减变化的、与所有者投入资本或者向所有者分配利润无关的利得或者损失。（　　）

参考答案：×

答案解析：计入当期利润的利得或损失，是指企业发生的与日常活动无关的各项利得和损失。一般计入当期利润的利得或损失用"营业外收入"、"营业外支出"科目来核算。

五、收入

（一）收入的定义

收入是指企业在日常活动中形成的、会导致所有者权益增加的，与所有者投入资本无关的经济利益的总流入。

收入具有如下特征。

（1）收入是企业在日常活动中形成的，而不是从偶发的交易或事项中产生的。

日常活动：企业为完成其经营目标而从事的经常性活动，以及与之相关的其他活动。

企业所从事或发生的某些活动也能为企业带来经济利益，但不属于企业为完成其经营目标所从事的经常性活动，也不属于与经常性活动相关的活动。如工业企业处置（出售、报废、毁损）固定资产、无形资产所带来的净收益，因其他企业违约收取罚款等，这些活动所形成的经济利益的总流入属于企业的利得（直接计入当期损益的利得）而不是收入。利得通常不经过经营过程就能取得或属于企业不曾期望获得的收益。

（2）收入的取得可能表现为企业资产的增加或负债的减少，或者资产增加和负债减少两者兼而有之，最终将导致企业所有者权益的增加。

收入一定能增加企业的所有者权益，但引起所有者权益的增加并非一定都是收入（并非所有资产的增加或负债的减少而引起的所有者权益的增加都是企业的收入）。这里所说的收入能增加所有者权益，仅指收入本身的影响，而收入扣除与之相配比的费用的净额（主营业务收入与主营业务成本、其他业务收入与其他业务成本的营业收入、营业成本、营业税金及附加），既可能增加所有者权益，也可能减少所有者权益。

（3）因所有者投入资本产生的经济利益流入不属于收入。企业所有者对企业投入，虽然能导致企业资产增加（如所有者投入固定资产等）或负债的减少，并使所有者权益增加，但它不是企业的收入。

（4）收入只包括本企业经济利益的流入，不包括为第三方或客户代收的款项。企业为第三方或客户代收的款项，如企业代国家收取的增值税，旅行社代客户购买门票、飞机票而收取票款等，一方面增加企业资产，另一方面增加负债，不增加企业的所有者权益，也不属于本企业的所有者权益，不能作为本企业的收入。

（二）收入的分类

收入按其性质不同，可以分为销售商品收入、提供劳务收入、让渡资产使用权收入等。

在实务工作中，一般按照营业执照上注明的主营业务和兼营业务予以确定。

（1）企业实现的主营业务收入通过"主营业务收入"科目核算，并通过"主营业务成本"科目核算为取得主营业务收入发生的相关成本。

（2）企业实现的原材料销售收入、包装物租金收入、固定资产租金收入、无形资产使用费收入等，通过“其他业务收入”科目核算。通过“其他业务收入”核算的其他业务收入须通过“其他业务成本“科目核算为取得其他业务收入发生的相关成本。

【例题 2-20 · 多选题】下列说法中，不正确的有（　　）。

A. 收入是指企业在经营过程中形成的，会导致所有者权益增加的，与所有者投入资本无关的经济利益的总流入

B. 所有者权益增加一定表明企业获得了收入

C. 收入只包括本企业经济利益的流入，不包括为第三方或客户代收的款项

D. 处置固定资产净收益属于收入

参考答案：A、B、D

答案解析：A 项收入要素指的是日常经营中形成的营业收入，不含营业外收入。B 项所有者权益的增加除了收入外，还有可能是所有者投入资本。D 项处置固定资产净收益属于营业外收入，不符合收入要素的概念。

【例题 2-21 · 判断题】收入能够导致所有者权益增加，但导致所有者权益增加的不一定都是收入。（　）

参考答案：✓

【例题 2-22 · 判断题】收入包括主营业务收入、其他业务收入、处置固定资产净收益、固定资产盘盈、出售无形资产净收益等。（　　）

参考答案：×

答案解析：收入要素包括主营业务收入和其他业务收入，不包括营业外收入。处置固定资产净收益、出售无形资产净收益计入营业外收入。固定资产盘盈要调整“上期年度损益”。

【例题 2-23 · 多选题】下列各项收到的款项中，属于“收入”的有（　　）。

A. 出租固定资产收到的租金　　B. 销售商品收取的增值税

C. 出售原材料收到的价款　　D. 出售无形资产收到的价款

参考答案：A、C

答案解析：出租固定资产收到的租金，租金收入属于其他业务收入。收入只包括本企业经济利益的流入，不包括为第三方或客户代收的款项。如企业代国家收取的增值税。出售原材料收到的价款，属于主营业务收入。企业出售无形资产不是企业的日常活动，而是企业非日常经营活动，不可能天天卖无形资产，这不符合收入的定义，企业出售无形资产收到的款项计入营业外收入。

【例题 2-24 · 单选题】下列各项中，不属于收入要素内容的是（　　）。

A. 营业外收入　　B. 出租固定资产取得的收入

C. 提供劳务取得的收入　　D. 销售商品取得的收入

参考答案：A

答案解析：收入是企业在日常活动中形成的，而不是从偶发的交易或事项中产生的。收入要

素主要包括营业收入即主营业务收入和其他业务收入，不包括营业外收入。

【例题 2-25・多选题】企业收入的取得可能影响的会计要素有（　）。

A. 资产　B. 负债　C. 费用　D. 利润

参考答案：A、B、D

答案解析：收入的取得可能表现为企业资产的增加或负债的减少，或者资产增加和负债减少两者兼而有之。收入增加，将增加利润，最终将导致企业所有者权益的增加。

六、费用

（一）费用的定义

费用是指企业在日常活动中发生的，会导致所有者权益减少的，与向所有者分配利润无关的经济利益的总流出。

费用具有如下特征。

1. 费用是企业在日常活动中发生的经济利益的总流出

工业企业制造并销售产品，商业企业购买并销售商品，咨询公司提供咨询服务，软件开发企业为客户开发软件，安装公司提供安装服务等活动中产生的经济利益的总流出构成费用。

企业从事或发生的某些活动或事项也能导致经济利益流出企业，但不属于企业的日常活动。如企业处置固定资产、无形资产等非流动资产所带来的净损失，因违约支付罚款，对外捐赠，因自然灾害等非常原因造成财产毁损等，这些活动或事项形成的经济利益的总流出属于企业的损失而不是费用。

2. 费用能导致企业所有者权益的减少

费用既可能表现为企业资产的减少，如减少银行存款、库存商品等；也可能表现为负债的增加，如增加应付职工薪酬、应交税费等；还可能表现为两者兼而有之。

企业经营管理过程中的某些支出并不减少企业的所有者权益，也就不构成费用。如企业以银行存款偿还一项负债，只是一项资产和一项负债的等额减少，对所有者权益并没有影响，因此，不构成企业的费用。

3. 费用与向所有者分配利润无关

向所有者分配利润或股利，这一资金流出虽然减少了企业的所有者权益，但其属性是对最终利润的分配，不是经营活动的成果，也不应该作为费用。

（二）费用的分类

费用按照与收入的配比关系不同，可分为营业成本和期间费用。

营业成本是指企业所销售商品或者提供劳务的成本。营业成本应当与所销售商品或者所提供劳务而取得的收入进行配比。营业成本又分为主营业务成本和其他业务成本；它们是与主营业务收入和其他业务收入相对应的一组概念。

期间费用是指企业本期发生的，不能直接或间接归入营业成本，而是直接计入当期损益的各项费用，包括销售费用、管理费用和财务费用等。

具体而言，企业的费用主要包括主营业务成本、其他业务成本、营业税金及附加、销售费用、管理费用和财务费用等。

知识链接

费用与成本

费用与成本是两个并行使用的概念，两者之间既有联系又有区别。

联系：成本是按一定对象所归集的费用，是对象化了的费用，即生产成本是相对于一定的产品而言所发生的费用，是按照产品品种等成本计算对象对当期发生的费用进行归集而形成的。

区别：费用是资产的耗费，与一定的会计期间相联系，而与生产哪一种产品无关；成本与一定种类和数量的产品相联系，而不论发生在哪一个会计期间。

【例题 2-26・单选题】下列内容中，不属于期间费用的是（　　）。

A. 管理费用　　B. 制造费用　　C. 销售费用　　D. 财务费用

参考答案：B

答案解析：期间费用是指企业本期发生的，不能直接或间接归入营业成本，而是直接计入当期损益的各项费用，包括销售费用、管理费用和财务费用等。制造费用可以归结到生产成本，不属于期间费用。

【例题 2-27・判断题】企业处置固定资产发生的净损失，应确认为企业的费用。（　　）

参考答案：×

答案解析：企业处置固定资产发生的净损失，计入营业外支出，具体为"营业外支出——非流动资产处置损失"科目。其不属于企业日常活动，所以不能确认为企业的费用。

【例题 2-28・单选题】下列说法中，正确的有（　　）。

A. 制造费用属于企业的期间费用

B. 生产成本均可以直接计入产品成本

C. 自然灾害造成财产毁损属于期间费用

D. 费用表现为资产的减少或负债的增加，或者两者兼而有之，最终导致所有者权益的减少

参考答案：D

答案解析：A 项制造费用是企业的产品成本，属于营业成本，期间费用通常指销售费用、管理费用和财务费用。B 项生产成本不可以直接记入产品成本。有些生产成本需要分摊记入产品成本，如辅助生产成本。C 项自然灾害造成财产毁损属于营业外支出——非常损失。

【例题 2-29・判断题】成本是指企业为生产产品、提供劳务而发生的各种耗费，它与一定期间相联系，是对象化了的费用。（　　）

参考答案：×

答案解析：成本与一定种类和数量的产品相联系，而不论发生在哪一个会计期间。

【例题 2-30・判断题】费用能导致所有者权益减少；能导致所有者权益减少就是费用。（　　）

参考答案：×

答案解析：费用是指企业在日常活动中发生的，会导致所有者权益减少的，与向所有者分配利润无关的经济利益的总流出。能导致所有者权益减少的除了费用，还有向所有者分配利润。

七、利润

（一）利润的定义

利润是指企业在一定会计期间的经营成果，利润包括收入减去费用后的净额、直接计入当期利润的利得和损失等。

直接计入当期利润的利得和损失，是指应当计入当期损益的，会导致所有者权益发生增减变动的，与所有者投入资本或者向所有者分配利润无关的利得或者损失。

利润金额取决于收入和费用，直接计入当期利润的利得和损失金额的计量。

【要点】无论是实现的利润还是发生的亏损，都是企业的经营成果。

（二）利润的分类

利润按照构成，可分为营业利润、利润总额、净利润。

营业利润＝营业收入－营业成本－营业税金及附加－销售费用－管理费用－财务费用－资产减值损失＋公允价值变动收益（－公允价值变动损失）＋投资收益（－投资损失）

利润总额＝营业利润＋营业外收入－营业外支出

净利润＝利润总额－所得税费用

知识链接

利润表

利润表是反映企业一定会计期间（如月度、季度、半年度或年度）生产经营成果的会计报表。企业一定会计期间的经营成果既可能表现为盈利，也可能表现为亏损，因此，利润表也被称为损益表。它全面揭示了企业在某一特定时期实现的各种收入，发生的各种费用、成本或支出，以及企业实现的利润或发生的亏损情况。

利润表是根据“收入－费用=利润”的基本关系来编制的，其具体内容取决于收入、费用、利润等会计要素及其内容，利润表项目是收入、费用和利润要素的具体体现。从反映企业经营资金运动的角度看，它是一种反映企业经营资金动态表现的报表，主要提供有关企业经营成果方面的信息，属于动态会计报表。

【例题 2-31 •判断题】利润是收入与成本配比相抵后的差额，是经营成果的最终要素。（　　）

参考答案：×

答案解析：利润包括收入减去费用后的净额、直接计入当期利润的利得和损失等。

八、会计六要素之间的关系

（1）资产、负债和所有者权益之间的关系：

资产 = 负债 + 所有者权益

（2）收入、费用和利润之间的关系：

收入 − 费用 = 利润

第（1）个等式可以称之为静态等式，反映企业特定时点的财务状况；第（2）个等式可以称为动态等式，反映企业一定时期的获利能力。

学习任务二　会计要素的5种计量

会计计量是为了将符合确认条件的会计要素登记入账并列报于财务报表而确定其金额的过程。企业应当按照规定的会计计量属性进行计量，确定其相关金额。会计计量属性反映的是会计要素金额的确定基础，主要包括历史成本、重置成本、可变现净值、现值和公允价值。

一、历史成本（实际成本）

历史成本就是取得或制造某项财产物资时所实际支付的现金或其等价物。

历史成本计量要求对企业资产、负债等项目的计量应当基于经济业务的实际交易成本，而不必考虑随后市场价格变动的影响。

例如，在企业外购固定资产的计量中，外购固定资产的成本包括购买价款、相关税费及使固定资产达到预定可使用状态前发生的可归属于该项资产的包装费、运输费、装卸费、安装费等。

例如，2013 年 10 月 1 日，企业购买不需要安装的设备一台，价款 100 万元，增值税 17 万元，另装卸费 0.25 万元，包装费 0.05 万元，款项以银行存款支付。则该固定资产应按历史成本计价，其金额为 100.30 万元（100.30 = 100 + 0.25 + 0.05）。

二、重置成本（现行成本）

重置成本是指按照当前市场条件，重新取得同样一项资产所须支付的现金或现金等价物金额。

重置成本是现在时点的成本，它强调站在企业主体角度，以投入到某项资产上的价值作为重置成本。在实际工作中，重置成本多应用于盘盈固定资产的计量等。

例如，企业在年末财产清查中，发现全新的未入账的设备一台，其同类固定资产的市场价格为 40 000 元，则企业对这台设备按重置成本计价为 40 000 元。

三、可变现净值

可变现净值是指在正常生产经营过程中，以预计售价减去进一步加工成本和预计销售费用以及相关税费后的净值。

在可变现净值计量下，资产按照其正常对外销售所能收到现金或者现金等价物的金额扣减该资产至完工时估计将要发生的成本、估计的销售费用以及相关税费后的金额计量。

可变现净值在不考虑资金时间价值的情况下，计量资产在正常经营过程中可带来的预期净现金流入或流出。可变现净值通常应用于存货资产减值情况下的后续计量。不同资产的可变现净值确定方法有所不同。

【例题 2-32・单选题】以下不属于会计计量属性的是（　　）。

A. 历史成本　B. 重置成本　C. 公允价值　D. 成本计算

参考答案：D

答案解析：会计计量属性反映的是会计要素金额的确定基础，主要包括历史成本、重置成本、现值和公允价值。

【例题 2-33・单选题】某企业账面甲材料成本为 10 万元；加工成 A 产品对外估计售价为 20 万元；甲材料生产过程中估计发生的生产成本为 6 万元，销售费用和销售税费估计分别为 3 万元和 2 万元，则该材料的可变现净值为（　　）万元。

A. 9　B. 10　C. 16　D. 20

参考答案：A

答案解析：可变现净值是指在正常生产经营过程中，以预计售价减去进一步加工成本和预计销售费用以及相关税费后的净值。所以此题为 20-6-（3+2）=9（万元）。

四、现值

现值是指对未来现金流量以恰当的折现率进行折现后的价值。

在会计计量中使用现值是为了尽可能地捕捉和反映各种不同类型的未来现金流量之间的经济差异。在不适用现值计量的情况下，很难看出今天的 1 000 元现金流量和 10 年后的 1 000 元现金流量之间的区别，若用现值计量就很容易区分出 10 年后的 1 000 元的现金流量肯定小于今天的 1 000 元现金流量。所以与未折现的现金流量相比，以未来预计现金流量的现值为基础的会计计量能够提供与决策更相关的信息。

现值通常用于非流动资产可收回金额和以摊余成本计量的金融资产价值的确定等。例如，在确定固定资产、无形资产等可收回金额时，通常需要计算资产预计未来现金流量的现值；对于持有至到期投资等以摊余成本计量的金融资产，通常需要使用实际利率法将这些资产在预期存续期间或适用的更短期间内的未来现金流量折现，再通过相应的调整确定其摊余成本。

五、公允价值

公允价值是指在公平交易中，熟悉情况的交易双方自愿进行的资产交换或者债务清偿的金额。公允价值主要应用于交易性金融资产、可供出售金融资产的计量等。

例如，某企业持有 B 上市公司的流动股 100 万股，公司将其作为交易性金融资产处理。2012 年 12 月 31 日，该股票在证券交易市场的成交价格为每股 25 元。则该交易性金融资产按公允价值入账的价值为 2 500 万元（2 500 = 25 × 100）。

企业在对会计要素进行计量时，一般应当采用历史成本；采用重置成本、可变现净值、现值、公允价值计量的，应当保证所确定的会计要素金额能够取得并可靠计量。

知识链接

会计计量属性尽管包括历史成本、重置成本、可变现净值、现值和公允价值等，但企业在对会计要素进行计量时，应当严格按照规定选择相应的计量属性。一般情况下应当采用历史成本计量属性。例如，企业购入各种固定资产、存货资产、生产产品等，应当以发生的实际成本作为资产的入账价值。

但是在某些情况下，为了提高会计信息质量，实现财务报告目标，企业会计准则允许采用重置成本、可变现净值、现值、公允价值计量，只是在应用这些属性计量时，应当保证所确定的会计要素金额能够取得并可靠地计量，如果这些金额无法取得或者可靠地计量，则不允许采用其他计量属性。

【例题 2-34・单选题】企业在取得资产时，一般应按（　　）计量。

A. 历史成本　　B. 重置成本　　C. 可变现净值　　D. 现值

参考答案：A

答案解析：企业在对会计要素进行计量时，应当严格按照规定选择相应的计量属性。一般情况下应当采用历史成本计量属性。

【例题 2-35・单选题】取得交易性金融资产时，应当按照该金融资产取得时的（　　）作为其初始确认金额，记入"交易性金融资产——成本"科目。

A. 历史成本　　B. 现值　　C. 可变现净值　　D. 公允价值

参考答案：D

答案解析：公允价值主要应用于交易性金融资产、可供出售金融资产的计量等。

【例题 2-36・单选题】资产和负债按照在公平交易中，熟悉情况的交易双方自愿进行资产交换或者债务清偿的金额计量的会计计量属性是（　　）。

A. 现值　　B. 公允价值　　C. 历史成本　　D. 重置成本

参考答案：B

答案解析：公允价值主要应用于交易性金融资产，可供出售金融资产的计量等。

【例题 2-37・多选题】企业采用（　　）计量的，应当保证所确定的会计要素金额能够取得并可靠地计量。

A. 公允价值　　B. 可变现净值　　C. 现值　　D. 重置成本

参考答案：A、B、C、D

答案解析：企业在对会计要素进行计量时，一般应当采用历史成本；采用重置成本、可变现净值、现值、公允价值计量的，应当保证所确定的会计要素金额能够取得并可靠地计量。

学习任务三　会计科目

会计要素是对会计对象的基本分类，而这 6 项会计要素仍显得过于粗略，难以满足各有关方面对会计信息的需要，我们必须对会计要素做进一步分类。

一、会计科目的概念

（一）概念

会计科目简称科目，是为了满足会计确认、计量、报告的要求，根据企业内部会计管理和外部信息需要，对会计要素的具体内容进行分类的项目是按会计对象的经济内容性质的不同而进行分类的标志、项目或名称，是对资金运动的第三层次划分。

（二）意义

会计科目的设置可以把各项会计要素的增减变化分门别类地归集起来，使之一目了然，以便为企业内部经营管理和向有关方面提供一系列具体分类核算指标，其意义体现在以下几点：

（1）会计科目是复式记账的基础；

（2）会计科目是编制记账凭证的基础；

（3）会计科目为成本核算及财产清查提供了前提条件；

（4）会计科目为编制会计报表提供了方便。

（三）会计对象、会计要素、会计科目三者比较

会计要素是对会计对象的分类，会计科目是对会计要素内容的分类核算。会计要素是会计核算的形象具体化，也是进行会计确认和计量的依照。会计要素可以分为资产、负债、所有权益、收入、费用和利润，这是按照我国企业的性质分类的。会计科目是为了更加符合会计要素的功能和企业对于内部的管理以及外部信息的获取，从而对会计要素具体内容的分类核算。例如，在股东资产和流动资产中，两者都是资产，但是它们的经济内容、生产、经营、资金周转上都有不同的方式，不可能在会计要素的一个科目里计算，所以会计科目对于企业有着非常重要的作用。会计对象、会计要素、会计科目三者相互依托，是层层关系的细化，记住关系链则会对它们有一个系统的认知。

【例题 2-38・单选题】会计科目是指对（　　）的具体内容进行分类核算的项目。

A. 会计要素　　B. 会计账户　　C. 会计信息　　D. 经济业务

参考答案：A

答案解析：会计要素是对会计对象的分类，会计科目是对会计要素内容的分类核算。会计要素是会计核算的形象具体化，也是进行会计确认和计量的依照。

二、会计科目的分类

（一）会计科目按其归属的会计要素分类（按经济内容分类）

1. 通常可以分为资产、负债、所有者权益、成本、损益五类

有些科目是对应的：收付对应、收支对应、长短对应；有一些科目是看得见摸得着的；有些科目是根据名字就可以理解其含义的；有些科目的最后两个字是“准备”、“损失”。关注容易判断错误的科目。

会计科目编号供企业填制会计凭证、登记会计账簿、查阅会计账目、采用会计软件系统参考，

企业可结合实际情况自行确定会计科目的编号。会计科目编号的第一位数码代表类别，“1”代表资产类，“2”代表负债类，“3”代表所有者权益类，“4”代表成本类，“5”代表损益类。

2. 会计科目表

一般企业常见的会计科目表如表 2-1 所示。

表 2-1　　会计科目表

序号	编号	会计科目名称	序号	编号	会计科目名称
		一、资产类			二、负债类
1	1001	库存现金	33	2001	短期借款
2	1002	银行存款	34	2201	应付票据
3	1012	其他货币资金	35	2202	应付账款
4	1101	短期投资	36	2203	预收账款
5	1121	应收票据	37	2211	应付职工薪酬
6	1122	应收账款	38	2221	应交税费
7	1123	预付账款	39	2231	应付利息
8	1131	应收股利	40	2232	应付利润
9	1132	应收利息	41	2241	其他应付款
10	1221	其他应收款	42	2401	递延收益
11	1401	材料采购	43	2501	长期借款
12	1402	在途物资	44	2701	长期应付款
13	1403	原材料			三、所有者权益类
14	1404	材料成本差异	45	3001	实收资本
15	1405	库存商品	46	3002	资本公积
16	1407	商品进销差价	47	3101	盈余公积
17	1408	委托加工物资	48	3103	本年利润
18	1411	周转材料	49	3104	利润分配
19	1421	消耗性生物资产			四、成本类
20	1501	长期债券投资	50	4001	生产成本
21	1511	长期股权投资	51	4101	制造费用
22	1601	固定资产	52	4301	研发支出
23	1602	累计折旧	53	4401	工程施工
24	1604	在建工程	54	4403	机械作业
25	1605	工程物资			五、损益类
26	1606	固定资产清理	55	5001	主营业务收入
27	1621	生产性生物资产	56	5051	其他业务收入
28	1622	生产性生物资产累计折旧	57	5111	投资收益
29	1701	无形资产	58	5301	营业外收入
30	1702	累计摊销	59	5401	主营业务成本
31	1801	长期待摊费用	60	5402	其他业务成本
32	1901	待处理财产损溢	61	5403	营业税金及附加

续表

序号	编号	会计科目名称	序号	编号	会计科目名称
62	5601	销售费用	65	5711	营业外支出
63	5602	管理费用	66	5801	所得税费用
64	5603	财务费用			

【例题 2-39 · 单选题】下列会计科目中属于资产类的是（　　）。

A. 待处理财产损溢　B. 预收账款　C. 资本公积　D. 以前年度损益调整

参考答案：A

答案解析：B 项预收账款属于负债类；C 项资本公积；D 项以前年度损益调整属于损益类科目，但不是本年损益，是过渡性质的科目。

【例题 2-40 · 单选题】下列会计科目属于损益类的是（　　）。

A. 交易性金融负债　B. 制造费用　C. 资产减值损失　D. 固定资产清理

参考答案：C

答案解析：A 项是负债类；B 项是成本类；D 项是资产类。

【例题 2-41 · 多选题】下列会计科目中，属于成本类科目的有（　　）。

A. 生产成本　B. 主营业务成本　C. 制造费用　D. 销售费用

参考答案：A、C

答案解析：常见的成本类账户包括生产成本、制造费用、研发支出。B、D 项中的主营业务成本和销售费用属于损益类账户。

（二）按其提供信息的详细程度及其统驭关系

总分类科目反映各种经济业务的概括情况，是进行总分类核算的依据；明细分类科目反映各种经济业务的详细情况，提供的是详细信息。

总分类科目概况地反映会计对象的具体内容，明细分类科目详细反映会计对象的具体内容。

总分类科目对其所属的明细分类科目具有统驭和控制的作用，而明细分类科目是对其所归属的总分类科目的补充和说明。

总分类科目及其所属明细科目，共同反映经济业务既总括又详细的情况。

对于明细科目较多的总分类科目，可在总分类科目与明细科目之间设置二级科目或多级科目。二级明细科目是对总分类科目进一步分类的科目，三级明细科目是对二级明细科目进一步分类的科目。

有的经济业务事项为了既方便核算，又便于管理，可在明细科目下设系列专栏。

（1）并不是所有的总分类科目都必须设置明细科目。如“本年利润”总分类科目不必设置明细分类科目。

（2）科目一般分到三级，不是越多越好。

（3）二级明细科目和三级明细科目统称为明细科目。

【例题 2-42 · 单选题】会计科目按其所（　　）不同分为总分类科目和明细分类科目。

A. 反映的会计对象　B. 归属的会计要素

C. 提供信息的详细程度及其统驭关系 D. 反映的经济业务

参考答案：C

答案解析：按其提供信息的详细程度及其统驭关系分为总分类科目和明细科目。

【例题 2-43·多选题】以下属于按照会计科目归属的会计要素不同进行的分类有（　）。

A. 明细分类科目　B. 总分类科目　C. 损益类　D. 成本类

参考答案：C、D

答案解析：按照会计科目归属的会计要素不同进行的分为资产、负债、所有者权益、成本、损益五类。

【例题 2-44·单选题】下列各项目中属于一级科目的是（　）。

A. 未分配利润　B. 应交所得税　C. 投入资本　D. 材料采购

参考答案：D

答案解析：总分类科目反映各种经济业务的概括情况，是进行总分类核算的依据，也就是一级科目。通常国家有固定的名称，编号等科目表。

【例题 2-45·判断题】任何明细科目都对应着一个所属总分类科目。（　）

参考答案：✓

答案解析：明细分类科目是对其所归属的总分类科目的补充和说明，有明细科目就一定有对应的总分类科目。

三、重要的会计科目解释

（一）资产类

1. 1001 库存现金

库存现金是指单位为了满足经营过程中零星支付需要而保留的现金，对库存现金进行监督盘点，可以确定库存现金的真实存在性和库存现金管理的有效性，对于评价企业的内控制度将起到积极作用。

2. 1002 银行存款

银行存款是指企业存放在银行和其他金融机构的货币资金。按照国家现金管理和结算制度的规定，每个企业都要在银行开立账户，称为结算户存款，用来办理存款、取款和转账结算。

3. 1012 其他货币资金

其他货币资金是指除现金、银行存款以外的其他各种货币资金。

其他货币资金包括外埠存款、银行汇票存款、银行本票存款、信用证存款、信用卡存款和存出投资款等。

4. 1101 交易性金融资产

满足下列 3 个条件之一，即为交易性金融资产。

（1）取得金融资产是为了短时间内出售或回购；

（2）属于进行集中管理的可辨认金融工具组合的一部分，具有客观证据表明企业采用短期获利方式对该组合进行管理；

（3）属于衍生工具，但是，如果衍生工具被企业指定为有效套期工具，则不应确认为交易性金融资产。

企业持有衍生工具的目的有两种：投机（作为交易性金融资产核算）、套期保值（作为套期保值准则核算）。

5. 1121 应收票据

应收票据作为一种债权凭证，是指企业因销售商品、产品、提供劳务等而收到的商业汇票，包括商业承兑汇票和银行承兑汇票。根据《中华人民共和国票据法》的规定，商业汇票的付款期限最长不得超过 6 个月，因而我国的商业汇票是一种流动资产。

6. 1122 应收账款

该账户核算企业因销售商品、材料、提供劳务等，应向购货单位收取的款项，以及代垫运杂费和承兑到期而未能收到款的商业承兑汇票。

7. 1123 预付账款

预付账款是指企业按照购货合同规定预付给供应单位的款项。预付账款按实际付出的金额入账，如预付的材料、商品采购货款、必须预先发放的在以后收回的农副产品预购定金等。

8. 1131 应收股利

应收股利是指企业因股权投资而应收取的现金股利以及应收其他单位的利润，包括企业购入股票实际支付的款项中所包括的已宣告发放但尚未领取的现金股利和企业因对外投资应分得的现金股利或利润等，但不包括应收的股票股利。

9. 1132 应收利息

应收利息是指企业因债权投资而应收取的一年内到期收回的利息，它主要包括如下情况：一是企业购入的是分期付息到期还本的债券，在会计结算日，企业按规定所计提的应收利息；二是企业购入债券时实际支付款项中所包含的已到期而尚未领取的债券利息。已到期而尚未领取的债券利息也是对分期付息债券而言的，不包括企业购入到期还本付息的长期债券应收的利息。

10. 1221 其他应收款

其他应收款是企业应收款项的另一重要组成部分。其他应收款科目核算企业除存出保证金、买入返售金融资产、应收票据、应收账款、预付账款、应收股利、应收利息、应收代位追偿款、应收分保账款、应收分保合同准备金、长期应收款等以外的其他各种应收及暂付款项。

11. 1404 材料成本差异

核算企业各种材料的实际成本与计划成本的差异。

12. 1231 坏账准备

坏账准备是指对应收账款预提的，抵消不能收回的应收账款的科目，是应收账款的备抵账户。

商业信用的高度发展是市场经济的重要特征之一。商业信用的发展在为企业带来销售收入增加的同时，不可避免地导致坏账的发生。

坏账是指企业无法收回或收回的可能性极小的应收账款。

坏账损失是由于发生坏账而产生的损失。

13. 1401 材料采购

本科目核算企业采用计划成本进行材料日常核算而购入材料的采购成本。应当按照供应单位和物资品种进行明细核算。本科目的期末没有余额。对于企业已经收到发票账单付款或已开出、承兑商业汇票，但尚未到达或尚未验收入库的在途材料的采购成本，本期末，借记“在途物资”科目，贷记本科目，以保证账账、账实相符。“物资采购”改名为“材料采购”。

14. 1402 在途物资

核算企业采用实际成本（进价）进行材料、商品等物资的日常核算，货款已付尚未验收入库的各种物资（即在途物资）的采购成本，本科目应按供应单位和物资品种进行明细核算。

15. 1403 原材料

本科目核算企业库存的各种材料，包括原料及主要材料、辅助材料、外购半成品（外购件）、修理用备件（备品备件）、包装材料、燃料等的计划成本或实际成本。收到来料加工装配业务的原料、零件等，应当设置备查簿进行登记。本科目可按材料的保管地点（仓库）、材料的类别、品种和规格等进行明细核算。本科目期末借方余额，反映企业库存材料的计划成本或实际成本。原材料的主要账务处理如下。

（1）企业购入并已验收入库的材料，按计划成本或实际成本，借记本科目，按实际成本，贷记“材料采购”或“在途物资”科目，按计划成本与实际成本的差异，借记或贷记“材料成本差异”科目。

（2）自制并已验收入库的材料，按计划成本或实际成本，借记本科目，按实际成本，贷记“生产成本”科目，按计划成本与实际成本的差异，借记或贷记“材料成本差异”科目。

委托外单位加工完成并已验收入库的材料，按计划成本或实际成本，借记本科目，按实际成本，贷记“委托加工物资”科目，按计划成本与实际成本的差异，借记或贷记“材料成本差异”科目。

（3）生产经营领用材料，借记“生产成本”、“制造费用”、“销售费用”、“管理费用”等科目，贷记本科目。出售材料结转成本，借记“其他业务成本”科目，贷记本科目。发出委托外单位加工的材料，借记“委托加工物资”科目，贷记本科目。采用计划成本进行材料日常核算的，发出材料还应结转材料成本差异，将发出材料的计划成本调整为实际成本。采用实际成本进行材料日常核算的，发出材料的实际成本，可以采用先进先出法、加权平均法或个别认定法计算确定。

16. 1404 材料成本差异

材料成本差异又称“材料价格差异”，指材料的实际成本与计划价格成本间的差额。

实际成本大于计划价格成本为超支；实际成本小于计划价格成本为节约。外购材料的材料成本差异在一定程度上反映材料采购业务的工作质量。

17. 1405 库存商品

本科目核算企业库存的各种商品的实际成本（或进价）或计划成本（或售价），包括库存产成品、外购商品、存放在门市部准备出售的商品、发出展览的商品以及寄存在外的商品等。本科目可按库存商品的种类、品种和规格等进行明细核算。企业生产的产成品一般应按实际成本核算，本科目期末借方余额，反映企业库存商品的实际成本（或进价）或计划成本（或售价）。

18. 1411 周转材料

周转材料是指企业能够多次使用，逐渐转移其价值但仍保持原有形态，不确认为固定资产的材料，如包装物和低值易耗品，应当采用一次转销法或者五五摊销法进行摊销；企业（建造承包商）的钢模板、木模板、脚手架和其他周转材料等，可以采用一次转销法、五五摊销法或者分次摊销法进行摊销 。

19. 1471 存货跌价准备

存货跌价准备是指在中期期末或年度终了，如由于存货遭受毁损、全部或部分陈旧过时或销售价格低于成本等原因，使存货成本不可以收回的部分，应按单个存货项目的成本高于其可变现净值的差额提取，并计入存货跌价损失。

简单地说，就是由于存货的可变现价值低于原成本，而对降低部分所做的一种稳健处理。

20. 1511 长期股权投资

长期股权投资是指通过投资取得被投资单位的股份。企业对其他单位的股权投资，通常是为长期持有，以期通过股权投资达到控制被投资单位，或对被投资单位施加重大影响，或为了与被投资单位建立密切关系，以分散经营风险。

21. 1512 长期股权投资减值准备

（1）本科目核算企业长期股权投资的减值准备。

（2）本科目可按被投资单位进行明细核算。

（3）资产负债表日，长期股权投资发生减值的，按应减记的金额，借记“资产减值损失”科目，贷记本科目。

（4）处置长期股权投资时，应同时结转已计提的长期股权投资减值准备。

（5）本科目期末贷方余额，反映企业已计提但尚未转销的长期股权投资减值准备。

22. 1531 长期应收款

“长期应收款”科目核算如下。

（1）本科目核算企业融资租赁产生的应收款项和采用递延方式分期收款，实质上具有融资性质的销售商品和提供劳务等经营活动产生的应收款项。

（2）本科目应当按照承租人或购货单位（接受劳务单位）等进行明细核算。

（3）长期应收款的主要账务处理。

（4）本科目的期末借方余额，反映企业尚未收回的长期应收款。

23. 1602 累计折旧

为生产产品、提供劳务、出租或经营管理工作而持有的、使用期限超过一年、单位价值较高的有形资产。

（1）本科目核算企业的固定资产累计折旧。

（2）本科目可按固定资产的类别或项目进行明细核算。

（3）按期（月）计提固定资产的折旧，借记“制造费用”、“销售费用”、“管理费用”、“研发支出”、“其他业务成本”等科目，贷记本科目。处置固定资产还应同时结转累计折旧。

（4）本科目期末贷方余额，反映企业固定资产的累计折旧额。

24. 1603 固定资产减值准备和 1604 在建工程

（1）企业的固定资产应当在期末时按照账面价值与可收回金额孰低计量，对可收回金额（指资产的销售净价）与预期从该资产的持续使用和使用寿命结束时的处置中形成的预计未来现金流量的现值进行比较，两者之间较高（低）者与账面价值的差额，应计提固定资产减值准备。

（2）在建工程是指企业进行基建工程、安装工程、技术改造工程、大修理工程等发生的实际支出，包括需要安装设备的价值。企业应设置“在建工程”科目，本科目核算企业基建、更新改造等在建工程发生的支出。本科目可按“建筑工程”、“安装工程”、“在安装设备”以及单项工程等进行明细核算。

25. 1605 工程物资和 1606 固定资产清理

工程物资是指用于固定资产建造的建筑材料（如钢材、水泥、玻璃等），企业（民用航空运输）的高价周转件（例如飞机的引擎）等。在资产负债表中并入在建工程项目。

企业会计记录设置工程物资科目，该科目核算企业为基建工程、更改工程和大修理工程准备的各种物资的实际成本，包括为工程准备的材料、尚未交付安装的需要安装设备的实际成本，以及预付大型设备款和基本建设期间根据项目概算购入为生产准备的工具及器具等的实际成本。企业购入不需要安装的设备，应当在“固定资产”科目核算，不在本科目核算。

固定资产的清理是指固定资产的报废和出售，以及因各种不可抗力的自然灾害而遭到损坏和损失的固定资产所进行的清理工作。

“固定资产清理”是资产类账户，用来核算企业因出售、报废和毁损等原因转入清理的固定资产净值以及在清理过程中所发生的清理费用和清理收入。借方登记固定资产转入清理的净值和清理过程中发生的费用及清理完毕后净收益转入“营业外支出”账户的数额；贷方登记收回出售固定资产的价款、残料价值和变价收入及清理完毕后净损失转入“营业外收入”账户的数额。其贷方余额表示清理后的净收益，借方余额表示清理后的净损失，清理完毕后应将其贷方或借方余额转入“营业外收入”或“营业外支出”账户。

“固定资产清理”账户应按被清理的固定资产设置明细账。

26. 1701 无形资产和 1702 累计摊销

无形资产是指企业拥有或者控制的没有实物形态的可辨认非货币性资产。

资产满足下列条件之一的，符合无形资产定义中的可辨认性标准。

（1）能够从企业中分离或者划分出来，并能够单独或者与相关合同、资产或负债一起，用于出售、转移、授予许可、租赁或者交换。

（2）源自合同性权利或其他法定权利，无论这些权利是否可以从企业或其他权利和义务中转移或者分离。

无形资产主要包括专利权、非专利技术、商标权、著作权、土地使用权、特许权等。

商誉的存在无法与企业自身分离，不具有可辨认性，不属于本项目所指无形资产。

无形资产具有广义和狭义之分，广义的无形资产包括货币资金、应收账款、金融资产、长期股权投资、专利权、商标权等，因为它们没有物质实体，而是表现为某种法定权利或技术。但是，会计上通常将无形资产作狭义理解，即将专利权、商标权等称为无形资产。

累计摊销是用于摊销无形资产的，其余额一般在贷方，贷方登记已计提的累计摊销。类似固定资产中的“累计折旧”科目。

累计摊销用法如下。

如同固定资产要单独核算累计折旧一样，新制度对无形资产新增加了一个一级科目“累计摊销”。

（1）本科目核算企业对使用寿命有限的无形资产计提的累计摊销。

（2）本科目应按无形资产项目进行明细核算。

（3）企业按月计提无形资产摊销，借记“管理费用”、“其他业务支出”等科目，贷记本科目。

（4）本科目期末贷方余额，反映企业无形资产累计摊销额。

27. 1703 无形资产减值准备

（1）本科目核算企业无形资产的减值准备。

（2）本科目应按无形资产项目进行明细核算。

（3）资产负债表日，无形资产发生减值的，按应减记的金额，借记“资产减值损失”科目，贷记本科目。处置无形资产时，应同时结转已计提的无形资产减值准备。

（4）本科目期末贷方余额，反映企业已计提但尚未转销的无形资产减值准备。

28. 1801 长期待摊费用

长期待摊费用是指企业已经支出，但摊销期限在 1 年以上（不含 1 年）的各项费用，包括开办费、租入固定资产的改良支出以及摊销期在 1 年以上的固定资产大修理支出、股票发行费用等。应当由本期负担的借款利息、租金等，不得作为长期待摊费用处理。

长期待摊费用的主要特征如下：

（1）长期待摊费用属于长期资产；

（2）长期待摊费用是企业已经支出的各项费用；

（3）长期待摊费用应能使以后会计期间受益。

（二）负债类

1. 2001 短期借款

企业用来维持正常的生产经营所需的资金或为抵偿项全力而向银行或其他金融机构等外单位借入的、还款期限在一年或超过一年的一个经营周期内的各种借款。

工商企业的短期借款主要有经营周转借款、临时借款、结算借款、票据贴现借款、卖方信贷、预购定金借款和专项储备借款等。

2. 2201 应付票据

应付票据是指企业在商品购销活动和对工程价款进行结算因采用商业汇票结算方式而发生的，由出票人出票，委托付款人在指定日期无条件支付确定的金额给收款人或者持票人的票据，它包括商业承兑汇票和银行承兑汇票。应付票据按是否带息分为带息应付票据和不带息应付票据两种。

3. 2202 应付账款

该账户核算企业因销售商品、材料和提供劳务等，应向购货单位支付的款项，以及代垫运杂费和承兑到期而未能收到款的商业承兑汇票。

4. 2205 预收账款

预收账款是买卖双方协议商定，由购货方预先支付一部分货款给供应方而发生的一项负债。

预收账款的核算应视企业的具体情况而定。如果预收账款比较多的，可以设置“预收账款”科目；预收账款不多的，也可以不设置“预收账款”科目，直接记入“应收账款”科目的贷方。单独设置“预收账款”科目核算的，其贷方反映预收的货款和补付的货款；借方反映应收的货款和退回多收的货款；期末贷方余额，反映尚未结清的预收款项，借方余额反映应收的款项。

5. 2211 应付职工薪酬

企业根据有关规定应付给职工的各种薪酬。本科目应当按照“工资，奖金，津贴，补贴”、“职工福利”、“社会保险费”、“住房公积金”、“工会经费”、“职工教育经费”、“解除职工劳动关系补偿”、“非货币性福利”、“其他与获得职工提供的服务相关的支出”等应付职工薪酬项目进行明细核算。

应付职工薪酬的主要账务处理如下。

企业按照有关规定向职工支付工资、奖金、津贴等，借记“应付职工薪酬”，贷记“银行存款”、“库存现金”等科目。

企业从应付职工薪酬中扣还的各种款项（代垫的家属药费、个人所得税等），借记本科目，贷记“其他应收款”、“应交税费——应交个人所得税”等科目。

企业向职工支付职工福利费，借记本科目，贷记“银行存款”、“库存现金”科目。

企业支付工会经费和职工教育经费用于工会运作和职工培训，借记本科目，贷记“银行存款”等科目。

企业按照国家有关规定缴纳社会保险费和住房公积金，借记本科目，贷记“银行存款”科目。

企业因解除与职工的劳动关系向职工给予的补偿，借记本科目，贷记“银行存款”、“库存现金”等科目。

6. 2221 应交税费

核算企业按照税法等规定计算应交纳的各种税费。

7. 2231 应付股利

企业分配的现金股利或利润。

8. 2232 应付利息

应付利息包括分期付息到期还本的长期借款、企业债券等应支付的利息。

9. 2241 其他应付款

其他应付款是指企业在商品交易业务以外发生的应付和暂收款项，包括企业除应付票据、应付账款、应付工资、应付利润等以外的应付、暂收其他单位或个人的款项。通常情况下，该科目核算企业应付、暂收其他单位或个人的款项，如应付租入固定资产和包装物的租金，存入保证金，应付、暂收所属单位、个人的款项，如应付租入固定资产和包装物的租金，存入保证金，应付职工统筹退休金，以及应收暂付上级单位、所属单位的款项等。

企业经常发生的应付供应单位的货款则是在“应付账款”和“应付票据”科目中核算。

10. 2601 长期借款

长期借款是指企业向银行或其他金融机构借入的期限在一年以上（不含一年）的各项借款。

11. 2602 应付债券

应付债券是指企业为筹集长期资金而实际发行的债券及应付的利息，它是企业筹集长期资金的一种重要方式。企业发行债券的价格受同期银行存款利率的影响较大，一般情况下，企业可以按面值发行、溢价发行和折价发行债券。

债券发行有面值发行、溢价发行和折价发行三种情况。企业应设置“应付债券”科目，并在该科目下设置“面值”、“利息调整”、“应计利息”等明细科目，核算应付债券发行、计提利息、还本付息等情况。

12. 2801 长期应付款

长期应付款是在较长时间内应付的款项，而会计业务中的长期应付款是指除了长期借款和应付债券以外的其他多种长期应付款，主要有应付补偿贸易引进设备款和应付融资租入固定资产租赁费等。

（三）权益类

1. 4001 实收资本

实收资本是指企业投资者按照企业章程或合同、协议的约定，实际投入企业的资本。中国实行的是注册资本制，因而，在投资者足额缴纳资本之后，企业的实收资本应该等于企业的注册资本。所有者向企业投入的资本，在一般情况下无须偿还，可以长期周转使用。由于企业组织形式不同，所有者投入资本的会计核算方法也有所不同。除股份有限公司对股东投入的资本应设置“股本”科目外，其余企业均设置“实收资本”科目，核算企业实际收到的投资人投入的资本。

一般企业（指非股份有限公司）投入资本均通过“实收资本”科目核算。企业按照章程的规定，投资者投入企业的资本记入“实收资本”科目的贷方。

企业收到投资者投入的资金，超过其在注册资本所占的份额的部分，作为资本溢价或股本溢价，在“资本公积”科目中核算，不记入本科目。

2. 4002 资本公积

资本公积是与企业收益无关而与资本相关的款项，资本公积是指投资者或者他人投入到企业，所有权归属于投资者，并且投入金额超过法定资本部分的资本。资本公积是企业来源于盈利以外的那部分积累，是企业的“准资本”，它的唯一用途是依法转增资本，不得作为投资利润或股利进行分配。企业按法定程序将资本公积转增资本，属于所有者权益内部结构的变化，并不改变所有者权益的总额，一般也不会改变每一位投资者在所有者权益总额中所占的份额。

中国会计准则所规定的可计入资本公积的款项有四个内容：资本溢价、资产评估增值、捐赠资本和资本折算差额。

资本溢价是所有者超面值缴入的资本，即发行价格超过面值的部分，常见于公开发行股票的公司。资产评估增值是按法定要求对企业资产进行重新估价时，重估价高于资产的账面净值的部分。捐赠资本是不作为企业资本的资产投入。资本折算差额是外币资本因汇率变动产生的差额。

3. 4101 盈余公积

盈余公积是指公司按照规定从净利润中提取的各种积累资金。盈余公积是根据其用途不同分为公益金和一般盈余公积两类。公益金专门用于公司职工福利设施的支出。按现行规定，上市公司按照税后利润的 5%至 10%的比例提取法定公益金。

一般盈余公积分为两种。一是法定盈余公积。上市公司的法定盈余公积按照税后利润的 10%提取，法定盈余公积累计额已达注册资本的 50%时可以不再提取。二是任意盈余公积。任意盈余公积主要是上市公司按照股东大会的决议提取。法定盈余公积和任意盈余公积的区别就在于其各自计提的依据不同。前者以国家的法律或行政规章为依据提取；后者则由公司自行决定提取。

4. 4103 本年利润

企业当期实现的净利润（或发生的净亏损）。

5. 4104 利润分配

利润分配是将企业实现的净利润，按照国家财务制度规定的分配形式和分配顺序，在国家、企业和投资者之间进行的分配。利润分配的过程与结果是关系到所有者的合法权益能否得到保护，企业能否长期、稳定发展的重要问题。为此，企业必须加强利润分配的管理和核算。

企业利润分配的主体一般有国家、投资者、企业和企业内部职工；利润分配的对象主要是企业实现的净利润；利润分配的时间即确认利润分配的时间是利润分配义务发生的时间和企业做出决定向内向外分配利润的时间。

（四）成本类

1. 5001 生产成本

生产成本也称制造成本是指生产活动的成本，即企业为生产产品而发生的成本。生产成本是生产过程中各种资源利用情况的货币表示，是衡量企业技术和管理水平的重要指标。

生产成本是生产单位为生产产品或提供劳务而发生的各项生产费用，包括各项直接支出和制造费用。直接支出包括直接材料（原材料、辅助材料、备品备件、燃料及动力等）、直接工资（生产人员的工资、补贴）、其他直接支出（福利费）；制造费用是指企业内的分厂、车间为组织和管理生产所发生的各项费用，包括分厂、车间管理人员工资、折旧费、维修费、修理费及其他制造费用（办公费、差旅费、劳保费等）。

2. 5101 制造费用

企业为生产产品和提供劳务而发生的各项间接成本。企业应当根据制造费用的性质，合理地选择制造费用分配方法。

制造费用包括产品生产成本中除直接材料和直接工资以外的其余一切生产成本，主要包括企业各个生产单位（车间、分厂）为组织和管理生产所发生的一切费用，以及各个生产单位所发生的固定资产使用费和维修费，具体有以下项目：各个生产单位管理人员的工资、职工福利费，房屋建筑费、劳动保护费、季节性生产和修理期间的停工损失等。制造费用一般是间接计入成本，当制造费用发生时一般无法直接判定它所归属的成本计算对象，因而不能直接计入所生产的产品成本中去，而须按费用发生的地点先行归集，月终时再采用一定的方法在各成本计算对象之间进行分配，计入各成本计算对象的成本中。

（五）损益类

1. 6001 主营业务收入

企业确认的销售商品、提供劳务等主营业务的收入。

2. 6051 其他业务收入

企业除商品销售以外的其他销售及其他业务所取得的收入。它包括材料销售、技术转让、代购代销、固定资产出租、包装物出租、运输等非工业性劳务收入。

3. 6101 公允价值变动损益

公允价值变动损益就是因为公允价值的变动而引发的损失或是收益。

4. 6111 投资收益

企业在一定的会计期间对外投资所取得的回报。投资收益包括对外投资所分得的股利和收到的债券利息，以及投资到期收回或到期前转让债权的款项高于账面价值的差额等。投资活动也可能遭受损失，如投资到期收回的或到期前转让所得款低于账面价值的差额，即为投资损失。投资收益减去投资损失则为投资净收益。随着企业管理和运用资金权力的日益增大，资本市场的逐步完善，投资活动中获取收益或承担亏损虽不是企业通过自身的生产或劳务供应活动所得，却是企业利润总额的重要组成部分，并且其比重发展呈越来越大的趋势。

5. 6301 营业外收入

企业发生的与生产经营无直接关系的各项收入。

它主要包括下列内容：①固定资产盘盈；②处置固定资产净收益；③非货币性交易收益；④出售无形资产收益；⑤罚款净收入；⑥因债权人原因确实无法支付的账款；⑦教育费附加返还款。

6. 6401 主营业务成本

用来核算企业销售商品、产品、提供劳务或让渡资产使用权等日常活动而发生的成本。它的借方登记已销售商品、产品、提供劳务供应等的实际成本；贷方登记期末转入“本年利润”账户的数额，结转后应无余额。

7. 6402 其他业务成本

企业确认的除主营业务活动以外的其他经营活动所发生的支出。

8. 6405 营业税金及附加

企业经营活动发生的营业税、消费税、城市维护建设税、资源税和教育费附加等相关税费。

（1）本科目核算企业经营活动发生的营业税、消费税、城市维护建设税、资源税和教育费附加等相关税费。

其他会计科目，如房产税、车船使用税、土地使用税、印花税，在“管理费用”等科目核算，不在本科目核算。

（2）企业按规定计算确定的与经营活动相关的税费，借记本科目，贷记“应交税费”等科目。企业收到的返还的消费税、营业税等原记入本科目的各种税金，应按实际收到的金额，借记“银行存款”科目，贷记本科目。

（3）期末，应将本科目余额转入“本年利润”科目，结转后本科目应无余额。

9. 6601 销售费用

企业在销售产品、自制半成品和提供劳务等过程中发生的费用。包括企业在销售商品过程中发生的包装费、保险费、展览费、广告费、运输费、装卸费、委托代销手续费、租赁费（不含融资租赁费）等费用；以及为销售本企业商品而专设的销售机构（含销售网点、售后服务网点等）服务费、销售人员工资、职工福利费等费用。

10. 6602 管理费用

管理费用是指企业行政管理部门为组织和管理生产经营活动而发生的各项费用。

管理费用属于期间费用，在发生的当期就计入当期损益。

其包括工会经费、职工教育经费、业务招待费、税金、技术转让费、无形资产摊销、咨询费、诉讼费、开办费摊销、坏账损失、公司经费、上缴上级管理费、劳动保险费、待业保险费、董事会会费以及其他管理费用。

其中公司经费包括总部管理人员工资、职工福利费、差旅费、办公费、董事会会费，折旧费、修理费、物料消耗、低值易耗品专用摊销及其他公司经费。

劳动保险费指离退休职工的退休金、价格补贴、医药费（包括离退休人员参加医疗保险基金）、易地安家费、职工退职金、职工死亡丧葬补助费、抚恤费、按规定支付给离休干部的各项经费以及实行社会统筹基金。

待业保险费指企业按照国家规定缴纳的待业保险基金。

董事会会费是指企业最高权力机构及其成员为执行职能而发生的各项费用，包括差旅费、会议费等。

业务招待费是指企业为业务经营的合理需要而支付的交际应酬费用。

11. 6603 财务费用

企业在生产经营过程中为筹集资金而发生的各项费用。

其包括企业生产经营期间发生的利息支出（减利息收入）、汇兑净损失（有的企业如商品流通企业、保险企业进行单独核算，不包括在财务费用中）、金融机构手续费，以及筹资发生的其他财务费用，如债券印刷费、国外借款担保费等。但是，在企业筹建期间发生的利息支出应计入开办费；与购建固定资产或者无形资产有关的，在资产尚未交付使用或者虽已交付使用但尚未办理竣工决算之前的利息支出，计入购建资产的价值；清算期间发生的利息支出，计入清算损益。

企业发生的财务费用，虽为取得营业收入而发生，但与营业收入的实现没有明显的因果关系，不宜将它计入生产经营成本，只能作为期间费用，按实际发生额确认，计入当期损益。企业发生的财务费用，一般在“财务费用”科目进行核算，并按费用种类设置明细账。财务费用发生时，记入该科目的借方，期末将余额结转“本年利润”科目时，记入该科目的贷方。

12. 6701 资产减值损失

资产减值损失是指因资产的账面价值高于其可收回金额而造成的损失。

新会计准则规定资产减值范围主要是固定资产、无形资产以及除特别规定外的其他资产减值的处理。《企业会计准则第 8 号——资产减值》准则改变了固定资产、无形资产等的减值准备计提后可以转回的做法，资产减值损失一经确认，在以后会计期间不得转回，消除了一些企业通过计提秘密准备来调节利润的可能，限制了利润的人为波动。

资产减值损失的确定如下。

（1）可收回金额的计量结果表明，资产的可收回金额低于其账面价值的，应当将资产的账面价值减记至可收回金额，减记的金额确认为资产减值损失，计入当期损益，同时计提相应的资产减值准备。

（2）资产减值损失确认后，减值资产的折旧或者摊销费用应当在未来期间做相应调整，以使该资产在剩余使用寿命内，系统地分摊调整后的资产账面价值（扣除预计净残值）。

（3）资产减值损失一经确认，在以后会计期间不得转回。但是，对以摊余成本计量的金融资产确认减值损失后，如有客观证据表明该金融资产价值已恢复，原确认的减值损失应当予以转回，记入当期损益。

13. 6711 营业外支出

营业外支出是指企业发生的与其日常活动无直接关系的各项损失，主要包括非流动资产处置损失、公益性捐赠支出、盘亏损失、罚款支出、非货币性资产交换损失、债务重组损失等。

14. 6801 所得税费用

企业确认的应从当期利润总额中扣除的所得税费用。

计算当期所得税费用账务处理如下。

借：所得税费用

（递延所得税资产）

贷：应交税费——应交所得税

（递延所得税负债）

结转时账务处理如下。

借：本年利润

贷：所得税费用

四、会计科目的设置原则

会计科目作为反映会计要素的构成及其变化情况，为投资者、债权人、企业经营管理者等提供会计信息的重要手段，在其设置过程中应努力做到科学、合理、适用。

会计科目设置原则包括以下几点。

（1）合法性原则：指所设置的会计科目应当符合国家统一的会计制度规定。

（2）相关性原则：指所设置的会计科目应当为提供有关各方所需要的会计信息服务，满足对外报告与对内管理的要求。

（3）实用性原则：指所设置的会计科目应符合单位自身特点，满足单位实际需要。

补充阅读

世界各国的会计年度

一、采用历年制（1月至12月）

中国、奥地利、比利时、保加利亚、捷克、斯洛伐克、芬兰、德国、希腊、匈牙利、冰岛、爱尔兰、挪威、波兰、葡萄牙、罗马尼亚、西班牙、瑞士、俄罗斯、白俄罗斯、乌克兰、墨西哥、哥斯达黎加、多米尼加、萨尔瓦多、危地马拉、巴拉圭、洪都拉斯、秘鲁、巴拿马、玻利维亚、巴西、智利、哥伦比亚、厄瓜多尔、塞浦路斯、约旦、朝鲜、马来西亚、阿曼、阿尔及利亚、叙利亚、中非帝国、象牙海岸、利比里亚、利比亚、卢旺达、塞内加尔、索马里、多哥、赞比亚等。

二、采用4月至次年3月制

丹麦、加拿大、英国、纽埃岛、印度、印度尼西亚、伊拉克、日本、科威特、新加坡、尼日利亚等。

三、采用7月至次年6月制

瑞典、澳大利亚、孟加拉国、巴基斯坦、菲律宾、埃及、冈比亚、加纳、肯尼亚、毛里求斯、苏丹、坦桑尼亚等。

四、采用10月至次年9月制

美国、海地、缅甸、泰国、斯里兰卡等。

五、其他类型

阿富汗、伊朗：3月21日至次年3月20日；

尼泊尔：7月16日至次年7月15日；

土耳其：3月至次年2月；

埃塞俄比亚：7月8日至次年7月7日；

阿根廷：11月至次的10月；

卢森堡：5月至次年4月；

沙特阿拉伯：10月15日至次年10月14日。

项目小结

会计对象是对资金运动第一层次的划分。会计要素（又称为会计报表要素、财务报表要素、会计对象要素）则是对会计对象进行的基本分类，是会计核算对象的具体化，是对资金运动第二层次的划分。会计要素包括资产、负债、所有者权益、收入、费用和利润。会计计量属性反映的是会计要素金额的确定基础，主要包括历史成本、重置成本、可变现净值、现值和公允价值。会计科目是按会计对象的经济内容性质的不同而进行分类的标志、项目或名称，是对资金运动第三层次的划分。会计科目设置的原则包括合法性、相关性和实用性。

同步练习与实践训练

一、理论与技能测试

（一）单项选择题

1. 下列会计科目中，属于损益类科目的是（　　）。

A. 主营业务成本　B. 生产成本　C. 制造费用　D. 其他应收款

2. （　　）不是设置会计科目的原则。

A. 实用性原则　B. 相关性原则　C. 权责发生制原则　D. 合法性原则

3. “预付账款”科目按其所归属的会计要素不同，属于（　　）类科目。

A. 资产　B. 负债　C. 所有者权益　D. 成本

4. 下列会计科目中，不属于资产类的是（　　）。

A. 应收账款　B. 累计折旧　C. 预收账款　D. 预付账款

5. 总分类会计科目一般按（　　）进行设置。

A. 企业管理的需要　B. 统一会计制度的规定

C. 会计核算的需要　D. 经济业务的种类

6. 关于会计科目，下列说法中不正确的是（　　）。

A. 会计科目的设置应该符合国家统一会计准则的规定

B. 会计科目是设置账户的依据

C. 企业不可以自行设置会计科目

D. 账户是会计科目的具体运用

7. 在下列项目中，与“制造费用”属于同一类科目的是（　　）。

A. 固定资产　B. 其他业务成本　C. 生产成本　D. 主营业务成本

8. “其他业务成本”科目按其所归属的会计要素不同，属于（　　）类科目。

A. 成本　B. 资产　C. 损益　D. 所有者权益

9. 所设置的会计科目应符合单位自身特点，满足单位实际需要，这一点符合（　　）原则。

A. 实用性　B. 合法性　C. 谨慎性　D. 相关性

10. 下列不属于会计科目设置原则的是（　　）。

A. 相关性　　B. 实用性　　C. 科学性　　D. 合法性

（二）多项选择题

1. 下列项目中，属于会计科目设置原则的有（　　）。

A. 相关性原则　　B. 实用性原则　　C. 合法性原则　　D. 真实性原则

2. 以下有关明细分类科目的表述中，正确的有（　　）。

A. 明细分类科目也称一级会计科目

B. 明细分类科目是对总分类科目做进一步分类的科目

C. 明细分类科目是对会计要素具体内容进行总括分类的科目

D. 明细分类科目是能提供更加详细、更加具体会计信息的科目

3. 下列会计科目中，属于成本类科目的有（　　）。

A. 生产成本　　B. 主营业务成本　C. 制造费用　　D. 销售费用

4. 会计科目按其所归属的会计要素不同，分为资产类、负债类、（　　）五大类。

A. 所有者权益类　B. 损益类　　C. 成本类　　D. 费用类

5. 在下列项目中，与管理费用属于同一类科目的是（　　）。

A. 制造费用　　B. 销售费用　　C. 财务费用　　D. 其他应收款

6. 下列项目中，属于成本类科目是（　　）。

A. 生产成本　　B. 管理费用　　C. 制造费用　　D. 长期待摊费用

7. 关于总分类会计科目与明细分类会计科目表述正确的有（　　）。

A. 明细分类会计科目概括地反映会计对象的具体内容

B. 总分类会计科目详细地反映会计对象的具体内容

C. 总分类会计科目对明细分类科目具有控制作用

D. 明细分类会计科目是对总分类会计科目的补充和说明

8. 下列项目中，属于所有者权益类科目是（　　）。

A. 实收资本　　B. 盈余公积　　C. 利润分配　　D. 本年利润

9. 下列属于负债类科目的是（　　）。

A. 应付票据　　B. 应交税费　　C. 材料成本差异　D. 其他应付款

10. 下列属于资产类科目的是（　　）。

A. 原材料　　B. 存货跌价准备　C. 坏账准备　　D. 固定资产清理

（三）判断题

1. 会计科目不能记录经济业务的增减变化及结果。　（　　）

2. 在不违反国家统一会计制度的前提下，明细会计科目可以根据企业内部管理的需要自行制定。　（　　）

3. 利润包括收入减去费用后的净额、直接计入当期利润的利得和损失等。　（　　）

4. 所有者权益是指企业投资人对企业资产的所有权。　（　　）

5. 对于明细科目较多的总账科目，可在总分类科目下设置二级或多级科目。（　　）

6. 所有者权益与企业特定的、具体的资产并无直接关系，不与企业任何具体的资产项目发生对应关系。（　　）

7. 企业的利得和损失包括直接计入所有者权益的利得和损失以及直接计入当期利润的利得和损失。（　　）

8. 总分类科目与其所属的明细分类科目的核算内容相同，所不同的是前者提供的信息比后者更加详细。（　　）

9. 只要企业拥有某项财产物资的所有权就能将其确认为资产。（　　）

10. 按照我国的会计准则，负债不仅指现时已经存在的债务责任，还包括某些将来可能发生的、偶然事项形成的债务责任。（　　）

二、模拟实训

某企业相关会计要素项目如表 2-2 所示。

表 2-2　　某企业相关会计要素

内　容	资产	负债	所有者权益
1. 厂房一栋，价值 3 600 万元			
2. 机器设备 10 台，价值 1 200 万元			
3. 办公用房一栋，价值 1 800 万元			
4. 企业资产中有 7 200 万元是投资者投入的			
5. 各种材料价值 660 万元			
6. 在产品价值 300 万元			
7. 库存产成品价值 900 万元			
8. 企业保险柜中有现金 12 万元			
9. 银行存款 960 万元			
10. 企业资产中有 1 200 万元是从银行借入的			
11. 因销售商品而产生 450 万元的债权未收回			
12. 因购买商品而产生 480 万元的债务未支付			
13. 以前年度未分配利润 1 002 万元			
14. 向银行借款（期限 9 个月）而形成的债务 10 万元			
15. 购入准备短期持有的股票 25 万元			
16. 欠职工工资 10 万元			
17. 向用户收取包装物押金 5 万元			
18. 购入 5 年期的国库券 50 万元			
19. 企业的商标权 10 万元			
20. 向销货单位支付预购订金 10 万元			
合计			

实训要求：

资料中所列内容各属于资产、负债、所有者权益中的哪一个项目，并在相应的项目上填写其科目名称。

三、拓展训练

安安商店5月份发生的全部经济业务如下。

（1）商店购买并收到商品存货5 000元，答应在30天内付款。

（2）成本为1 500元的商品存货售出，得到现金收入2 300元。

（3）成本为1 700元的商品存货售出，销售价格为2 620元，客户同意在30天内支付货款2620元。

（4）商店购买了一份3年期火灾保险合同，支付现金1 224元。

（5）商店购置了两块同样大小的土地，共计24 000元，其中现金支付6 000元，其余18 000元为10年期抵押付款。

（6）商店把其中一块土地卖出去，售价12 000元；收到现金3 000元，另外，买方承担9 000元抵押付款；换言之，安安商店对这一块土地不再承担责任。

（7）因诚实经营，商店收到了甲提供的33 000元；虽然甲的权益当时只有26 970元，甲还是拒绝了这番好意。显而易见，商店已经取得了6 030元的商誉。

（8）老板从商店的银行存款账户上取走了1 000元现金，以供个人消费之用。

（9）老板从商店的存货中取走了成本为750元的商品，以供个人消费。

（10）老板得知买了那块土地（第6笔交易）的人又把它以14 000元的价格卖出去了。安安商店所有的这块土地在价值上与那块土地相同。

（11）商店还清了6 000元的短期借款（不计利息）。

（12）老板将他拥有的安安商店1/3的股票转让出去得到现金11 000元。

（13）现金销售成本为850元的商品存货，售价为1 310元。

要求：

分析以上发生的会计事项分别属于哪些会计要素，对这些会计要素产生什么影响？

项目三　会计等式与复式记账

学习目标

知识目标

- ✧ 掌握掌握会计等式的概念
- ✧ 重点掌握静态会计等式、动态会计等式的含义
- ✧ 掌握借贷记账方法
- ✧ 掌握借贷记账方法下的会计科目结构
- ✧ 掌握试算平衡表的含义
- ✧ 熟悉总分类科目与明细分类科目的平行登记

能力目标

- ✧ 会编制会计分录
- ✧ 会编制试算平衡表

案例导入

浙江平阳造纸厂 2013 年 1 月 1 日资产与权益期初总额为 100 万元，假设该厂 1 月份发生如下经济业务。

（1）企业向银行借入 6 个月期限的银行借款 10 万元。

（2）以银行存款偿还应付账款 5 万元。

（3）从银行提取现金 1 万元。

（4）经批准，企业将资本公积 8 万元转增实收资本。

启发与思考

试分析发生上述经济业务后，会计基本等式能否保持平衡？

提示

能保持会计基本等式平衡的经济业务类型可归纳为以下四类：（由个别到一般）资产与权益同时增加、资产与权益同时减少、资产之间有增有减、权益之间有增有减。

学习任务一 会计等式

一、会计等式

（一）会计等式的定义

会计等式指反映各项会计要素之间基本关系的表达式（会计要素之间平衡关系的计算等式）。会计等式揭示了会计要素之间的内在联系，从实质上看，会计等式揭示了会计主体的产权关系、基本财务状况和经营成果。

（二）分类

会计等式分为静态会计等式、动态会计等式、综合会计等式。

1. 静态会计等式

任何企业要从事生产经营活动，必定有一定数量的资产。每一项资产如果一分为二地看就不难发现，一方面，任何资产只不过是经济资源的一种实际存在或表现形式，或为机器设备，或为现金、银行存款等；另一方面，这些资产都是按照一定的渠道进入企业的，或由投资者投入，或通过银行借入等，即必定有其提供者。显然，一般人们不会无偿地将经济资源（即资产）让渡出去，也就是说，企业中任何资产都有其相应的权益要求，谁提供了资产谁就对资产拥有索偿权，这种索偿权在会计上称为权益。这样就形成了最初的会计等式：

资产=权益

这一等式表明，会计等式之所以成立就是因为资产和权益是同一事物的两个方面：一方面是归企业所有的一系列财产（资产）；另一方面是对这些财产的一系列所有权（权益）。而且，由于权益要求表明资产的来源，而全部来源又必与全部资产相等，所以全部资产必须等于全部权益。

权益通常分为两种：

一是以投资者的身份向企业投入资产而形成的权益，称为所有者权益；

二是以债权人的身份向企业提供资产而形成的权益，称为债权人权益或负债。

这样，上述等式又可表达成：

资产 = 负债 + 所有者权益（第一会计等式）

这就是基本的会计等式。企业的资产只有两个来源渠道和归属，一部分资产来源归属于债权人，另一部分来源归属于所有者。归属于债权人的部分形成负债（即债权人权益），归属于所有者的部分形成所有者权益。债权人权益和所有者权益统称为权益。资产与权益之间存在着相互依存的关系，没有资产，就没有权益；同样，企业拥有的资产也不能脱离权益而存在。

该等式表明了企业任何一个时点资产的分布状况及其形成来源。资产表明的是资源在企业存在、分布的形态，而权益表明资源取得和形成的渠道。无论在什么时点，资产与负债和所有者权益都应该保持上述恒等关系。从数量上看，任何一个企业的资产总额与权益（负债与所有者权益）总额必定相等。

该等式反映的是企业资金的相对静止状态，也称为静态会计等式。

该等式表明在同一时点上，资产、负债、所有者权益之间的恒等关系，是最基本的会计等式，是最通用和最一般的形式，是复式记账法的理论基础，也是企业会计中设置账户、试算平衡和编制资产负债表的理论依据。

知识链接

（1）等式中的资产、负债、所有者权益针对的是同一时点，否则等式不成立。

（2）负债总是位于所有者权益之前，这种顺序的排列不是随机的，而是有其特定的经济意义。

（3）从数量上看，有一定数额的资产，必然有一定数额的负债和所有者权益；反之，有一定数额的负债和所有者权益，也必然有一定数额的资产。

【例题 3-1・单选题】下列等式，不正确的是（　　）。

A. 资产 = 负债 + 所有者权益 = 权益

B. 期末资产 = 期末负债 + 期初所有者权益

C. 期末资产 = 期末负债 +（期初所有者权益 + 本期增加的所有者权益 − 本期减少的所有者权益）

D. 债权人权益 + 所有者权益 = 负债 + 所有者权益

参考答案：B

答案解析：等式中的资产、负债、所有者权益针对的是同一时点，否则等式不成立。B 项期末与期初不是同一时点。

【例题 3-2・多选题】下列各项中，属于会计等式的有（　　）。

A. 资产 = 负债 + 所有者权益

B. 收入 − 费用 = 利润

C. 本期所有总分类账户的借方发生额之和 = 本期所有总分类账户的贷方发生额之和

D. 期初余额 + 本期增加额 − 本期减少额 = 期末余额

参考答案：A、B

答案解析：会计恒等式包括静态恒等式（A 项）和动态恒等式（B 项）。

【例题 3-3・单选题】某日，扬帆公司的资产总计为 3 600 万元，流动负债合计为 900 万元，所有者权益合计为 1 200 万元，则当日扬帆公司的长期负债合计应该为（　　）万元。

A. 2 700　　B. 2 400　　C. 2 100　　D. 1 500

参考答案：D

答案解析：根据资产 = 负债 + 所有者权益，可知负债=3 600−1 200=2 400，负债包括长期负债

和短期负债，长期负债=2 400−900=1 500

【例题 3-4·判断题】“收入 − 费用 = 利润”等式反映了企业一定期间的经营成果，它是编制资产负债表的基础。（　）

参考答案：×

答案解析：“收入 − 费用 = 利润”等式反映了企业一定期间的经营成果，它是编制利润表的基础。

2. 动态会计等式

收入 − 费用 = 利润（第二会计等式）

企业在取得收入的同时，也必然要发生相应的费用，通过收入与费用的比较，才能计算确定一定会计期间的盈利水平。

等式的含义如下。

（1）该等式表明了企业在一定会计期间的经营成果与相应的收入、费用之间的关系，说明了企业利润的形成过程；

（2）它实际上反映的是企业资金的绝对运动形式，也称为动态会计等式，是编制利润表的基础。

知识链接

在实际工作中，由于收入属于日常活动中产生的经济利益的流入，不包括非日常活动所形成的利得，费用属于日常活动中导致的经济利益的流出，也不包括非日常活动所形成的损失，所以，收入减去费用，并经过相关利得和损失调整后，才等于利润。

【例题 3-5·多选题】企业收入的取得可能影响下列会计要素的情况有（　　）。

A. 资产的增加　　B. 负债的减少

C. 费用的减少　　D. 所有者权益的增加

参考答案：A、B、D

答案解析：根据资产 = 负债 + 所有者权益+收入−费用，可知收入增加，要使恒等式成立就是资产的增加、负债的减少、所有者权益的增加。

3. 两类会计等式之间的区别和联系

（1）区别：第一会计等式是反映企业财务状况的会计等式，反映的是资金运动的静态方面，反映的是某一特定瞬间的财务状况（日期的存量），是编制资产负债表的依据；第二会计等式是反映企业经营成果的会计等式，反映的是资金运动的动态方面，反映的是某一会计期间的经营成果（期间的增量），反映一个过程，是编制利润表的依据。

（2）联系：收入的实现、费用的发生会导致资产、负债发生变化，收入会使所有者权益增加、费用会使所有者权益减少，利润等于收入和费用引起的所有者权益增加（或减少）额。

二、全部会计要素之间的关系

（一）在会计期初

资产 = 负债 + 所有者权益

（二）在会计期中，结账之前

资产＝负债＋所有者权益＋（收入－费用）

或：资产＋费用＝负债＋所有者权益＋收入（动、静态结合的会计等式，会计基本等式的扩展公式）

或：资产＝负债＋所有者权益＋利润

资产＝负债＋所有者权益＋（收入－费用）

该等式动态地表明了会计主体的财务状况和经营成果之间的相互关系，揭示了会计要素之间的相互关系，也构成了资产负债表和利润表的联系纽带。全部会计要素之间的会计等式全面、综合地反映了企业资金运动的内在规律。企业的资金总是以动静结合的方式持续不断地运动。从某一具体时点上观察，可以看出资金的静态规律；从某一时期观察，又可以总结出资金的动态规律。

在结账之后，利润分配之后：

资产＝（负债＋应付股利）＋（所有者权益＋留存收益）

或：资产＝（负债＋应付股利）＋（所有者权益＋盈余公积＋未分配利润）

（三）在会计期末

资产＝负债＋所有者权益

一个企业在一定时期内发生的收入、费用的经济业务比较多，如果都直接作为所有者权益的增加或减少，会使得所有者权益的内容复杂化，不便于区分所有者权益变化是由于所有者投资还是由于收入、费用引起的；更为重要的是，企业一定期间的收入、费用以及由此形成的利润或亏损的数额是企业内部经营决策和外部各有关方面十分关注的重要经济信息，必须对收入、费用加以单独核算。企业在一定时期内取得的经营成果能够对资产和所有者权益产生影响：收入可导致企业资产增加或负债减少，最终会导致所有者权益增加；费用可导致企业资产减少或负债增加，最终会导致所有者权益减少。所以，一定时期的经营成果必然影响一定时点的财务状况。

资产、负债、所有者权益、收入、费用和利润六大会计要素，无论发生怎样的经济业务，最终都要回到资产、负债和所有者权益之间的平衡关系，并始终不会破坏资产总额等于负债和所有者权益总额的平衡关系。

【例题 3-6・单选题】下列各项中，能够使资产总额减少的是（　　）。

A. 向银行借款　　B. 向银行借款直接偿还应付账款

C. 以银行存款偿还借款　　D. 接收投资者投入资金

参考答案：C

答案解析：A 项向银行借款负债增加的同时，资产增加。会计等式左右平衡；B 项向银行借款偿还应付账款是一项负债增加，另一项负债减少。会计等式左右还是平衡；C 项是资产减少，负债减少，会计等式左右平衡；D 项是资产增加，所有者权益增加，会计等式左右平衡。依题意，资产总额减少的只有 C 项。

【例题 3-7・判断题】任何一项经济业务的发生都不会破坏会计等式的平衡关系，只会使资产和权益总额发生同增或同减的变化。（　　）

参考答案：×

答案解析：资产=负债+所有者权益，任何一项经济业务的发生都不会破坏会计等式的平衡关系。经济业务的发生，引起会计恒等式变化有以下九种情况：1. 资产一增一减；2. 负债一增一减；3. 所有者权益一增一减；4. 资产负债同时增加；5. 资产负债同时减少；6. 资产所有者权益同时增加；7. 资产所有者权益同时减少；8. 负债增加，所有者权益减少；9. 负债减少，所有者权益增加。可列表如表 3-1 所示。

表 3-1

序号	资产	负债	所有者权益
1	一增一减	不变	不变
2	不变	一增一减	不变
3	不变	不变	一增一减
4	增加	增加	不变
5	减少	减少	不变
6	增加	不变	增加
7	减少	不变	减少
8	不变	增加	减少
9	不变	减少	增加

【例题 3-8・单选题】不同时涉及财务状况要素和经营成果要素变动的经济业务是（　　）。

A. 收取购买方的预付款　　B. 以银行存款支付业务招待费

C. 用现金购买办公用品　　D. 结转已销产品的生产成本

参考答案：A

答案解析：财务状况要素包括资产、负债和所有者权益，经营成果要素包括收入，费用和利润。A 项资产增加，负债减少；B 项资产减少，费用增加；C 项一项资产减少，另一项资产增加；D 项资产减少，费用增加。

【例题 3-9・单选题】某公司期初资产总额为 300 000 元，当期期末负债总额比期初减少 20 000 元，期末所有者权益比期初增加 80 000 元。则该企业期末权益总额为（　　）元。

A. 280 000　　B. 300 000　　C. 360 000　　D. 380 000

参考答案：C

答案解析：根据会计恒等式．资产=负债+所有者权益，可列出期初：300 000=x+y；期末：资产（300 000+b）=负债（x−20 000）+所有者权益（y+80 000）。可知 b=x+y−300 000+（80 000−20 000）=60 000。属于所有人的权益叫做所有者权益，属于债权人的权益叫作债权人权益，两者总称为权益。因此资产=权益=300 000+b=300 000+60 000=360 000。

【例题 3-10・单选题】某企业 6 月初的资产总额为 600 000 元，负债总额为 250 000 元，6 月份取得收入共计 280 000 元，发生费用共计 180 000 元，则 6 月末该企业的所有者权益总额是（　　）元。

A. 850 000　　B. 350 000　　C. 100 000　　D. 450 000

参考答案：D

答案解析：根据会计恒等式的扩展式：资产 = 负债 + 所有者权益 +（收入 – 费用）：可列出 600 000=250 000+x+（280 000−180 000），解得所有者权益 x=450 000

【例题 3-11 · 单选题】某企业月初资产总额 300 万元，本月发生下列业务：①赊购材料 10 万元；②用银行存款偿还短期借款 20 万元；③收到购货单位偿还的欠款 15 万元存入银行，则该企业月末资产总额为（　　）。

A. 310 万元　　B. 290 万元　　C. 295 万元　　D. 305 万元

参考答案：B

答案解析：各业务引起会计要素的变化如下:①资产增加 10 万元，负债增加 10 万元；②资产减少 20 万元，负债减少 20 万元；③一项资产增加 15 万元，另一项资产减少 15 万元；因此月末资产总额=300 万+10 万−20 万+（15 万−15 万）=290 万元

【例题 3-12 · 多选题】某企业销售商品一批，价款为 60 000 元，增值税销项税额 10 200 元，商品已发出，价税款尚未收到，该批商品的成本为 42 000 元，则该交易事项引起资产负债表要素期末比期初的变动有（　　）。

A. 资产增加 28 200 元　　B. 资产减少 42 000 元

C. 所有者权益增加 18 000 元　　D. 负债增加 10 200 元

参考答案：A、C、D

答案解析：增值税销项税额是销售方根据纳税期内的销售额计算出来的，并向购买方收取的增值税税额，不是纳税人的应纳税额。增值税是价外税，可以理解为企业代收代缴，税款尚未收到，就是应收账款（资产），也未缴付就是应交税费（负债），意味着企业资产增加 10200 元的同时，负债（应交税费）增加 10200 元，D 项正确；

根据会计恒等式的扩展式：资产 = 负债 + 所有者权益 +（收入 – 费用）。企业销售收入 60 000 减去销售成本 42 000 元，等于利润 18 000 元。利润最终转化为所有者权益，故所有者权益增加 18 000 元，资产增加 18 000 元，C 项正确。资产增加总额=10 200+18 000=28 200 元。A 项正确，B 项错误。

【例题 3-13 · 单选题】下列属于会计静态等式的是（　　）。

A. 收入 – 费用 = 利润　　B. 资产 = 负债 + 所有者权益

C. 资产 = 负债 + 所有者权益 + 利润　　D. 资产 = 负债 + 所有者权益 +（收入 – 费用）

参考答案：B

答案解析：A 项是会计动态等式；C 和 D 项是会计恒等式的扩展式；B 项正确。

【例题 3-14 · 多选题】下列经济业务中，会引起会计等式左右两边会计要素同时变动的有（　　）。

A. 购进原材料 80 000 元，款项尚未支付

B. 从银行提取现金 1 000 元

C. 购入商务车一辆，全部用银行存款支付 300 000 元

D. 接受投资人投入 500 000 元，存入银行

参考答案：A、D

答案解析：A 项资产增加，负债增加；B 项一项资产减少，另一项资产增加；C 项一项资产减少，另一项资产增加；D 项所有者权益增加，资产增加。对照会计等式：资产=负债+所有者权益。选 A、D。

【例题 3-15・多选题】下列关于会计等式的说法中，正确的是（　　）。

A. “资产 = 负债 + 所有者权益”是最基本的会计等式，表明了会计主体在某一特定时期所拥有的各种资产与债权人、所有者之间的动态关系

B. “收入 − 费用 = 利润”这一等式动态地反映经营成果与相应期间的收入和费用之间的关系，是编制利润表的基础

C. “资产 = 负债 + 所有者权益”这一会计等式说明了企业经营成果对资产、负债和所有者权益所产生的影响，体现了会计六要素之间的内在联系

D. 企业各项经济业务的发生并不会破坏会计基本等式的平衡关系

参考答案：B、D

答案解析：A 项资产 = 负债 + 所有者权益是静态公式；C 项说明了企业经营成果对资产、负债和所有者权益所产生的影响，体现了会计六要素之间的内在联系的会计等式是“资产 = 负债 + 所有者权益 +（收入 − 费用）”。

学习任务二　复式记账

为了对会计要素进行核算和监督，在按一定原则设置了会计科目后，就需要用一定的方法将会计要素的增减变动登记在会计科目中。

一、记账方法

（一）记账方法

记账方法就是指在会计科目中记录经济交易与事项的具体手段及方式。运用记账方法对会计科目进行登记的过程，也就是将经济交易与事项进行会计确认和计量的结果（即会计要素变化的内容与内容）在相关科日中进行记录或登记的过程。

（二）确定记账方法要明确以下两点

（1）每一项经济业务发生之后，应在几个会计科目中进行登记；

（2）会计科目左方和右方的名称与登记的内容及会计科目余额的方向。

（三）种类

1. 单式记账法

（1）单式记账法是指对发生的每一项经济业务一般只在一个会计科目中加以记录的记账方法，通常只登记现金、银行存款的收付业务以及应收、应付款项的结算。

（2）该记账方法除对同时涉及应收、应付和现金、银行存款的收付业务要在两个或两个以上

的会计科目（会计科目记录之间没有相互联系）中登记以外，对于其他经济业务，都只在一个会计科目中进行登记或不予以登记（如有关实物的收付）。

【例题 3-16】 单式记账法举例。

① 以银行存款 5 000 元购买材料，只记银行存款的减少，不记原材料的增加；

② 销售一批 10 000 元产品未收到货款，只登记应收账款的增加；

③ 企业生产车间领用原材料 20 000 元，用于生产产品，会计上不做任何处理。

（3）单式记账法记账手续简单，但由于它没有一套完整的会计科目体系，会计科目之间不能形成相互对应和平衡的关系，所以不能全面、系统地反映各会计要素的增减变动以及经济业务的来龙去脉，也不便于检查会计科目记录的正确性和完整性，因而是一种不够科学的记账方法。

（4）单式记账法已成为历史，目前实践中已不再使用。

2. 复式记账法

（1）复式记账法是以会计等式资产与权益平衡关系作为记账基础，对于每一笔经济交易或事项，都要在两个或两个以上相互联系的会计科目中进行登记，系统地反映每一项经济交易或事项所引起的会计要素的增减变化及其结果的一种记账方法。

【例题 3-17】 复式记账法举例。

① 以银行存款 5 000 元购买材料，在“原材料”会计科目中记增加 5 000 元，同时在“银行存款”中记减少 5 000 元；

② 销售一批 10 000 元产品未收到货款，在“应收账款”会计科目中记增加 10 000 元，同时在“主营业务收入”会计科目中记增加 10 000 元（暂不考虑增值税）；

③ 企业生产车间生产产品领用原材料 20 000 元，在“生产成本”会计科目中记增加 20 000 元，同时在“原材料”会计科目中记减少 20 000 元。

（2）理论依据：资产与权益的平衡关系。

（3）意义：①复式记账法能相互联系地记录每一项经济业务，从而如实地反映资金运动的来龙去脉；②复式记账法使有关会计科目之间形成了清晰的对应关系，便于了解交易或事项的内容，检查交易或事项是否合理合法；③复式记账法下，会计科目形成了一个完整的体系，并可利用各会计科目发生额及余额之间相互关系、相互制约的关系进行试算平衡，检查会计科目记录是否正确，从而保证会计科目记录正确无误。

知识链接

① 以会计等式作为记账基础，会计等式是资金运动规律的具体化。

② 对每项经济业务，必须在相互联系的两个或两个以上的会计科目中进行等额记录。

③ 须按经济业务对会计等式的影响类型进行记录（等号两边同增同减，资金总额不变；等号一边此增彼减，资金总额不变）。

④ 定期汇总的全部会计科目记录必须平衡（保持会计等式的平衡关系，即发生额平衡、余额平衡）。

（4）作用。①能够全面、系统地在会计科目中记录经济业务，提供有用的会计信息。②能够清晰地反映资金运动的来龙去脉，便于对业务内容的了解和监督。③能够运用平衡关系检验会计科目记录有无差错。

知识链接

《企业会计准则——基本准则》第十一条规定企业应当采用借贷记账法记账。

【例题 3-18・单选题】复式记账法是对每笔经济业务，都要以相等的金额在（　　）相互联系的会计科目中进行登记，系统地反映资金运动变化结果的一种记账方法。

A. 2个　　B. 两个或两个以上　C. 3个　　D. 3个或3个以上

参考答案：B

答案解析：这是复式记账法的定义。

【例题 3-19・单选题】复式记账法是以（　　）为依据建立起来的一种科学记账方法。

A. 收入－费用＝利润

B. 本期借方发生额＝本期贷方发生额

C. 资产＝负债＋所有者权益

D. 期初余额＋本期增加数＝本期减少数＋期末余额

参考答案：C

答案解析：会计恒等式是复式记账的理论基础。

【例题 3-20・多选题】按其登记经济交易与事项方式的不同，记账方法分为（　　）。

A. 单式记账法　　B. 借贷记账法　　C. 复式记账法　　D. 收付记账法

参考答案：A、C

答案解析：记账方法分为单式记账法和复式记账法。复式记账法包括借贷记账法、收付记账法和增减记账法。

【例题 3-21・多选题】复式记账法可分为（　　）。

A. 收付记账法　　B. 增减记账法　　C. 单式记账法　　D. 借贷记账法

参考答案：A、B、D

答案解析：记账方法分为单式记账法和复式记账法。复式记账法包括借贷记账法、收付记账法和增减记账法。

【例题 3-22・判断题】我国的《企业会计准则》规定企业应当采用复式记账法记账。（　　）

参考答案：×

答案解析：复式记账法包括借贷记账法、收付记账法和增减记账法。企业不采用收付记账法和增减记账法。《企业会计准则——基本准则》第十一条，企业应当采用借贷记账法记账。

二、借贷记账法

（一）借贷记账法的概念

借贷记账法是以“借”、“贷”作为记账符号的一种复式记账方法，即将发生的经济交易与事项所引起会计要素的增减变动以相等的金额，同时在相互联系的两个或两个以上的会计科目中进行相互联系、相互制约地记录。借贷记账法产生于意大利，是世界上通用的记账法。

（二）借贷记账法的记账符号

借贷记账法以“借”、“贷”作为记账符号。这两个符号是会计上用来表示经济业务的发生涉及的金额应该记入有关会计科目的左方金额栏或是右方金额栏的符号。“借”、“贷”两字原来的含义：最初是从银行借贷资本家的角度解释的，为“收进的存款”、“付出的放款”。“借”、“贷”两字逐渐失去了最初的字面含义，成为纯粹的记账符号和会计上的专门术语，用以标明记账方向。

（1）会计科目的左方为借方，会计科目的右方为贷方（简记：左借右贷），所有会计科目的借方和贷方都要按相反的方向记录其增减变动，即一方登记增加数，则另一方登记减少数。

（2）至于“借”表示增加还是“贷”表示增加，或者“借”表示减少还是“贷”表示减少，取决于会计科目所反映的经济内容，即会计科目的性质决定的。

在借贷记账法下，一般“借”表示资产、费用的增加和权益、收入的减少；“贷”表示资产、费用的减少和权益、收入的增加。

“借”、“贷”在具体的会计核算中的作用：①表示记入会计科目的部位；②表示资金运动的来龙去脉；③表示已登记在会计科目中“借方”和“贷方”的数字所包含的资金数量是增加还是减少；④用以判别会计科目的性质。

【例题 3-23・单选题】在借贷记账法下，“借”表示（　）。

A. 资产的减少或权益的增加　　B. 资产的增加或权益的增加

C. 资产的减少或权益的减少　　D. 资产的增加或权益的减少

参考答案：D

答案解析：在借贷记账法下，一般“借”表示资产、费用的增加和权益、收入的减少。

【例题 3-24・判断题】借贷记账法下，借方表示增加，贷方表示减少。（　）

参考答案：×

答案解析：“借”表示增加还是“贷”表示增加，或者“借”表示减少还是“贷”表示减少，取决于会计科目所反映的经济内容，即由会计科目的性质决定的。

（三）借贷记账法下的会计科目结构

1. 资产类会计科目的结构

资产类会计科目的内部关系也是计算其期末余额的公式（简记：两借一贷）：

资产类会计科目期末借方余额 = 期初借方余额 + 本期借方发生额 - 本期贷方发生额

（本期发生额：在一定时期内记入某会计科目借方或贷方的数额合计。）

【例题 3-25】“原材料”会计科目。假定某企业的原材料会计科目期初余额为 300 000 元，本期购入 100 000 元，本期发出 200 000 元，请问原材料会计科目的期末余额为多少？

解析：原材料属于资产类会计科目。期末借方余额 = 期初借方余额（300 000 元）+ 本期借方发生额（100 000 元）- 本期贷方发生额（200 000 元）=200 000 元。

资产类会计科目的余额一般在借方；特殊资产类会计科目的余额在贷方，如：“累计折旧”、“坏账准备”、“累计摊销”会计科目等。

特殊资产类会计科目期末贷方余额 = 期初贷方余额 + 本期贷方发生额 − 本期借方发生额

有些资产类会计科目的余额既可能在借方，也可能在贷方。如：“应收账款”会计科目，如果本期收回的款项大于应收款项（即存在预收款项），则期末“应收账款”的余额在贷方，表明预收的款项，此时“应收账款”会计科目由原来的资产类会计科目变为负债性质。（在编制资产负债表时，对一般资产类会计科目如出现期末余额是在贷方的处理不一样，相关的知识点将在项目八财务会计报告中予以讲解。）

2. 负债类会计科目的结构

负债类科目的内部关系也是计算其期末余额的公式（简记：两贷一借）：

负债类会计科目期末贷方余额 = 期初贷方余额 + 本期贷方发生额 − 本期借方发生额

【例题 3-26】“应付账款”会计科目。某公司期初有尚未支付的货款 100 000 元，到了月末尚未支付的货款是 86 000 元，本月购进材料 23 000 元，其中以银行存款支付了 10 000 元，本月支付了多少前欠货款？

解析：应付借款属于负债类会计科目。根据期末贷方余额 = 期初贷方余额 + 本期贷方发生额 − 本期借方发生额。列表如表 3-2 所示。

表 3-2

项目	借方	贷方
1. 期初尚未支付货款 100 000 元	100 000	
2. 本月购进材料 23 000 元，以银行存款支付了 10 000 元。应付账款为 13 000 元	13 000	
3. 假设本月支付前欠货款数为 x		x
4. 月末尚未支付的货款是 86 000 元	86 000	

可列式如下：86 000=100 000+13 000-x，解得 x=27 000 元。本月支付了 27 000 元前欠货款。

负债类会计科目的余额一般在贷方；个别负债类会计科目的期末余额可能会在借方，如“应交税费”、“应付职工薪酬”会计科目等（在编制资产负债表时，对负债类会计科目如果出现借方余额的处理方法比较特殊，该知识点将在项目八财务会计报告中予以讲解）。

【例题 3-27·单选题】一般情况下，负债类会计科目的本期减少数和期末余额分别反映在（　　）。

A. 借方　　B. 贷方　　C. 借方和贷方　　D. 贷方和借方

参考答案：C

答案解析：在借贷记账法下，一般“借”表示资产、费用的增加和权益（负债和所有者权益）、收入的减少。负债类会计科目的余额一般在贷方。

【例题 3-28·单选题】某企业“预收账款”会计科目期末贷方余额为 50 000 元，本期共增加 30 000 元，减少 40 000 元，则该会计科目的期初余额为（　　）元。

A. 借方 40 000　　B. 贷方 60 000　　C. 借方 60 000　　D. 贷方 40 000

参考答案：B

答案解析：预收账款属于负债类科目。负债类会计科目期末贷方余额 = 期初贷方余额 + 本期贷方发生额 - 本期借方发生额。负债类会计科目减少在借方表示，增加在贷方表示。可知：期末贷方余额（50 000）+本期借方发生额（40 000）- 本期贷方发生额（30 000）=期初贷方余额（60 000）。

【例题 3-29・单选题】某企业月初的短期借款为 50 万元，本月向银行借入 3 个月的借款 10 万元，归还以前的短期借款 20 万元，则本月末短期借款的余额为（　　）万元。

A. 贷方 60　　B. 借方 40　　C. 贷方 40　　D. 贷方 30

参考答案：C

答案解析：根据负债类会计科目结构。列表如表 3-3 所示。

表 3-3

项目	借方	贷方
1. 月初的短期借款为 50 万元		50 万
2. 向银行借款 10 万元		10 万
3. 归还以前的短期借款 20 万元	20 万	
4. 本月末短期借款的余额 x		x

期末贷方余额 = 期初贷方余额（50 万）+ 本期贷方发生额（10 万）- 本期借方发生额（20 万）=40 万。

3. 所有者权益类会计科目的结构

所有者权益类科目的内部关系也是计算其期末余额的公式（简记：两贷一借）：

所有者权益类会计科目期末贷方余额 = 期初贷方余额 + 本期贷方发生额 - 本期借方发生额

权益与所有者权益的区别与联系：权益包括负债与所有者权益两大部分，在学习中要注意区分权益与所有者权益。

所有者权益会计科目的期末余额一般在贷方；个别所有者权益会计科目的期末余额可能在借方。如“本年利润”会计科目。

“本年利润”会计科目在每年的 1 月至 11 月，期末余额有可能在贷方，也有可能在借方；年度终了无余额（“本年利润”会计科目全部要结转到“利润分配”会计科目）。

【例题 3-30・单选题】所有者权益类会计科目的期末余额一般在（　　）。

A. 借方　　B. 借方或贷方　　C. 无余额　　D. 贷方

参考答案：D

答案解析：负债和所有者权益类会计科目的期末余额一般在贷方。

【例题 3-31・判断题】借贷记账法下，负债类会计科目与所有者权益类会计科目通常都有期末余额，而且在借方。（　　）

参考答案：×

答案解析：负债和所有者权益类会计科目的期末余额一般在贷方。

【例题 3-32・单选题】某会计科目的记录如下。

××会计科目

借方	贷方
	期初余额　30 000
90 000	80 000
	（　）
	期末余额　40 000

则该会计科目括号栏里应填列（　　）。

A. 80 000　　B. 60 000　　C. 20 000　　D. 0

参考答案：C

答案解析：期初、期末余额在贷方，增加数也就在贷方，相反减少数也就是在借方。根据期末贷方余额=期初贷方余额+本期贷方发生额-本期借方发生额。假设括号里面的值为 x，则有 30 000+80 000+x-90 000=40 000，x=20 000。

4. 成本类会计科目的结构

企业在一定时期内为生产一定种类、一定数量的产品所支出的各种费用的总和，就是这些产品的成本。企业生产的产品是企业资产的一种存在形态，属于资产范畴。但对企业来说，生产成本的高低，影响了企业盈利能力的大小，因此单独考核生产成本非常必要，为适应管理要求，在进行会计科目设置时，就单独设置了成本类会计科目。成本类科目的结构与资产类科目的结构一致，其内部关系也相同。

“生产成本”、“劳务成本”会计科目如期末有余额，余额在借方。其计算公式为：

成本类会计科目期末借方余额 = 期初借方余额 + 本期借方发生额 - 本期贷方发生额

“制造费用”会计科目在期末结转（归集和分配）之后一般无余额。

5. 损益类会计科目的结构

损益类会计科目反映企业发生的收入与费用，可以将损益类会计科目分为收入类会计科目（益类）和费用类会计科目（损类）。

对于大部分损益类会计科目（收入类、费用类会计科目），本期发生额在期末结转时都要转入“本年利润”会计科目，期初、期末一般无余额。

收入类会计科目期末结转到“本年利润”会计科目的贷方，费用类会计科目期末结转到“本年利润”会计科目的借方。

注意

（1）对任何一个会计科目来说，期初余额只可能在会计科目的一方：借方或贷方，反映资产、负债和所有者权益的期初余额。

（2）如果期初余额与期末余额的方向相同，说明会计科目的性质未发生变化；如果期末余额与期初余额的方向相反，则说明该会计科目的性质已发生改变。

如“预收账款”是负债类会计科目，期初余额一般在贷方，反映期初预先收到的账款。如果预收账款期末余额仍在贷方，则反映期末预先收到的账款，仍为负债类会计科目；如果期末余额在借方，说明本期销售的部分高于预先收到的账款，超出预收部分就转化为应收账款，变成资产类性质。

类似的情况还有“应收账款”、“预付账款”、“应付账款”会计科目。

（3）损益类会计科目是为了计算损益而开设的，因为会计期末，应将收入、费用全部转出，计算利润。收入、费用转出后，损益类会计科目期末一般没有余额。

（4）在实际工作中，计算会计科目的余额可以用一种简单的办法进行：方向相同相加，方向相反相减，结果为余额。

【例题 3-33·单选题】费用类会计科目的借方登记（　　）。

A. 增加发生额　　B. 减少发生额

C. 增加发生额或减少发生额　　D. 增加发生额和减少发生额

参考答案：A

答案解析：会计科目的借方表示资产类、成本类、费用类账户的增加发生额。

【例题 3-34·多选题】损益类会计科目一般具有以下特点（　　）。

A. 费用类会计科目的增加额记在借方

B. 收入类会计科目的减少额记在借方

C. 期末一般无余额

D. 年末一定要结转到“利润分配”会计科目

参考答案：A、B、C

答案解析：会计科目的借方表示资产类、成本类、费用类账户的增加发生额和收入类、负债类账户的减少发生额。对于大部分的损益类会计科目（收入类、费用类会计科目），本期发生额在期末结转时都要转入“本年利润”会计科目，期初、期末一般无余额。D 项结转的不是“利润分配”科目。

（四）借贷记账法的记账规则

借贷记账法的记账规则：有借必有贷，借贷必相等。

含义：对于每一笔经济业务，必须同时在两个或两个以上相互联系的借方和贷方登记，并且借方登记的数额等于贷方登记的数额。

不论是何种类型的经济业务，采用借贷记账法记账时，都要遵循以下原则。

（1）在借贷记账法下，对发生的每一笔经济业务，都必须记入两个或两个以上相关会计科目中，且记入借方的金额和记入贷方的金额必须相等。

（2）所记入的会计科目可以属于同一类，也可以属于不同类，这取决于经济业务的内容，而且记入借方会计科目的金额和记入贷方会计科目的金额总是相等的。

【例题 3-35·单选题】借贷记账法的记账规则是（　　）。

A. 以“借”、“贷”作为记账符号　　B. 以“收”、“付”作为记账符号

C. 有借必有贷，借贷必相等　　D. 有收必有付，收付必相等

参考答案：C

答案解析：借贷记账法的记账规则是“有借必有贷，借贷必相等”。

不论发生的经济交易或事项是属于资产与权益之间的同增同减，还是属于资产内部或权益内部的此增彼减，运用借贷记账法，要求对发生的每一笔经济交有借必有贷，借贷必相等易或事项都要以相等的金额、借贷相反的方向，在两个或两个以上相互联系的会计科目中进行登记。

可见，不论是何种经济业务，也不论涉及的会计科目是一借一贷，还是一借多贷、一贷多借或多借多贷，在采用借贷记账法时都体现了“有借必有贷，借贷必相等”的记账规则。

【例题 3-36・单选题】以下不符合借贷记账法记账规则的是（　　）。

A. 资产与权益同时减少，总额减少　　B. 资产与负债一增一减，总额增加

C. 资产与权益同时增加，总额增加　　D. 权益内部一增一减，总额不变

参考答案：B

答案解析：B 项资产增加在借方，负债减少也在借方，不符合“有借必有贷，借贷必相等”的记账规则。

【例题 3-37・单选题】“有借必有贷，借贷必相等”的记账规则处理每一笔经济业务，结果必然是（　　）。

A. 记账方向相反，金额相等　　B. 记账方向相反，金额不等

C. 记账方向相同，金额相等　　D. 记账方向相同，金额不等

参考答案：A

答案解析：有借必有贷指的是记账方向相反，借贷必相等指的就是记账金额相等。

知识链接

会计中的“左手定则”

会计科目分为左右两方，会计等式也分为左右两方。简记：左左借增，左右贷减；右右贷增，右左借减。介绍一种既简单方便，又直观形象的记忆方法，权且称它为“左手定则”。这两句话是：手心占用背来源，拇指增来小指减。这一“定则”是根据借贷记账法将全部账户分为“资金占用类账户”和“资金来源类账户”两大类的账户分类方法及每个会计账户都分为“借方”和“贷方”，并且都是借方在左，贷方在右的账户结构特点，总结出来的规律。它以左手手心作为资金占用类账户，手背作为资金来源类账户，即左手手心记为资产、成本．费用类账户；左手手背记为负债、所有者权益、利润和收入类账户；大拇指表示增加，小拇指表示减少，如有余额在大拇指方向。

（五）会计科目的对应关系和会计分录

1. 会计科目的对应关系和对应会计科目

（1）会计科目的对应关系。

使用借贷记账法记账，所有交易与事项在进行会计记录时，必然同时记入两个或两个以上相

关会计科目中，这样，会计科目之间就形成了一定的相互关联、相互依存的对应关系，也称作为应借、应贷关系。

这种在有关会计科目之间形成的应借、应贷的相互关系，称为会计科目的对应关系。

会计科目之间的对应关系取决于所发生的交易或事项性质；反过来，通过会计科目的对应关系，可以了解每笔经济交易或事项的内容，掌握经济交易或事项的来龙去脉，检查交易与事项的处理是否合理、合法。

会计科目对应关系是相对某项具体交易或事项而言的，并非指某个会计科目与某个会计科目是固定的对应关系。

（2）对应会计科目：存在着对应关系的会计科目互称为对应会计科目。

会计科目的对应关系清楚地反映了资金变动的来龙去脉，通过会计科目的对应关系，可以了解经济业务的内容。

通过会计科目的记录，还可以检查经济业务的发生是否合理、合法。

2. 会计分录

（1）概念。会计分录是按照复式记账的要求，对每项经济业务列示出应借、应贷的会计科目名称及其金额的一种记录，简称分录。在我国，会计分录习惯通过编制记账凭证进行。

（2）会计分录的构成要素。

记账符号：应借、应贷方向。

会计科目：对应会计科目（科目）名称。

金额：应记金额。

（3）会计分录的种类。

按照所涉及账户的多少，分为简单会计分录和复合会计分录。简单会计分录指只涉及一个账户借方和另一个账户贷方的会计分录，即一借一贷的会计分录；复合会计分录指由两个以上（不含两个）对应账户所组成的会计分录，即一借多贷、一贷多借或多借多贷的会计分录。

不允许将不同的经济业务合并编制复合会计分录；不能单纯为了简化记账手续，把互不相关的几个简单会计分录硬性合并成一笔多借多贷的会计分录，因为这样必然会造成会计科目对应关系模糊不清，不能正确地反映交易或事项的来龙去脉。一般而言，一个复合会计分录也可以分解为若干个简单会计分录。

（4）会计分录的编制。实务中，会计分录的编制大致可以分为四步。

第一步，分析经济交易或事项涉及的会计科目；

第二步，确定涉及哪些会计科目，是增加，还是减少；

第三步，确定哪个（或哪些）会计科目记借方，哪个（或哪些）会计科目记贷方；

第四步，确定应借应贷会计科目是否正确，借贷方金额是否相等。

实际工作中，编制会计分录是通过填制记账凭证来完成的。它应以反映经济业务发生和完成情况的原始凭证为依据。为了便于教学，一般以下面这种形式表示会计分录：

借：（记账符号）××××（会计科目名称）××××（金额）

××××（会计科目名称）××××（金额）

贷：（记账符号）××××（会计科目名称）××××（金额）

××××（会计科目名称）××××（金额）

上述是借贷记账法下会计分录格式的一般要求，即上下结构，上借下贷，借贷错开，金额相等。

【例题 3-38・多选题】 会计分录的内容包括（　　）。

A. 经济业务内容摘要　　B. 会计科目名称

C. 经济业务发生额　　D. 应借应贷方向

参考答案： B、C、D

答案解析： 会计分录的构成三要素包括：（1）记账符号：应借、应贷方向。（2）会计科目：对应会计科目（科目）名称。（3）金额：应记金额。

【例题 3-39・单选题】 下列会计分录中，属于复合会计分录的是（　　）。

A. 借：生产成本——A 产品　30 000

贷：原材料——甲材料　10 000

——乙材料　20 000

B. 借：制造费用——办公费　300

管理费用——办公费　600

贷：库存现金　900

C. 借：管理费用——折旧费　3 000

贷：累计折旧　3 000

D. 借：银行存款　100 000

贷：应收账款——A 公司　40 000

——B 公司　60 000

参考答案： B

答案解析： 复合会计分录指由两个以上（不含两个）对应账户所组成的会计分录，即一借多贷、一贷多借或多借多贷的会计分录。A 项和 D 项原材料、应收账款都是一个科目下面的不同明细科目而已；C 项是一对一，简单会计分录。

【例题 3-40・单选题】 根据会计科目对应关系的不同情况，会计分录可以划分为简单分录和复合分录两种类型。在下列中具备复合会计分录的是（　　）。

A. 一借多贷、一贷多借和多借多贷的会计分录

B. 一借一贷的会计分录

C. 有借无贷的会计分录

D. 有贷无借的会计分录

参考答案： A

答案解析： 复合会计分录包括一借多贷，一贷多借或多借多贷的会计分录。

学习任务三 试算平衡

一、试算平衡概述

（一）试算平衡的含义

这是以会计恒等式和借贷记账法记账规则为理论基础，根据资产与权益之间的平衡关系，按照记账规则的要求，通过对所有会计科目记录的汇总和计算来检查各类会计科目的记录是否正确的一种方法。

（二）试算平衡的基本公式

在借贷记账法下，试算平衡是根据账户记录结果来验证对经济交易与事项的记录过程是否正确。试算平衡的基本公式如下。

全部账户的借方期初余额合计数=全部账户的贷方期初余额合计数

全部账户的借方发生额合计=全部账户的贷方发生额合计

全部账户的借方期末余额合计=全部账户的贷方期末余额合计

以上基本公式可以归结为“发生额直接平衡”和“余额平衡”两个平衡公式，可以判断账户记录是否存在错误。

（1）发生额直接平衡。其基本关系式为：

全部账户的本期借方发生额合计＝全部账户的本期贷方发生额合计

（2）余额平衡。其基本关系式为：

全部资产类账户的期末借方余额合计＝全部负债和所有者权益类账户的期末贷方余额合计

全部账户的本期借方发生额合计等于其本期贷方发生额合计，实际上是遵循“有借必有贷、借贷必相等”记账规律的必然结果。由于每项经济交易发生后，相关账户的借方与贷方（发生数额）都被同时、等量地予以记录，因此，本期借、贷方发生额合计直接平衡实质上体现了“等量加等量量相等”的基本量变规律。

全部资产类账户的期末借方余额合计实际上意味着企业在期末时的“资产总额”，而全部负债和所有者权益类账户的期末贷方余额合计实际上是企业在期末时的“负债总额与所有者权益总额之和”。因此，余额平衡关系实质上是企业在同一时日的资产与负债和所有者权益的数量关系，即会计恒等式“资产=负债+所有者权益”。

（三）试算平衡表

在会计实务中，试算平衡方法的运用体现在企业于会计期末为检查账户记录的正确性而编制的“试算平衡表”中。

试算平衡表可以分为两种，一种是将本期发生额和期末余额分别编制列表；另一种是将本期发生额和期末余额合并在一张表上进行试算平衡。

在编制试算平衡表时，应注意以下几点：

（1）必须保证所有会计科目的余额均已记入试算平衡表；

（2）如果试算平衡表借贷不相等，肯定会计科目记录有错误，应认真查找，直到实现平衡为止；

（3）如果三方面都保持平衡，说明记账工作基本是正确的。在会计实务中，会计人员主要是利用发生额直接平衡关系来判断账户记录是否正确。一般来讲，通过试算平衡表来检查账簿记录是否正确是可行的，但这并不意味着绝对正确！如果账户记录结果不符合发生额直接平衡关系，即全部账户的本期借方发生额合计与其本期贷方发生额合计不相等，则说明当期有关账户的记录肯定存在错误，应予进一步确定并更正。

但是，即使全部账户的本期借方发生额合计等于其本期贷方发生额合计，并不能说明会计科目记录绝对正确（即不能肯定记账没有错误），因为即便试算平衡表是平衡的，有些错误并不会影响借贷双方的平衡关系。如漏记、重记、记错有关会计科目，颠倒了记账方向，偶然一多一少刚好相互抵销等记录错误并不影响发生额直接平衡关系。

这表明只根据试算平衡的结果，并不足以说明会计科目的记录没有错误。因此，会计分录的日常复核检查是非常必要的。

【例题 3-41】企业购买原材料而开出商业承兑汇票 5 000 元，正确的会计分录如下。

借：原材料　　5 000

　　贷：应付票据　　5 000

但可能错写成如下分录。

借：原材料　　50 000

　　贷：应付票据　　50 000

也可能错写如下分录。

借：原材料　　5 000

　　贷：应付账款　　5 000

（四）试算平衡表的作用

第一个作用：验证本期所有经济业务在编出会计分录并记入会计科目后借贷金额是否相等，从而检查日常核算资料的正确性和完整性。

第二个作用：据以了解企业一定时期的财务状况和经营成果，为编制资产负债表和利润表等提供基本的会计资料。

【例题 3-42·多选题】下列各观点中，不正确的有（　　）。

A. 从某个企业看，其全部借方会计科目与全部贷方会计科目之间互为对应会计科目

B. 从某个会计分录看，其借方会计科目与贷方会计科目之间互为对应会计科目

C. 通过试算平衡，若企业的全部会计科目的借贷方金额合计相等，则会计科目记录完全正确

D. 企业不能编制多借多贷的会计分录

参考答案：A、C、D

答案解析：A 项，在借贷记账法下，发生的每项经济业务，都要记录在一个或几个账户的借方与另一个或几个账户的贷方。对每项经济业务记录所形成的这种“借”记账户和“贷”记账户之间的联系，称为账户的对应关系，对应的科目叫对应会计科目。C 项，通过试算平衡，企业的全部会计科目的借贷方金额合计相等，也不能说明账户记录绝对正确，因为有些错误并不会影响借贷双方的平衡关系。D 项，企业可以根据实际发生经济业务的需要编制多借多贷的会计分录。

【例题 3-43・多选题】下列哪些错误不会影响借贷双方的平衡关系（　　）。

A. 漏记某项经济业务　　B. 重记某项经济业务

C. 记账方向颠倒　　D. 借贷错误巧合，金额正好抵销

参考答案：A、B、C、D

答案解析：漏记、重记、记错有关会计科目、颠倒了记账方向、偶然一多一少刚好相互抵销等记录错误并不影响发生额直接平衡关系。

【例题 3-44・多选题】关于试算平衡表的下列说法正确的有（　　）。

A. 包括发生额试算平衡法和余额试算平衡法

B. 试算不平衡，表明会计科目记录肯定有错误

C. 试算平衡了，说明会计科目记录一定正确

D. 余额试算平衡的理论依据是“有借必有贷，借贷必相等”

参考答案：A、B

答案解析：C 项即使通过试算平衡，企业的全部会计科目的借贷方金额合计相等，也不能说明账户记录绝对正确，因为有些错误并不会影响借贷双方的平衡关系。D 项余额试算平衡的理论依据是会计恒等式“资产=负债+所有者权益”，发生额试算平衡的理论依据是记账规则“有借必有贷，借贷必相等”。

【例题 3-45・多选题】试算平衡表无法发现的错误（　　）。

A. 用错会计科目名称　　B. 漏记某项经济业务

C. 重记某项经济业务　　D. 记账方向颠倒

参考答案：A、B、C、D

答案解析：漏记、重记、记错有关会计科目、颠倒了记账方向、偶然一多一少刚好相互抵销等记录错误并不影响发生额直接平衡关系，也就无法通过试算平衡发现错误。

【例题 3-46・多选题】在编制试算平衡表时，应注意（　　）。

A. 必须保证所有会计科目的余额均已记入试算平衡表

B. 如果试算平衡，说明会计科目记录肯定正确无误

C. 如果试算不平衡，会计科目记录肯定有错误，应该认真查找，直到平衡为止

D. 即使试算平衡，也不能说明会计科目记录绝对正确

参考答案：A、C、D

答案解析：即使试算平衡，也不能说明会计科目记录绝对正确。

【例题 3-47·多选题】某企业 3 月份编制的试算平衡表如表 3-4 所示，计算正确的是（　　）。

表 3-4

账户名称	期初余额		本期发生额		期末余额	
	借方	贷方	借方	贷方	借方	贷方
银行存款		—	60 000	20 000	70 000	—
固定资产	100 000	—	40 000	—	140 000	—
原材料	70 000	—	30 000	—	100 000	—
应付账款	—	—	—	60 000	—	60 000
实收资本	—		—	50 000		250 000
合计		200 000		130 000		310 000

A. 固定资产的本期借方发生额为 100 000 元

B. 固定资产的期末借方余额为 200 000 元

C. 固定资产的本期借方发生额为 40 000 元

D. 固定资产的期末借方余额为 140 000 元

参考答案：C、D

答案解析：根据余额试算平衡，期末借方余额合计=期末贷方余额合计=310 000 固定资产期末借方余额=310 000−70 000−100 000=140 000；根据发生额试算平衡，本期借方发生额合计=本期贷方发生额合计=130 000，固定资产本期借方发生额=130 000−60 000−30 000=40 000。

【例题 3-48·单选题】下列错误中能通过试算平衡查找的有（　　）。

A. 某项经济业务未入账　　B. 某项经济业务重复记账

C. 应借应贷会计科目中借贷方向颠倒　　D. 应借应贷会计科目中借贷金额不等

参考答案：D

答案解析：无法通过试算平衡发现的错误包括漏记、重记、记错有关会计科目、颠倒了记账方向、偶然一多一少刚好相互抵销等。

【例题 3-49·单选题】以下会计处理能够通过试算平衡发现错误的有（　　）。

A. 开出支票 25 000 元偿还所欠货款，会计分录如下。

借：应付账款　　25 000

　　贷：应收账款　　25 000

B. 以银行存款 8 400 元偿还某单位欠款，会计分录如下。

借：应付账款　　840

　　贷：银行存款　　840

C. 用现金 960 元购买材料，会计分录如下。

借：材料采购　　960

　　贷：库存现金　　690

D. 提取现金 2 000 元，会计分录如下。

借：银行存款　　2 000

　　贷：库存现金　　2 000

参考答案：C

答案解析：A 项贷方科目错；B 项金额少计；D 项颠倒了记账方向，这些错误无法通过试算平衡发现。C 项借贷金额不平衡可以通过试算平衡发现。

二、总分类科目与明细分类科目的平行登记

（一）总分类科目与明细分类科目的关系

总分类科目对明细分类科目具有统驭控制作用；明细分类科目对总分类科目具有补充说明作用。总分类科目与其所属明细分类科目在总金额上应当相等。

某一总分类科目及其所属明细分类科目的核算对象是相同的，它们所提供的核算资料互相补充，互相结合，才能既总括又详细地反映同一核算内容。因此，总分类科目与明细分类科目必须采用平行登记的方法。

（二）总分类科目与明细分类科目的平行登记

所谓平行登记，其实就是对每一项经济业务，根据会计凭证，有关的总分类账中进行总括登记，同时，还要在明细分类账中进行明细登记。而通过总分类账和明细分类账的平行登记，期末进行相互核对，可以及时发现错账，予以更正，以保证账簿记录的准确性。

（1）所依据会计凭证相同（依据相同）：对发生的经济业务，都要以相同的会计凭证为依据，既登记有关总分类科目，又登记其所属明细分类科目。

（2）借贷方向相同（方向相同）：将经济业务记入总分类科目和明细分类科目，记账方向必须相同。也就是说，总分类科目记入借方，明细分类科目也记入借方；总分类科目记入贷方，明细分类科目也记入贷方。

（3）所属会计期间相同（期间相同）：对每项经济业务在记入总分类科目和明细分类科目过程中，可以有先有后，但必须在同一会计期间内全部予以登记。

（4）计入总分类科目的金额与计入其所属明细分类科目的金额合计相等（金额相等）：总分类科目本期发生额与其所属明细分类科目本期发生额的合计相等；总分类科目期末余额与其所属明细分类科目期末余额的合计相等。

对于平行登记结果的验证可通过“总账与所属明细分类账发生额及余额核对表”进行。

利用总分类科目与其所属明细分类科目平行登记的要求，可以通过定期核对双方记录，来检查科目的记录是否正确、完整。

【例题 3-50】甲企业 2009 年 5 月 31 日“应付账款”总分类会计科目和明细分类会计科目的余额如下。

总分类会计科目：

“应付账款”为 520 000 元（贷方余额）。

明细分类会计科目：

应付账款——东方厂为 220 000 元（贷方余额）；

应付账款——振兴厂为 300 000 元（贷方余额）。

6 月甲企业发生下列有关经济业务（假定不考虑增值税）。

（1）5 日，用银行存款 40 000 元购进甲材料 200 吨，材料已验收入库。

（2）10 日，以银行存款 200 000 元偿还所欠东方厂材料款。

（3）15 日，从振兴厂购进乙材料 1 000 吨，货款 100 000 元尚未支付，材料已经验收入库。

（4）20 日，仓库发出材料一批用于产品生产，其中，甲材料 2 000 吨，乙材料 4 500 吨。

要求：根据以上经济业务编制会计分录。

参考答案：

编制会计分录如下。

（1）借：原材料——甲材料　　40 000
　　　贷：银行存款　　40 000

（2）借：应付账款——东方厂　　200 000
　　　贷：银行存款　　200 000

（3）借：原材料——乙材料　　100 000
　　　贷：应付账款——振兴厂　　100 000

（4）借：生产成本　　850 000
　　　贷：原材料——甲材料　　400 000
　　　　　　　　——乙材料　　450 000

【例题 3-51・单选题】对所发生的每项经济业务事项都要以会计凭证为依据，一方面记入有关总分类会计科目，另一方面记入有关总分类会计科目所属明细分类会计科目的方法称为（　　）。

A. 借贷记账法　　B. 试算平衡　　C. 复式记账法　　D. 平行登记

参考答案：D

答案解析：平行登记的概念。

【例题 3-52・单选题】总分类会计科目与其明细分类会计科目的主要区别在于（　　）。

A. 记录经济业务的详细程度不同　　B. 记账的依据不同

C. 记账的方向不同　　D. 记账的期间不同

参考答案：A

答案解析：总分类科目反映各种经济业务的概括情况，是进行总分类核算的依据；明细分类科目反映各种经济业务的详细情况，提供的是详细信息。

【例题 3-53・单选题】下列有关总分类会计科目与明细分类会计科目关系的表述中，错误的是（　　）。

A. 总分类科目对明细分类科目具有统驭控制的作用

B. 总分类科目与明细分类科目登记的依据不同

C. 总分类科目与其所属的明细分类科目在总金额上应当相等

D. 明细分类科目对其所归属的总分类科目是补充和说明的

参考答案：B

答案解析：总分类科目与明细分类科目登记的依据相同、方向相同、期间相同、金额相等。

【例题 3-54·单选题】某企业原材料总分类会计科目的本期借方发生额为 25 000 元，贷方发生额为 24 000 元，其所属的三个明细分类科目中：甲材料本期借方发生额为 8 000 元，贷方发生额为 6 000 元；乙材料借方发生额为 13 000 元，贷方发生额为 16 000 元，则丙材料的本期借贷方发生额分别为（　　）。

A. 借方发生额为 12 000 元，贷方发生额为 2 000 元

B. 借方发生额为 4 000 元，贷方发生额为 2 000 元

C. 借方发生额为 4 000 元，贷方发生额为 10 000 元

D. 借方发生额为 6 000 元，贷方发生额为 8 000 元

参考答案：B

答案解析：根据总分类科目与明细分类科目平行登记的方法，明细科目的金额累加等于对应的总分类科目。计算如表 3-5 所示。

表 3-5

类别	科目	借方	贷方
总分类科目	原材料	25 000	24 000
明细科目	原材料——甲	8 000	6 000
	原材料——乙	13 000	16 000
	原材料——丙	25 000−8 000−13 000=4 000	24 000−6 000−16 000=2 000

【例题 3-55·多选题】总分类科目与其所属的明细分类科目平行登记的结果，必然是（　　）。

A. 总分类科目期初余额 = 所属明细分类科目期初余额之和

B. 总分类科目期末余额 = 所属明细分类科目期末余额之和

C. 总分类科目本期借方发生额 = 所属明细分类科目本期借方发生额之和

D. 总分类科目本期贷方发生额 = 所属明细分类科目本期贷方发生额之和

参考答案：A、B、C、D

答案解析：计入总分类科目的金额与计入其所属明细分类科目的金额合计相等，总分类科目本期发生额与其所属明细分类科目本期发生额的合计相等；总分类科目期末余额与其所属明细分类科目期末余额的合计相等；总分类科目期初余额与其所属明细分类科目期初余额的合计相等。

【例题 3-56·多选题】关于“平行登记”表述正确的是，对发生的每一项经济业务（　　）。

A. 既要记入有关总分类会计科目，又要记入有关总分类科目所属的明细分类科目

B. 登记总分类科目和所属明细分类科目的依据应该相同

C. 必须在同一天登记总分类科目和所属明细分类科目

D. 登记总分类科目和所属明细分类科目的借贷方向相同

参考答案：A、B、D

答案解析：C 项平行登记要求会计期间相同，可以有先有后，但总账和明细账的登记应登记在同一个会计期间的账簿上。

补充阅读

试算平衡表不是万能的

小甄从某财经大学会计系毕业刚刚被聘任为启明公司的会计员。今天是他来公司上班的第一天。会计科里那些同事们忙得不可开交，一问才知道，大家正在忙于月末结账。“我能做些什么？”会计科长看他那急于投入工作的表情，也想检验一下他的工作能力，就问：“试算平衡表的编制方法在学校学过了吧？”“学过。”小甄很自然地回答。

“那好吧，趁大家忙别的时候，你先编一下我们公司这个月的试算平衡表”。科长帮他找到了本公司所有的总账账簿，让他在早已为他准备的办公桌旁开始了工作。不到一个小时，一张“总分类账户发生额及余额试算平衡表”就完整地编制出来了。看到表格上那相互平衡的三组数字，小甄激动的心情难以言表。兴冲冲地向科长交了差。

“呀，昨天车间领材料的单据还没记到账上去呢，这也是这个月的业务啊！”会计员李媚说。还没等小甄缓过神来，会计员小张手里又拿着一些会计凭证凑了过来，对科长说，“这笔账我核对过了，应当记入‘原材料’和‘生产成本’的是 10 000 元，而不是 9 000 元。已经入账的那部分数字还得改一下。”

“试算平衡表不是已经平衡了吗？怎么还有错账呢？”小甄不解地问。

科长看他满脸疑惑的神情，就耐心地解释说：“试算平衡表也不是万能的，比如在账户中把有些业务漏记了，借贷金额记账方向彼此颠倒了，还有记账方向正确但记错了账户，这些都不会影响试算表的平衡。小张才发现的把两个账户的金额同时记多了或记少了，也不会影响试算表的平衡。”

小甄边听边点头，心里想：“这些内容好像老师在上《基础会计》课的时候也讲过。以后在实践中还得好好琢磨呀。”

经过一番调整，一张真实反映本月的试算平衡表又在小甄的手里诞生了。

项目小结

资产＝负债＋所有者权益（静态会计等式，第一会计等式），反映企业财务状况；收入－费用＝利润（动态会计等式，第二会计等式），反映企业经营成果；复式记账法是以会计等式资产与权益平衡关系作为记账基础，对于每一笔经济交易或事项，都要在两个或两个以上相互联系的会计科目中进行登记，系统地反映每一项经济交易或事项所引起的会计要素的增减变化及其结果的一种记账方法。

借贷记账法是以“借”、“贷”作为记账符号的一种复式记账方法，即将发生的经济交易与事项所引起会计要素的增减变动以相等的金额，同时在相互联系的两个或两个以上的会计科目中进行相互联系、相互制约地记录。借贷记账法的记账规则：有借必有贷，借贷必相等。试算平衡的含义：以会计恒等式和借贷记账法记账规则为理论基础，根据资产与权益之间的平衡关系，按照记账规则的要求，通过对所有会计科目记录的汇总和计算，来检查各类会计科目的记录是否正确的一种方法。总分类科目与其所属明细分类科目在总金额上应当相等。

同步练习与实践训练

一、理论与技能测试

（一）单项选择题

1. 关于试算平衡法，下列说法不正确的是（　　）。

A. 包括发生额试算平衡法和余额试算平衡法

B. 试算不平衡，表明账户记录肯定有错误

C. 试算平衡了，说明账户记录一定正确

D. 理论依据是会计等式和记账规则

2. 对于所有者权益类账户而言（　　）。

A. 增加记借方　　B. 增加记贷方　　C. 减少记贷方　　D. 期末无余额

3. 总分类账户与明细分类账户平行登记四要点中的“依据相同”是指（　　）。

A. 总分类账要根据明细分类账进行登记　　B. 明细分类账要根据总分类账进行登记

C. 根据同一会计凭证登记　　D. 由同一人员进行登记

4. 下列关于单式记账法说法不正确的是（　　）。

A. 单式记账法是一种比较简单，不完整的记账方法

B. 在单式记账法下，账户之间没有直接联系和相互平衡关系

C. 单式记账法可以全面、系统地反映各项会计要素的增减变动和经济业务的来龙去脉

D. 这种方法适用于业务简单或很单一的经济个体和家庭

5. 资产类账户的期末余额一般在（　　）。

A. 借方　　B. 借方或贷方　　C. 贷方　　D. 借方和贷方

6. 下列账户中，期末结转后无余额的账户有（　　）。

A. 实收资本　　B. 应付账款　　C. 固定资产　　D. 管理费用

7. 企业计算应交所得税时，正确的会计分录是（　　）。

A. 借：本年利润

　　贷：所得税费用

B. 借：管理费用

贷：所得税费用

C. 借：所得税费用

贷：银行存款

D. 借：所得税费用

贷：应交税费——应交所得税

8. 符合资产类账户记账规则的是（　　）。

A. 增加额记借方 B. 增加额记贷方 C. 减少额记借方 D. 期末无余额

9. 年初资产总额为 100 万元，本期负债减少 5 万元，所有者权益增加 20 万元，则期末资产总额为（　　）万元。

A. 100 B. 120 C. 115 D. 125

10. 借贷记账法下的“借”表示（　　）。

A. 费用增加 B. 负债增加 C. 所有者权益增加 D. 收入增加

（二）多项选择题

1. 下列说法正确的是（　　）。

A. 资产类账户增加记贷方，减少记借方 B. 负债类账户增加记贷方，减少记借方

C. 收入类账户增加记贷方，减少记借方 D. 费用类账户增加记贷方，减少记借方

2. 会计分录的内容包括（　　）。

A. 经济业务内容摘要 B. 账户名称 C. 经济业务发生额 D. 应借应贷方向

3. 下列错误不会影响借贷双方的平衡关系的是（　　）。

A. 漏记某项经济业务 B. 重记某项经济业务

C. 记错方向，把借方计入贷方 D. 借贷错误巧合，正好抵销

4. 会计分录的格式正确的是（　　）。

A. 先借后贷

B. 借方在上，贷方在下

C. 在一借多贷和多借多贷的情况下，借方或贷方的文字要对齐

D. 在一借多贷和多借多贷的情况下，借方或贷方的数字要对齐

5. 下列账户中期末余额在贷方的有（　　）。

A 预收账款 B. 应收账款 C. 应付账款 D. 累计摊销

6. 下列关于平行登记的说法正确的是（　　）。

A. 总账账户的期初余额 = 明细账账户期初余额合计

B. 计入总分类账户的金额与计入其所属明细分类账户的合计金额相等

C. 总账账户的本期发生额 = 所属明细账户本期发生额合计

D. 总账账户的期末余额 = 所属明细账账户期末余额合计

7. 下列计入贷方的是（　　）。

A. 资产的增加额 B. 负债的增加额 C. 所有者权益的增加额 D. 费用的增加额

8. 用公式表示试算平衡关系，正确的是（　　）。

A. 全部账户本期借方发生额合计 = 全部账户本期贷方发生额合计

B. 全部账户的借方期初余额合计 = 全部账户的贷方期初余额合计

C. 负债类账户借方发生额合计 = 负债类账户贷方发生额合计

D. 资产类账户借方发生额合计 = 资产类账户贷方发生额合计

9. 在借贷记账法下，可以在账户借方登记的是（　　）。

A. 资产的增加　　B. 负债的增加

C. 收入的增加　　D. 所有者权益的减少

10. 与单式记账法相比，复式记账法的优点是（　　）。

A. 有一套完整的账户体系

B. 可以清楚地反映经济业务的来龙去脉

C. 可以对记录的结果进行试算平衡，以检查账户记录是否正确

D. 记账手续简单

（三）判断题

1. 编制试算平衡表时，也应该包括只有期初余额而没有本期发生额的账户。（　　）

2. 记账时，将借贷方向记错，不会影响借贷双方的平衡关系。（　　）

3. 试算平衡时，试算平衡了，说明账户记录是绝对正确的。（　　）

4. 复式记账法是指对于发生的每一项经济业务都要以相等的金额同时在相互联系的两个账户中进行登记的一种记账方法。（　　）

5. 在平行登记法下，总分类账和明细分类账户要同时间登记。（　　）

6. 核算期间费用的各账户期末结转入“本年利润”账户后应无余额。（　　）

7. “营业税金及附加”账户属于成本类账户。（　　）

8. 构成会计分录要素的有借贷方向、科目名称、经济业务内容和金额。（　　）

9. 在借贷记账法中，“贷”字表示收入的增加、费用的减少和负债的增加。（　　）

10. 对于一项经济业务，总分类账户登记在借方，其所属明细分类账户可以登记在贷方。（　　）

二、模拟实训

华天公司 2012 年 8 月 31 日结账前的余额试算表如表 3-6 所示，由于存在若干错误，故该表借贷不平衡。

表 3-6　　华天公司结账前余额试算表

2012 年 8 月 31 日　　单位：元

账户名称	借方余额	贷方余额
库存现金	500	
银行存款	10 460	
应收账款	3 870	

续表

账户名称	借方余额	贷方余额
库存商品	5 970	
原材料	3 206	
固定资产	11 370	
短期借款		12 000
应付账款		7 374
实收资本		20 000
主营业务收入		8 430
主营业务成本	4 000	
销售费用	2 210	
管理费用	3 910	
合　　计	45 496	47 804

经核对日记账及分类账发现以下错误。

（1）用银行存款支付电话费 214 元，误记为 124 元。

银行存款+124-214　　管理费用-124+214

（2）赊销商品一批，计 1 334 元，过账时误记入应收账款账户贷方。

应收账款+2 668

（3）从银行存款户中支付短期借款利息 100 元，误作为归还短期借款 1 000 元。

银行存款+900　财务费用+100　短期借款+1000

（4）用银行存款支付本月电费 157 元，过账时管理费用账户借记 517 元。

管理费用-517+147

（5）购入办公用的复印机一台，价值 3 400 元，误作为库存商品登记入账。随后，会计人员对所发现的错账分别进行了更正。

库存商品-3400　固定资产+3400

要求：请代华天公司完成下列错账更正之后的试算平衡表的编制，如表 3-7 所示。

表 3-7　　　　**华天公司结转前余额试算平衡表**

2012 年 8 月 31 日　　　　单位：元

账户名称	借方余额	贷方余额
库存现金	（1）500	
银行存款	（2）11 270	
应收账款	（3）6 538	
库存商品	（4）2 570	
原材料	（5）3 206	
固定资产	（6）14 770	

续表

账户名称	借方余额	贷方余额
短期借款		（7）13 000
应付账款		（8）7 374
实收资本		20 000
主营业务收入		8 430
主营业务成本	4 000	
销售费用	（9）2 210	
管理费用	（10）3 640	
财务费用	（11）100	
合　　计	48 804	（12）48 804

三、拓展训练

某公司 2009 年 5 月 31 日各会计科目的期末余额如表 3-8 所示。

表 3-8　　某公司 2009 年 5 月 31 日各会计科目的期末余额

会计科目名称	借方	贷方
库存现金	1 500	
银行存款	60 000	
应收账款	4 500	
原材料	213 000	
固定资产	210 000	
短期借款		99 000
应付账款		30 000
实收资本		360 000

6 月份发生以下四笔经济业务：

（1）控股公司投入资本金 60 000 元，存入银行；

（2）公司以银行存款 30 000 元偿还到期的短期借款；

（3）公司开出一张 3 个月到期的商业承兑汇票偿还前欠某供应单位的货款 20 000 元；

（4）公司开出转账支票一张，以银行存款 15 000 元购买原材料。

要求：编制总分类会计科目试算平衡表。

项目四　会计凭证

学习目标

知识目标

✧ 掌握凭证的基本要素、凭证的种类、凭证的填制要求、常见凭证的填制方法及原始凭证的审核内容

✧ 了解会计凭证的定义

✧ 熟悉会计凭证的传递和保管要求

能力目标

✧ 了解会计凭证工作的应用领域

✧ 建立凭证在经济工作中重要性的正确认知

✧ 树立利用会计凭证分析和解决经济业务核算问题的思想观念

案例导入

2011 年 7 月 25 日，北京化工有限公司销售二丙烯基醚产品一批，货款已收，经济业务发生的相关票据如图 4-1、图 4-2、图 4-3、图 4-4 所示。

启发与思考

（1）请判断哪些是原始凭证，哪些是记账凭证。

（2）请判断哪些是自制原始凭证，哪些是外来原始凭证。

（3）根据经济业务编制收款凭证（凭证编号：085）。

收 款 凭 证

字第　　号

借方科目：　　　　　　　　年　月　日

摘　要	对方科目：总账科目	对方科目：明细科目	借或贷	金额：千	百	十	万	千	百	十	元	角	分	√
合　计														

附单据　　张

会计主管：　　记账：　　出纳：　　复核：　　制单：

图 4-1　收款凭证

1100082142　　**北京增值税专用发票**　　№ 60972917

此联不作报销、扣税凭证使用　　开票日期：2011年10月03日

购货单位	名称：大华机械厂 纳税人识别号：355221100100100 地址、电话：北京市禾山路988号 0108245562 开户行及帐号：交通银行北京分行 123422000548874125485	密码区	*-*5436*6+76>22126690 /073-68-<9-/+5172599 8796>2017<226<-13--8/ 77>+79*<*76479+9<>>// 加密版本：01 1100082142 60972917

货物或应税劳务名称	规格型号	单位	数量	单价	金额	税率	税额
甘油丙烯醚		件	7000.00	70.00	490000.00	17%	83300.00
合　计					¥490000.00		¥83300.00
价税合计（大写）	伍拾柒万叁仟叁佰元整				（小写）¥573300.00		

销货单位	名称：北京南方股份有限公司 纳税人识别号：110908045615075 地址、电话：北京东城区和平里东街22号 01088227854 开户行及帐号：交通银行北京分行 110007609048708091012	备注	北京南方股份有限公司 110908045615075 发票专用章

收款人：　　复核：　　开票人：张翔　　销货单位：（章）

国税函〔2008〕562号海南华森实业公司

第一联：记帐联 销货方记帐凭证

图 4-2　增值税专用发票

销售单

购货单位：**大华机械厂**　　地址和电话：**北京市禾山路988号 0108245562**　　单据编号：*12982295*

纳税识别号：**355221100100100**　　开户行及账号：**交通银行北京分行 123422000548874125485**　　制单日期：*2011. 10. 03*

编码	产品名称	规格	单位	单价	数量	金额	备注
01	**甘油丙烯醚**		**件**	*70. 00*	*7000. 00*	*490000. 00*	
合计	人民币（大写）：**肆拾玖万元整**					**¥490000. 00**	

第三联：记账联

总经理：**赵洲**　　销售经理：**刘华明**　　经手人：**苗伟**　　会计：**李亭**

图 4-3　销售单

交通银行业务回单

2011年 07月 25日　　　　凭证编号：03374065

付款人	全称	山东烟台化工厂	收款人	全称	北京化工有限公司
	账号	21345216781590251433		账号	02000010090121364412 1
	开户行	交通银行烟台分行		开户行	交通银行北京分行
大写金额	人民币（大写）伍拾捌万伍仟元整			十亿千百十万千百十元角分	¥58500000
用途	货款				
备注	业务种类		交通银行 北京分行 2011.07.25 转讫 (01)	开户行盖章	
	原凭证种类				
	原凭证号码				
	原凭证金额			2011年 07月 25日	

图 4-4　银行业务回单

学习任务一　会计凭证概述

一、会计凭证的概念和作用

（一）会计凭证的概念

会计凭证简称凭证，是记录经济业务的发生或完成情况，明确经济责任，并作为记账依据的书面证明，也是用来登记会计账簿的依据。

填制和审核会计凭证是会计核算的一种专门方法，是会计工作的初始阶段和基本环节。企业办理任何一项经济业务，都必须按照规定的程序和要求，由经办人员取得或填制会计凭证。在会计凭证中，列明经济业务发生的日期、内容、数量和金额，并在会计凭证上签名、盖章，以明确经济责任。只有经过审核无误的会计凭证才能够据以收付款项、收发财物和登记账簿。

（二）会计凭证的作用

合法地取得、正确地填制审核会计凭证，在会计核算中具有重要的作用。

1. 记录经济业务，提供记账依据

任何一项经济业务都必须按照规定的程序和要求及时取得或填制会计凭证，真实、详细地记录经济业务的发生或完成情况。会计凭证是重要的会计档案之一，通过会计凭证的填制，不仅可以了解各项经济业务的发生或完成情况，而且为会计信息使用者进行会计分析和审计提供了重要的依据。

2. 明确经济责任，强化内部控制

会计凭证的填制与审核，必须要有经办人员的签字或盖章，这样可以促使经办人员对经济业务的真实性、合法性与合理性承担责任，提高责任感；同时通过会计凭证的传递，可以形成各个经办人员之间的相互监督与相互牵制，以便能够实施基本的内部控制，以及时发现问题，并分清责任。

3. 监督经济活动，控制经济运行

通过会计凭证的审核，可以检查经济业务的发生是否符合有关的法规、制度，是否符合业务经营、财务收支的方针和计划、预算的规定，以确保经济业务的合理、合法和有效性。同时，能够及时发现和纠正企业经营管理中存在的问题，以改善经营管理，提高经济效益。

二、会计凭证的种类

会计凭证的形式多种多样，可以按照不同的标准进行分类。会计凭证按其填制的程序和用途，可以分为原始凭证和记账凭证两类。

1. 原始凭证

原始凭证又称单据，是指在经济业务发生或完成时取得或填制的，用以记录或证明经济业务的发生或完成情况，明确经济责任的原始证明。原始凭证是进行会计核算的原始资料和重要依据。

2. 记账凭证

记账凭证又称记账凭单，是会计人员根据审核无误的原始凭证或汇总原始凭证，按照经济业务的内容加以归类，并据以确定会计分录后所填制的会计凭证，它是登记账簿的直接依据。

进行会计核算时，有了原始凭证为什么还要编制记账凭证呢？这是因为原始凭证和记账凭证虽都称为会计凭证，但是其性质来讲却截然不同。原始凭证记录的是经济信息，它是编制记账凭证的依据，是会计核算的基础，而记账凭证记录的是会计信息，它是会计核算的起点。原始凭证和记账凭证的主要差别有以下几点。

（1）原始凭证由经办人员填制，而记账凭证一律由会计人员填制。

（2）原始凭证是根据发生或完成的经济业务填制的，而记账凭证则是根据审核后的原始凭证填制。

（3）原始凭证仅用以记录、证明经济业务已经发生或完成，而记账凭证要依据会计科目对已经发生或完成的经济业务进行归类、整理编制。

（4）原始凭证是记账凭证的附件和填制记账凭证的依据，而记账凭证则是登记账簿的依据。

由于原始凭证的内容不同，格式各异，种类繁多，对应关系也不直观，如果直接根据原始凭证记账，容易发生差错，也不便于查账。因此，应先根据原始凭证或汇总原始凭证编制记账凭证，在记账凭证摘要中说明经济业务的内容，确定应借、应贷的科目名称和金额，并将原始凭证作为附件，然后根据记账凭证登记账簿。这样可以减少记账错误，便于核对和查账，保证记账工作的质量。

$$会计凭证=\begin{cases}原始凭证\\记账凭证\end{cases}$$

图 4-5　会计凭证的种类

对会计凭证的种类，可按其填制的程序和用途分类，如图 4-5 所示。

有关原始凭证和记账凭证具体内容，详见本项目任务二和任务三。

学习任务二　原始凭证

一、原始凭证的种类

原始凭证是多种多样的，可以按不同的标准将其加以分类。

（一）按取得来源不同分类

原始凭证按其来源的不同，可以分为自制原始凭证和外来原始凭证。

1. 自制原始凭证

自制原始凭证是指由本单位内部经办业务的部门或个人，在执行或完成某项经济业务时自行填制的、仅供本单位内部使用的原始凭证，如收料单、领料单、限额领料单、产品入库单、产品出库单、借款单、工资发放明细表、折旧计算表等。部分自制原始凭证的格式如图 4-6、图 4-7、图 4-8 所示。

收 料 单

年　月　日　　　　　　　　　　　　　　　　　　　　编码: 04

材料编号	材料名称	规　格	材质	单位	数　量		实际单价	材料金额	运杂费	合 计（材料实际成本）
					应收	实收				
01										
供货单位			结算方法				合同号		计划单价	材料/计划成本
备 注										

业务联

主管:　　　　质量检验员:　　　　仓库验收:　　　　经办人: 肖亭

图 4-6　收料单

领　料　单

领料部门：

用　　途：　　　　　　　　年　　月　　日　　　　　　06 第　　153 号

材　料			单　位	数　量		成　本									
						单　价	总　价								
编　号	名　称	规　格		请　领	实　发		百	十	万	千	百	十	元	角	分
01															
合　计															

业务联

部门经理：　　　　会计：　　　　仓库：　　　　经办人：

图 4-7　领料单

限额领料单

领料部门:

凭证编号: *00000812*

用途: 年 月 日 发料仓库:

材料类别	材料编号	材料名称及规格	计量单位	领用限额	实际领用	单价	金额	备注

供应部门负责人: **刘丽娟** 生产计划部门负责人: **郭志庆**

日期	数量		领料人签章	发料人签章	扣除代用数量	退料			限额结余
	请领	实发				数量	收料人	发料人	

图 4-8 限额领料单

2. 外来原始凭证

外来原始凭证是指在经济业务发生或完成时，从其他单位或个人直接取得的原始凭证，如购买材料时取得的增值税专用发票、银行转来的各种结算凭证、对外支付款项时取得的收据、职工出差取得的飞机票、车船票等。部分外来原始凭证格式如图 4-9、图 4-10 所示。

交通银行 **进账单** （回 单） **1**

年 月 日

出票人	全 称		收款人	全 称	
	账 号			账 号	
	开户银行			开户银行	
金额	人民币（大写）			亿 千 百 十 万 千 百 十 元 角 分	
票据种类		票据张数			
票据号码					
复核 记账			开户银行签章		

此联是开户银行交给持票人的回单

图 4-9 银行进账单

图 4-10 车船票原始凭证样式

（二）按照格式的不同分类

原始凭证按照格式的不同，可以分为通用凭证和专用凭证。

1. 通用凭证

通用凭证是指由有关部门统一印刷，在一定范围内使用的具有统一格式和使用方法的原始凭证。通用凭证的使用范围，因制作部门不同而异，可以是某一地区、某一行业，也可以是全国通用，如某省（市）印制的发票、收据等，在该省（市）通用；由人民银行制作的银行转账结算凭证，在全国通用等。

2. 专用凭证

专用凭证是指由单位自行印制，仅在本单位内部使用的原始凭证，如领料单、差旅报销单、折旧计算表、工资费用分配表等。

有关原始凭证具体内容的分类，如图 4-11 所示。

- 原始凭证
  - 按来源分
    - 外来的原始凭证
    - 自制的原始凭证
  - 按填制方法分
    - 一次凭证
    - 累计凭证
    - 汇总原始凭证
  - 按格式分
    - 通用凭证
    - 专用凭证

图 4-11 原始凭证具体内容的分类

二、原始凭证的基本内容

由于经济业务的种类和内容不同，经营管理的要求不同，原始凭证格式和内容也千差万别。但是，无论何种原始凭证，都必须做到所载明的经济业务清晰，经济责任明确。原始凭证所包括的基本内容通常称为凭证要素，一般应具备以下基本内容：原始凭证的名称、填制原始凭证的日期、凭证的编号、接受原始凭证单位名称（抬头人）、经济业务内容（包括数量、单价、金额等）、填制单位签章、有关人员（部门负责人、经办人员）签章、填制凭证单位名称或者填制人姓名、凭证附件等，如图 4-7 所示。

实际工作中，根据经营管理和特殊业务的需要，除上述基本内容外，还应增加必要的内容。例如：

（1）外来原始凭证应该使用统一发票，发票上应该印有税务专用章；必须加盖开票单位的公章，但几种公认的特殊外来原始凭证例外，如火车票、机票、汽车票等；

（2）支付款项的原始凭证，必须要有收款单位的收款人的收款证明，不能仅仅以支付款项的有关凭证代替；

（3）购买实物的原始凭证，必须附有验收证明；

（4）销售货物并发生退回时，必须以退回发票、退回验收证明和对方的收款收据作为原始凭证；

（5）职工暂借款时填制的借款单，必须附在记账凭证后，收回借款时，应该另外开收据或者退还借款副本，不得退还借款凭证；

（6）需要有关部门批准办理某些特殊业务，应将批准文件作为原始凭证的附件；若批准文件须单独归档，应在凭证上注明批准机关名称、日期和文件字号。

另外，对于不同单位经常发生的共同性经济业务，有关部门可以制定统一的凭证格式。如人民银行统一制定的银行转账结算凭证，标明了结算双方单位名称、账号等内容；铁道部统一制定的铁路运单，标明了发货单位、收货单位、提货方式等内容。

三、原始凭证的填制要求

原始凭证是编制记账凭证的依据，是会计核算最基础的原始资料。要保证会计核算工作的质量，必须保证原始凭证的质量，正确填制原始凭证。

（一）填制原始凭证的基本要求

1. 记录要真实

原始凭证所填列的经济业务内容和数字必须真实可靠，符合实际情况。

2. 内容要完整

需要注意的是，年、月、日要按照填制原始凭证的实际日期填写；名称要齐全，不能简化；品名或用途要填写明确，不能含糊不清；有关人员的签章必须齐全。

3. 手续要完备

单位自制的原始凭证必须有经办单位领导人或者其他指定的人员签名盖章；对外开出的原始凭证必须加盖本单位公章；从外部取得的原始凭证，必须盖有填制单位的公章；从个人取得的原始凭证，必须有填制人员的签名、盖章。总之，取得的原始凭证必须符合手续完备的要求，以明确经济责任，确保凭证的合法性、真实性。

4. 书写要清楚、规范

原始凭证要按规定填写，文字要简要，字迹要清楚，易于辨认，不得使用未经国务院公布的简化汉字。大小写金额必须相等且填写规范，小写金额用阿拉伯数字逐个书写，不得写连笔字，如图 4-12 所示，在金额前要填写人民币符号“¥”，人民币符号“¥”与阿拉伯数字之间不得留有空白，金额数字一律填写到角分，无角分的，写“00”或符号“—”，有角无分的，分位写“0”，不得用符号“—”；大写金额用汉字壹、贰、叁、肆、伍、陆、柒、捌、玖、拾、佰、仟、万、亿、元、角、分、零、整等，一律用正楷或行书字写，大写金额前未印有“人民币”字样的，应加写“人民币”三个字，“人民币”字样和大写金额之间不得留有空白，大写金额到元或角为止的，后面要写“整”或“正”，有分的，不写“整”或“正”字，书写示范如下。

（1）阿拉伯数字中间有“0”时，中文大写金额要写“零”字。如¥1 609.50，应写成：人民币壹仟陆佰零玖元伍角整。

（2）阿拉伯数字中间连续有几个“0”时，中文大写金额中间可以只写一个“零”字。如¥7 008.14，应写成：人民币柒仟零捌元壹角肆分。

（3）阿拉伯数字万位或元位是“0”，或者数字中间连续有几个“0”，万位、元位也是“0”，但千位、角位不是“0”时，中文大写金额中可以只写一个“零”字，也可以不写“零”字。如￥1 680.32，应写成：人民币壹仟陆佰捌拾元零叁角贰分，或者写成：人民币壹仟陆佰捌拾元叁角贰分；又如￥107 000.53，应写成：人民币壹拾万柒仟元零伍角叁分，或者写成：人民币壹拾万零柒仟元伍角叁分。

（4）阿拉伯金额数字角位是“0”，而分位不是“0”时，中文大写金额“元”后面应写“零”字。如￥16 409.02，应写成：人民币壹万陆仟肆佰零玖元零贰分；又如￥325.04，应写成：人民币叁佰贰拾伍元零肆分。

图 4-12　小写金额的书写

5. 编号要连续

各种凭证要连续编号，以便查考。如果凭证已预先印定编号，如发票、支票等重要凭证，在写坏作废时，应加盖“作废”戳记，妥善保管，不得撕毁。

6. 不得涂改、刮擦、挖补

原始凭证有错误的，应当由出具单位重开或更正，更正应当加盖出具单位印章。原始凭证金额有错误的，应当由出具单位重开，不得在原始凭上更正。

7. 填制要及时

各种原始凭证一定要及时填写，并按规定的程序及时送交会计机构、会计人员进行审核。

（二）自制原始凭证的填制要求

1. 一次凭证的填制

一次凭证是指填制手续一次完成，用以记录一项经济业务或若干项同类经济业务的原始凭证。所有的外来原始凭证和大部分的自制原始凭证都属于一次凭证，如购货发票、销货发票、收据、领料单、借款单、银行结算凭证等。一次凭证是一次有效的凭证。

2. 累计凭证的填制

累计凭证是指在一定时期内多次记录发生的同类型经济业务的原始凭证。其特点是在一张凭证内可以连续登记相同性质的经济业务，随时结出累计数及结余数，并按照费用限额进行费用控制，期末按实际发生额记账。累计凭证是多次有效的原始凭证。这类凭证的填制手续多次进行才能完成。它一般为自制原始凭证，最具有代表性的累计凭证是“限额领料单”，如图 4-8 所示。累计原始凭证可以减少凭证张数，简化填制手续；同时也可以随时计算累计发生数，以便同计划或定额数量进行比较，反映业务执行或完成的情况，便于控制管理。

3. 汇总凭证的填制

汇总凭证也称为原始汇总表，是指一定时期内反映经济业务内容相同的若干张原始凭证，按照一定标准综合填制的原始凭证。汇总原始凭证合并了同类型经济业务，简化了记账工作量，既可以提供经营管理所需要的总量指标，又可以大大简化核算手续。

常用的汇总原始凭证有发出材料汇总表、工资结算汇总表、销售日报、差旅费报销单等。汇总凭证格式如图 4-13 所示。

发出材料汇总表

年　月　日

会计科目	领料部门	领用材料			
		原材料	包装物	低值易耗品	合计
生产成本	一车间				
	二车间				
	小计				
	供电车间				
	供水车间				
	小计				
制造费用	一车间				
	二车间				
	小计				
管理费用	行政部门				
合计					

会计主管　　　　复核　　　　制表

图 4-13　发出材料汇总表

（三）外来原始凭证的填制要求

外来原始凭证是在企业同外单位发生经济业务时，由外单位的经办人员填制的。外来原始凭证一般由税务局等部门统一印制，或经税务部门批准同经济单位印制，在填制时加盖出具凭证单位公章方有效，如图 4-14 所示。

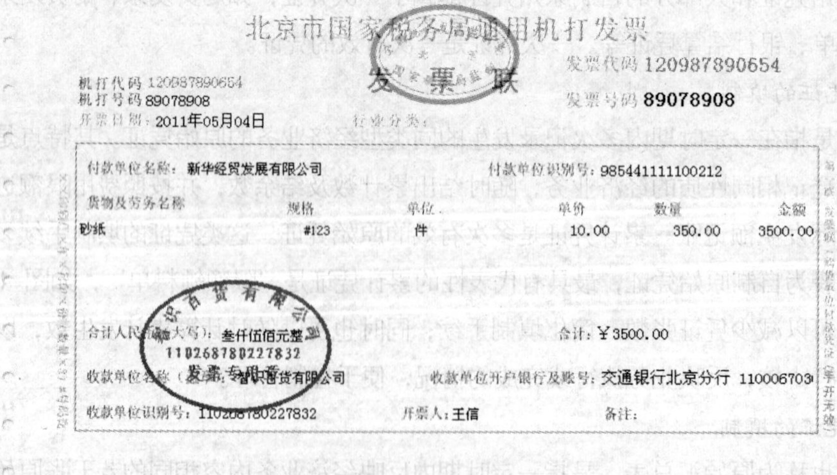
北京市国家税务局通用机打发票

发票联

机打代码 120987890654
机打号码 89078908
开票日期：2011年05月04日　　行业分类：

发票代码 120987890654
发票号码 89078908

付款单位名称：新华经贸发展有限公司　　付款单位识别号：985441111100212

货物及劳务名称	规格	单位	单价	数量	金额
砂纸	#123	件	10.00	350.00	3500.00

合计人民币（大写）：叁仟伍佰元整　　合计：￥3500.00

收款单位名称（盖章）：智识百货有限公司　　收款单位开户银行及账号：交通银行北京分行 110006703

收款单位识别号：110268780227832　　开票人：王信　　备注：

发票专用章 110268780227832

图 4-14　外来原始凭证

【外来原始凭证填制案例】

2011 年 4 月 26 日，南台实业有限公司出纳员张海把现金（销售款）送存银行，其中壹佰元的人民币 5 张、伍拾元人民币 8 张、贰拾元人民币 3 张、拾元人民币 10 张。要求：请填写现金存款凭条（如图 4-15 所示），公司账号：020000100901441321l，开户行：中国工商银行上海分行。

ICBC 中国工商银行　　　　现金存款凭条

年　月　日

存款人	全称			
	账号		款项来源	
	开户行		交款人	

金额（大写）	千	百	十	万	千	百	十	元	角	分

票面	张数	十	万	千	百	十	元	票面	张数	千	百	十	元	备注
壹佰元								伍角						
伍拾元								贰角						
贰拾元								壹角						
拾元								伍分						
伍元								贰分						
贰元								壹分						
壹元								其他						

第一联　银行核对联

190mm×100mm GH 082358

图 4 15　现金存款凭条

四、原始凭证的审核

为了如实反映经济业务的发生和完成情况，充分发挥会计的监督职能，保证会计信息的真实性、可靠性和正确性，会计机构、会计人员必须对原始凭证进行严格审核。

（一）审核原始凭证的真实性

原始凭证作为会计信息的基本信息来源，其真实性对会计信息的质量具有至关重要的影响。真实性的审核包括凭证日期是否真实、业务内容是否真实、数据是否真实等内容的审查。对外来的原始凭证，必须有填制单位公章和填制人员签章；对自制原始凭证，必须有经办部门和经办人员的签名或盖章。此外，对通用原始凭证，还应审核凭证本身的真实性，以防假冒。

（二）审核原始凭证的合法性

这是指审核原始凭证所记录的经济业务是否符合国家有关政策、法律、法规的要求，是否存在违法乱纪行为。

（三）审核原始凭证的合理性

这是指审核原始凭证所记录的经济业务是否符合企业生产经营活动的需要，是否符合有关的计划和预算等。

（四）审核原始凭证的完整性

这是指审核原始凭证各项基本要素是否齐全，是否有漏项情况，日期是否完整，数字是否清晰，文字是否工整，有关人员签章是否齐全，凭证联次是否正确等。

（五）审核原始凭证的正确性

这是指审核原始凭证各项金额的计算及填写是否正确，包括阿拉伯数字分位填写，不得连写；小写金额前要标明“¥”字样，中间不能留有空位；大写金额前要加“人民币”字样，大写金额与小写金额要相符；凭证中有书写错误的，应采用正确的方法更正，不能采用涂改、刮擦、挖补等不正确方法。

（六）审核原始凭证的及时性

原始凭证的及时性是保证会计信息及时性的基础。为此，要求在经济业务发生或完成时及时填制有关原始凭证，及时进行凭证的传递。审核时应注意审查凭证的填制日期，尤其是支票、银行汇票、银行本票等时效性较强的原始凭证，更应仔细验证其签发日期。

经审核的原始凭证应根据不同情况处理：对于完全符合要求的原始凭证，应及时据以编制记账凭证入账；对于真实、合法、合理但内容不够完整、填写有错误的原始凭证，应退回给有关经办人员，由其负责将有关凭证补充完整、更正错误或重开后，再办理正确会计手续；对于不真实、不合法的原始凭证，会计机构、会计人员有权不予接受，并向单位负责人报告。

原始凭证的审核是一项严肃、细致的重要工作，会计人员必须熟悉国家有关法规和制度以及本单位的有关规定，这样，才能掌握审核和判断是非的标准，确定经济业务是否合理、合法，从而做好原始凭证的审核工作，实现正确有效的会计监督。另外，审核人员还必须做好宣传解释工作，因为原始凭证所证明的经济业务需要有关领导和职工经办，只有对他们做好宣传解释工作，才能避免发生违法违规的经济行为。

【原始凭证审核案例】

2011 年 8 月 25 日，江丰实业有限公司的黄芳报销办公用品费，要求：请审核单据（如图 4-16、图 4-17 所示），如果无误，请写上同意报销；如果有误，请在相应的单据上标明错误点。

报 销 单

填报日期：2011 年 08 月 25 日　　单据及附件共 1 张

<table>
<tr><td>姓名 黄芳</td><td>所属部门 行政部</td><td>报销形式 现金
支票号码</td><td></td></tr>
<tr><td>报销项目</td><td>摘要</td><td>金额</td><td>备注：</td></tr>
<tr><td>办公用品</td><td>文件夹</td><td>200.00</td><td></td></tr>
<tr><td></td><td></td><td></td><td></td></tr>
<tr><td></td><td></td><td></td><td></td></tr>
<tr><td></td><td></td><td></td><td></td></tr>
<tr><td></td><td></td><td></td><td></td></tr>
<tr><td>合</td><td>计</td><td>¥200.00</td><td></td></tr>
<tr><td colspan="2">金额大写：零 拾零 万零 仟贰 佰零 拾零 元零 角零 分</td><td>原借款： 0.00 元</td><td>应退（补）款：200.00 元</td></tr>
</table>

总经理：刘雪峰　财务经理：　部门经理：连伟　会计：　出纳：　报销人：黄芳

图 4-16　报销单

广州市国家税务局通用机打发票

发票联

机打代码 130715023015　　发票代码 130715023015

机打号码 36145278　　发票号码 36145278

开票日期：2011年08月25日　　行业分类：零售业

付款单位名称：江丰实业有限公司　　付款单位识别号：440100193378770

货物及劳务名称	规格	单位	单价	数量	金额
文件夹		个	10.00	20.00	200.00

合计人民币（大写）：贰佰元整　　合计：￥200.00

收款单位名称（盖章）：正道商贸有限公司　　收款单位开户银行及账号：交通银行广州分行 020000100!

收款单位识别号：440100749315675　　开票人：钟权　　备注：

图 4-17　发票

学习任务三　记账凭证

一、记账凭证的种类

（一）按内容可分为收款凭证、付款凭证和转账凭证

记账凭证按其反映经济业务的内容不同，可以分为收款凭证、付款凭证和转账凭证。

1. 收款凭证

收款凭证是指用于记录现金和银行存款收款业务的会计凭证。它是出纳人员根据库存现金收入业务和银行存款收入业务的原始凭证编制的专用凭证。据以作为登记现金和银行存款等有关账簿的依据。收款凭证的格式如图 4-18 所示。

收　款　凭　证

字第　　号

借方科目：　　　　年　月　日

摘要	对方科目		借或贷	金额										√
	总账科目	明细科目		千	百	十	万	千	百	十	元	角	分	
合　计														

附单据　张

会计主管：　　记账：　　出纳：　　复核：　　制单：

图 4-18　收款凭证

2. 付款凭证

付款凭证是指用于记录现金和银行存款付款业务的会计凭证。它是出纳人员根据库存现金和银行存款付款业务的原始凭证编制的专用凭证，作为登记现金和银行存款等有关账簿的依据。付款凭证的格式如图 4-19 所示。

付 款 凭 证

字第 号

贷方科目 年 月 日

摘 要	对方科目		借或贷	金额										√
	总账科目	明细科目		千	百	十	万	千	百	十	元	角	分	
合		计												

附单据 张

会计主管 记账 出纳 复核 制单 收款人

图 4-19 付款凭证

3. 转账凭证

转账凭证是指用于记录不涉及现金和银行存款业务的会计凭证。在经济业务中，凡是不涉及现金和银行存款收付的业务，称之为转账业务，如计提固定资产折旧、车间领用原材料、期末结转成本等。会计人员根据有关转账业务的原始凭证编制的，作为记账依据的专用凭证就是转账凭证。转账凭证的格式如图 4-20 所示。

转 账 凭 证

字第 号

年 月 日

摘 要	总账科目	明细科目	借方金额											贷方金额											√
			亿	千	百	十	万	千	百	十	元	角	分	亿	千	百	十	万	千	百	十	元	角	分	
合		计																							

附单据 张

会计主管： 记账： 出纳： 复核： 制单：

图 4-20 转账凭证

4. 通用记账凭证

通用记账凭证是指对全部业务不再区分收款、付款及转账业务，而将所有经济业务统一编号，在同一格式的凭证中进行记录。通用记账凭证的格式与转账凭证基本相同，其格式如图 4-21 所示。

记账凭证　　字第　　号

年　月　日

摘要	总账科目	明细科目	借方金额											贷方金额											√
			亿	千	百	十	万	千	百	十	元	角	分	亿	千	百	十	万	千	百	十	元	角	分	
合　计																									

附单据　张

会计主管：　记账：　出纳：　复核：　制单：

图 4-21　通用记账凭证

将记账凭证划分为收款凭证、付款凭证和转账凭证三种，便于按经济业务对会计人员进行分工，也便于提供分类核算数据，为记账工作带来方便，但工作量较大。此种做法为大多数企事业单位所采用，适用于规模较大、收付业务较多的单位。但是，对于经济业务较简单、规模较小、收付业务较小的单位，为了简化核算，还可以采用通用记账凭证来记录所有经济业务。

（二）按填列的方式可分为复式记账凭证和单式记账凭证

记账凭证按其填制方法，可分为复式凭证和单式凭证两种。

1. 复式凭证

复式凭证亦称多项记账凭证，是指将每一笔经济业务事项所涉及的全部会计科目及其发生额均在同一记账凭证中反映的一种凭证。它是实际工作应用最普遍的记账凭证。如图 4-18～图 4-21 所示的收款凭证、付款凭证和转账凭证，以及通用记账凭证均为复式凭证。

复式凭证全面反映了经济业务的科目对应关系，能够降低编制凭证的工作量，减少记账凭证的张数，有利于检查会计分录的正确性，但在使用中不便于传递、汇总，不便于会计岗位上的分工记账。

2. 单式凭证

单式凭证也称单项记账凭证，是指每一张记账凭证只填列经济业务事项所涉及的一个会计科目及其金额的记账凭证。填列借方科目的称为借项凭证，填列贷方科目的称为贷项凭证。某项经济业务涉及几个会计科目，就编制几张单式凭证。单式凭证的格式和内容如图 4-22、图 4-23 所示。

借项记账凭证

年　月　日　　　　凭证编号　字　号

摘要	总账科目	明细科目	账页	金额
对应总账科目：		合计		

单据　张

会计主管　　记账　　审核　　制单

图 4-22　借项记账凭证

贷项记账凭证

年　月　日　　　　　　　　　　　　　　　　　　　　凭证编号　　字　号

摘要	总账科目	明细科目	账页	金额
对应总账科目:		合计		

单据　　张

会计主管　　　　　　　　　　记账　　　　审核　　　　制单

图 4-23　贷项记账凭证

- 记账凭证
  - 内容
    - 收款凭证
    - 付款凭证
    - 转账凭证
  - 填列方式
    - 单式凭证
    - 复式凭证

图 4-24　记账凭证的种类

在借项记账凭证和贷项记账凭证中，所列示的对应总账科目只起参考作用，不作为登记账簿的依据。

单式凭证反映内容单一，便于分工记账，便于按会计科目汇总，但一张凭证不能反映每一笔经济业务的全貌，不便于检验会计分录的正确性。而且记账凭证数量繁多，填制工作量大。

记账凭证的种类归类如图 4-24 所示。

二、记账凭证的基本内容

记账凭证作为登记账簿的依据，因其所反映经济业务的内容不同，各单位规模大小及其对会计核算繁简程度的要求不同，其格式也有所不同。但为了满足记账的基本要求，记账凭证应具备以下基本内容或要素。

（1）记账凭证的名称。记账凭证的名称通常分为收款凭证、付款凭证和转账凭证。

（2）记账凭证的日期。记账凭证是在哪一天编制的，就写上哪一天的日期。记账凭证的填制日期与原始凭证的填制日期可能相同，也可能不同。记账凭证应及时填制，一般稍后于原始凭证的填制。

（3）记账凭证的编号。记账凭证要根据经济业务发生的先后顺序按月连续编号，按编号顺序记账。凭证编了号，便于装订保管和登记账簿，也便于日后检查。

（4）经济业务事项的内容摘要。摘要应能清晰地揭示经济业务的内容，同时要简明扼要。

（5）经济业务事项所涉及的会计科目及其记账方向。

（6）经济业务事项的金额。

（7）记账标记。

（8）所附原始凭证的张数。原始凭证是编制记账凭证的根据，缺少它就无从审核记账凭证正确与否。

（9）会计主管、记账、审核、出纳、制单等有关人员签章，收款凭证和付款凭证还应由出纳人员签章或盖章。

记账凭证的基本内容归纳如图 4-25 所示。

收款凭证

银收字第 085 号

借方科目：银行存款　　　　2011年07月25日

摘要	对方科目：总账科目	对方科目：明细科目	借或贷	金额（千百十万千百十元角分）	√
销售产品收到货款	主营业务收入	二丙烯基醚	贷	50000000	
	应交税费	应交增值税（销项税额）	贷	8500000	
合计				¥58500000	

附单据 3 张

会计主管：　记账：　出纳：　复核：　制单：崔亮

图 4-25　收款凭证基本内容

三、记账凭证的填制要求

（一）基本要求

记账凭证的主要作用是将经济信息资料转化为会计信息。由于记账凭证是登记账簿的直接依据，它的填制是否正确将直接关系着账簿的质量。因此，编制记账凭证要按照有关规定进行，其基本要求如下。

（1）记账凭证各项内容必须完整。正确填写摘要、一级科目、二级科目或明细科目，科目对应关系、金额都应正确无误。

（2）记账凭证应连续编号。要根据不同情况采用不同的编号方法。如果企业采用通用记账凭证，记账凭证的编号可能采取顺序编号法，即按月编制序号。如果是采取收款凭证、付款凭证和转账凭证的专用记账凭证形式，则记账凭证应该按照字号编号法，即把不同类型的记账凭证用“字”加以区别，再把同类的记账凭证按照顺序加以连续编号。如“收字第××号”、“付字第××号”、“转字第××号”等。如果一项经济业务需要填制一张以上的记账凭证时，记账凭证的编号可以采取分数编号法。例如，企业在采取专用记账凭证时，×月×日发生一笔转账业务，连续编号为“转字第 50”，需要填制三张记账凭证，则这三张记账凭证的编号如下：

转字第$50\frac{1}{3}$、转字第$50\frac{2}{3}$、转字第$50\frac{3}{3}$

其中分母代表该项经济业务的记账凭证总张数，分子表示第几张凭证，前面的整数为总顺序号。分数编号法可以与顺序编号法结合运用，也可以与字号编号法结合运用。当企业采用单式记账凭证时，为了便于查阅同一项经济业务的几张相关凭证，也可以采纳分数编号法，无论哪种编号法，都应该在月末最后一张记账凭证的编号旁加注“全”字。

（3）记账凭证的书写应清楚、规范。相关要求同原始凭证。

（4）填制记账凭证的依据，必须是经审核无误的原始凭证。可以根据每一张原始凭证填制，或根据若干张同类原始凭证汇总编制，也可以根据原始凭证汇总填制，但不得将不同内容和类别的原始凭证汇总填制在一张记账凭证上。否则，经济业务的具体内容不清楚，难以填写摘要，会计科目也因没有明确的对应关系而看不清经济业务的来龙去脉，容易造成会计账簿记录的错误。

（5）除结账和更正错误的记账凭证可以不附原始凭证外，其他记账凭证必须附有原始凭证。所附原始凭证张数的计算，一般以原始凭证的自然张数为准。与记账凭证中的经济业务事项记录有关的每一张证据都应当作为原始凭证的附件。如果记账凭证中附有原始凭证汇总表，则应该把所附原始凭证和原始凭证汇总表的张数一起计入附件的张数之内。但报销差旅费等零散票券，可以粘贴在一张纸上，作为一张原始凭证。一张原始凭证如涉及几张记账凭证的，可以把原始凭证附在一张主要的记账凭证后面，并在其他记账凭证上注明附有该原始凭证的记账凭证的编号或者附上该原始凭证的复印件。

一张原始凭证所列的支出需要由几个单位共同负担时，应当由保存该原始凭证的单位开具原始凭证分割单给其他应负担的单位。原始凭证分割单必须具备原始凭证的基本内容：如凭证的名称、填制凭证的日期、填制凭证单位的名称或填制人的姓名、经办人员的签名或盖章、接受凭证单位的名称、经济业务的内容、数量、单价、金额和费用的分摊情况等。

（6）填制记账凭证时若发生错误应当重新填写。已登记入账的记账凭证在当年内发现填写错误时，可以用红字填写一张与原内容相同的记账凭证，在摘要栏注明“注销某月某日某号凭证”字样，同时再用蓝字重新填制一张正确的记账凭证，注明“订正某月某日某号凭证”字样。如果会计科目没有错误，只是金额错误，也可将正确数字与错误数字之间的差额，另编一张调整的记账凭证，调增金额用蓝字，调减金额用红字。发现以前年度记账凭证有错误时，应当用蓝字填制一张更正的记账凭证。

（7）记账凭证填制完经济业务事项后，如有空行，应当自金额栏最后一笔金额数字下的空行处到合计数上的空行处划线注销，以堵塞漏洞，严格会计核算手续。

（二）收款凭证的填制要求

收款凭证左上角的“借方科目”按收款的性质填写“库存现金”或“银行存款”；日期填写的是编制本凭证的日期；右上角填写编制收款凭证的顺序号；“摘要”填写对所记录的经济业务的简要说明；“对方科目”填写与收入现金或银行存款相对应的会计科目；“借或贷”是指该凭证已登记账簿的标记，防止经济业务事项重记或漏记；“金额”是指该项经济业务事项的发生额；该凭证右边“附件　张”是指本记账凭证所附原始凭证的张数；最下边分别由有关人员签章，以明确经济责任。

【例题 4-1】2011 年 10 月 3 日，北京南方股份有限公司销售甘油丙烯醚产品一批，货款收回并存入银行。请根据经济业务编制收款凭证（凭证编号：058），如图 4-26 所示。

附原始凭证，如图 4-27、图 4-28、图 4-29 所示。

收 款 凭 证

银收字第 058 号

借方科目：银行存款　　　　2011年10月03日

摘要	对方科目 总账科目	对方科目 明细科目	借或贷	金额 千	百	十	万	千	百	十	元	角	分	√
销售甘油丙烯醚，收到货款	主营业务收入	甘油丙烯醚	贷			4	9	0	0	0	0	0	0	
	应交税费	应交增值税（销项税额）	贷				8	3	3	0	0	0	0	
合计					¥	5	7	3	3	0	0	0	0	

附单据 3 张

会计主管：　　记账：　　出纳：　　复核：　　制单：王海

图 4-26　收款凭证

交通银行 进账单（收账通知）　3

2011年　10月　03日

出票人			收款人		
全称	大华机械厂		全称	北京南方股份有限公司	
账号	123422000548874125485		账号	110007609048708091012	
开户银行	交通银行北京分行		开户银行	交通银行北京分行	
金额	人民币（大写）伍拾柒万叁仟叁佰元整			亿 千 百 十 万 千 百 十 元 角 分	¥ 5 7 3 3 0 0 0 0
票据种类	转账支票	票据张数	1		
票据号码					
复核　记账				收款人开户银行签章	

交通银行北京分行 2011.10.03 转讫（01）

此联是收款人开户银行交给收款人的收账通知

图 4-27　进账单

北京增值税专用发票

1100082142　　№ 60972917

此联不作报销、扣税凭证使用　　开票日期：2011年10月03日

购货单位	名称：大华机械厂 纳税人识别号：355221100100100 地址、电话：北京市禾山路988号 0108245562 开户行及帐号：交通银行北京分行 123422000548874125485			密码区	*-*5436*6+76>22126690 /073-68-<9-/+5172599 8796>2017<226<-13--8/ 77>170*<*76479+9<>>//	加密版本：01 1100082142 60972917	
货物或应税劳务名称	规格型号	单位	数量	单价	金额	税率	税额
甘油丙烯醚		件	7000.00	70.00	490000.00	17%	83300.00
合计					¥490000.00		¥83300.00
价税合计（大写）	伍拾柒万叁仟叁佰元整				（小写）¥573300.00		
销货单位	名称：北京南方股份有限公司 纳税人识别号：110908045615075 地址、电话：北京东城区和平里东街22号 01088227854 开户行及帐号：交通银行北京分行 110007609048708091012			备注	北京南方股份有限公司 110908045615075 发票专用章		

收款人：　　复核：　　开票人：张翔　　销货单位：（章）

国税函[2008]562号华南印钞有限公司

第一联：记帐联 销货方记帐凭证

图 4-28　增值税专用发票

销售单

购货单位:大华机械厂	地址和电话:北京市禾山路988号 0108245562	单据编号:12982295
纳税识别号:355221100100100	开户行及账号:交通银行北京分行 123422000548874125485	制单日期:2011.10.03

编码	产品名称	规格	单位	单价	数量	金额	备注
01	甘油丙烯醚		件	70.00	7000.00	490000.00	
合计	人民币（大写）：肆拾玖万元整					￥490000.00	

第三联：记账联

总经理：赵渊　销售经理：刘华明　经手人：苗伟　会计：李亭

图 4-29　销售单

（三）付款凭证的填制要求

付款凭证的编制方法与收款凭证基本相同，只是左上角由“借方科目”换为“贷方科目”。

【例题 4-2】2011 年 7 月 5 日，北京化工有限公司管理部门以现金购买办公用品（小件物品，未通过入库，直接领用），请根据背景单据编制付款凭证（凭证编号：009），如图 4-30 所示。

付　款　凭　证

现付 字第 009 号

贷方科目：库存现金　　2011年07月05日

摘要	对方科目 总账科目	明细科目	借或贷	金额	√
购买办公用品	管理费用	办公费	借	50000	
合计				￥50000	

附单据 1 张

会计主管：　记账：　出纳：　复核：　制单：崔亮　收款人：

图 4-30　付款凭证

附原始凭证，如图 4-31 所示。

对于涉及现金和银行存款之间的经济业务，为了避免重复记账，一般只编制付款凭证，不编制收款凭证。例如，企业为了发放工资从银行提取现金时；在销售材料收到现金存入银行时。这时，每一笔经济业务按理应当分别编制银行和现金的收款和付款凭证。但是在现实中，为了避免发生重复记账的问题，一般遇到这类业务时只以货币资金的付出方编制付款凭证，而不再编制收款凭证。如上述第一笔从银行提取现金就只编制银行付款凭证，而不编制现金收款凭证；第二笔将现金存入银行则只编制现金付款凭证，而不编制银行收款凭证。

【例题 4-3】2011 年 10 月 15 日，北京南方股份有限公司从银行提取现金用于发放工资，请根据经济业务编制付款凭证（凭证编号：081），如图 4-32 所示。

北京国家税务局通用机打发票

发　票　联

机打代码 135020710135
机打号码 19876778
开票日期：2011年07月05日　　行业分类：

发票代码 135020710135
发票号码 19876778

付款单位名称：北京化工有限公司　　付款单位识别号：

货物及劳务名称	规格	单位	单价	数量	金额
计算器		台	50.00	10	500.0

合计人民币（大写）：伍佰元整　　合计：¥500.0

收款单位名称（盖章）：恒通商贸有限公司　　收款单位开户银行及账号：交通银行北京分行0200001009

收款单位识别号：110108682212175　　开票人：武进　　备注：

第一联　发票联（购货单位付款凭证）（盖章无效）

图 4-31　发票

付　款　凭　证

银付 字第 081 号

贷方科目：银行存款　　2011年10月15日

摘　要	对方科目：总账科目	对方科目：明细科目	借或贷	金额（千百十万千百十元角分）	√
提取现金发工资	库存现金		借	16000000	
合　计				¥16000000	

附单据 1 张

会计主管：　记账：　出纳：　复核：　制单：王海　收款人：

图 4-32　付款凭证

附原始凭证，如图 4-33 所示。

交通银行
现金支票存根（京）
$\frac{GE}{02}$ 23098162
附加信息
出票日期 2011年10月15日
收款人：北京南方股份有限公司
金　额：¥160000.00
用　途：工资
单位主管 张阳 会计 陈嘉

图 4-33　现金支票存根

（四）转账凭证的填制要求

对转账凭证应填制转账凭证，转账凭证的填制与收、付款凭证略有不同，它的应借、应贷会计科目全部列入记账凭证之内。转账凭证是将经济业务事项中所涉及全部会计科目，按照先借先贷的顺序记入“会计科目”栏中的“一级科目”和“二级科目”，并按应借、应贷方向分别记入“借方金额”或“贷方金额”栏。其他项目的填列与收、付款凭证相同。

【例题 4-4】2011 年 7 月 15 日，北京化工有限公司按实际成本计价法采购材料一批，已入库，款项尚未支付，请根据经济业务编制凭证（凭证编号：054），如图 4-34 所示。

转 账 凭 证

转字第 054 号

2011 年 07 月 15 日

摘要	总账科目	明细科目	借方金额	贷方金额	✓
购入丙酮	原材料	丙酮	10000000		
	应交税费	应交增值税（进）	1700000		
	应付账款	福州市化工厂		11700000	
合计			¥11700000	¥11700000	

附单据 2 张

会计主管：　记账：　出纳：　复核：　制单：崔亮

图 4-34　转账凭证

附原始凭证，如图 4-35、图 4-36 所示。

1100082142　**福建增值税专用发票**　№ 60972918

开票日期：2011年07月15日

购货单位	名称：北京化工有限公司 纳税人识别号：110270590544459 地址、电话：北京海淀区西苑三里08号 01083847491 开户行及帐号：交通银行北京分行 020000100901213644121	密码区	*-*5436*6+76>22126690 /073-68-<9-/+5172599 8796>2017<226<-13--8/ 77>+79*<*76479+9<>>//	加密版本：01 1100082142 60972918

货物或应税劳务名称	规格型号	单位	数量	单价	金额	税率	税额
丙酮		千克	500.00	200.00	100000.00	17%	17000.00
合计					¥100000.00		¥17000.00
价税合计（大写）	壹拾壹万柒仟元整				（小写）¥117000.00		

销货单位	名称：福州市化工厂 纳税人识别号：360186585239882 地址、电话：福州市黄山路69号 05912548741 开户行及帐号：中国工商银行福州支行 1560665334567856432	备注	货款未支付

第三联：发票联 购货方记帐凭证

收款人：　复核：　开票人：王立　销货单位：（章）

图 4-35　增值税专用发票

入　库　单

2011 年 07 月 15 日　　单号 41985425

交来单位及部门	福州市化工厂	发票号码或生产单号码	60972918	验收仓库	一号仓库	入库日期	2011.07.15

编号	名称及规格	单位	数量		实际价格		计划价格		价格差异
			交库	实收	单价	金额	单价	金额	
01	丙酮	千克	500.00	500.00	200.00	100000.00			
合计						¥100000.00			

部门经理：　会计：　仓库：林凡　经办人：董华

图 4-36　入库单

（五）记账凭证的审核

为了保证会计信息的质量，在记账之前应由有关稽核人员对记账凭证进行严格的审核。记账凭的审核内容主要包括以下方面。

1. 内容是否真实

审核记账凭证是否有原始凭证为依据，所附原始凭证的内容与记账凭证是否一致，记账凭证汇总表的内容与其所依据的记账凭证的内容是否一致等。

2. 项目是否齐全

审核记账凭证各项的填写是否齐全，如日期、凭证编号、摘要、会计科目、金额、所附原始凭证张数及有关人员签章等。

3. 科目是否正确

审核记账凭证的应借、应贷科目是否正确，是否有明确的科目对应关系，所使用的会计科目是否符合国家统一的会计制度的规定等。

4. 金额是否正确

审核记账凭证所记录的金额与原始凭证的有关金额是否一致。计算是否正确，记账凭证汇总表的金额与记账凭证的金额合计是否相符等。

5. 书写是否正确

审核记账凭证中的记录是否文字工整、数字清晰，是否按规定及时更正等。

此外，出纳人员在办理收款或付款业务后，应在凭证上加盖“收讫”或“付讫”的戳记，以避免重收重付，如图 4-37 所示。

差旅费报销单

2011年 01月 05日

<table>
<tr><td colspan="4">所属部门</td><td>采购部</td><td>姓名 孙忠全</td><td>出差天数</td><td colspan="2">自 01月 01日至 01月 04日共 03天</td></tr>
<tr><td colspan="2">出差事由</td><td colspan="3">采购</td><td>借旅支费</td><td>日期 2011年01月01日</td><td colspan="2">金额¥ 3000.00</td></tr>
<tr><td colspan="6"></td><td colspan="3">结算金额:¥ 3320.00 现金付讫</td></tr>
<tr><td colspan="2">出发</td><td colspan="2">到达</td><td rowspan="2">起止地点</td><td rowspan="2">交通费</td><td rowspan="2">住宿费</td><td rowspan="2">伙食费</td><td rowspan="2">其他</td></tr>
<tr><td>月</td><td>日</td><td>月</td><td>日</td></tr>
<tr><td>01</td><td>01</td><td>01</td><td>04</td><td>北京—上海</td><td></td><td>1040.00</td><td></td><td>2280.00</td></tr>
<tr><td colspan="4">合计</td><td colspan="5">零拾 零万 叁仟 叁佰 贰拾 零元 零角 零分 ¥3320.00</td></tr>
</table>

总经理：吴为　财务经理：张士达　部门经理：魏晓维　会计：苏伟轮　出纳 罗淼红　报销人：孙忠全

图 4-37　有“现金付讫”戳记的凭证

学习任务四　会计凭证的传递与保管

一、会计凭证的传递

会计凭证的传递是指从会计凭证的取得或填制时起至归档保管过程中，在单位内部有关部门和人员之间的传递程序。

会计凭证的传递要求能够满足内部控制制度的要求，使传递程序合理、有效，同时尽量节约传递时间，减少传递工作量。单位应根据具体情况制定每一种凭证的传递程序和方法。

会计凭证传递一般包括传递程序和传递时间两个方面。

各种会计凭证，它们所记载的经济业务各不相同，涉及的部门和人员不同，据以办理的业务手续也不同。因此，应当为各种会计凭证规定一个合理的传递程序，即一张会计凭证，填制后应交到哪个部门、哪个岗位、由谁办理业务手续，直至归档保管为止。如凭证有一式数联的，还应该规定每一联传到哪几个部门，什么用途等。

各种会计凭证还应根据其办理业务手续所需的时间，规定它的传递时间。其目的是使各个工作环节环环相扣，相互督促，以提高工作效率。

正确组织会计凭证的传递，对及时处理业务和加强会计监督有重要作用。在制定合理的凭证传递程序和时间时，通常考虑以下几点。

（1）要根据经济业务的特点，企业内部的机构设备和人员分工情况以及管理上的要求等，具体规定各种凭证的联数和传递程序。使有关部门既能按规定手续处理业务，又能利用凭证资料掌握情况，提供数据，协调一致。同时还要注意流程合理，避免不必要的环节，以加快传递速度。

（2）要根据有关部门和人员办理业务的必要手续时间，确定凭证的传递时间，时间过紧，会影响业务手续的完成，过松则影响工作效率。

（3）要通过调查研究和协商来制订会计凭证的传递程序和传递时间。原始凭证大多涉及本单位内部各个部门和经办人员，因此，会计部门会同有关部门和人员共同协商其传递程序和时间。

记账凭证是会计部门的内部凭证，可由会计主管会同制证、审核、出纳、记账等有关人员商定其传递程序和时间。

会计凭证的传递程序和传递时间确定后，可分别为若干主要业务绘制流程图或流程表，使有关人员遵守执行。执行中如有不合理的地方，可随时根据实际情况加以修改。

二、会计凭证的保管

会计凭证的保管是指会计凭证记账后的整理、装订、归档和存查工作。

会计凭证作为记账的依据，是重要的会计档案和经济资料。本单位以及有关部门、单位，可能因各种需要查阅会计凭证，特别是发生贪污、盗窃、违法乱纪行为时，会计凭证还是依法处理的有效证据。因此，任何单位在完成经济业务手续和记账之后，必须将会计凭证按规定的立卷归档制度形成会计档案资料，妥善保管，防止丢失，不得任意销毁，以便于日后随时查阅。

对会计凭证的保管，既要做到完整无缺，又要便于翻阅查找。其主要要求有以下几点。

（1）会计凭证应定期装订成册，防止散失。会计部门在依据会计凭证记账以后，应定期（每天、每旬或每月）对各种会计凭证进行分类整理，将各种记账凭按照编号顺序，连同所附的原始凭证一起加具封面、封底，装订成册，并在装订线上加贴封签，由装订人员在装订线封签处签名或盖章。

从外单位取得的原始凭证遗失时，应取得原签发单位盖有公章的证明，并注明原始凭证的号码、金额、内容等，由经办单位会计机构负责人、会计主管人员和单位负责人批准后，才能代作原始凭证。若确实无法取得证明的，如车票丢失，则应由当事人写明详细情况，由经办单位会计机构负责人、会计主管人员和单位负债人批准后，代作原始凭证。

（2）会计凭证封面应注明单位名称、凭证种类、凭证张数、起止号数、年数、月份、会计主管人员、装订人员等有关事项，会计主管人员和保管人员应在封面上签章。

（3）会计凭证应加贴封条，防止抽换凭证。原始凭证不得外借，其他单位如有特殊原因确实需要使用时，经本单位会计机构负责人、会计主管人员批准，可以复制。向外单位提供的原始凭证复制件，应在专设的登记簿上登记，并由提供人员和收取人员共同签名、盖章。

（4）原始凭证较多时，可单独装订，但应在凭证封面注明所属记账凭证的日期、编号和种类，同时在所属的记账凭证上应注明“附件另订”及原始凭证的名称和编号，以便查阅。对各种重要的原始凭证，如押金收据、提货单等，以及各种需要随时查阅和退回的单据，应另编目录，单独保管，并在有关的记账凭证和原始凭证上分别注明日期和编号。

每年装订成册的会计凭证，在年度终了时可暂时由单位会计机构保管一年，期满后应当移交本单位档案机构统一保管；未设立档案机构的，应当在会计机构内部指定专人保管。出纳人员不得兼管会计档案。

（5）严格遵守会计凭证的保管期限要求，期满前不得任意销毁。有关会计凭证保管要求详见项目九“会计档案”的介绍。

项目小结

本项目阐述会计凭证的填制和审核，本项目内容主要包括会计凭证的定义、会项目凭证的种类，原始凭证的种类及填制要求、原始凭证的审核等；记账凭证的种类及填制要求、记账凭的审核及有关会计凭证的传递与保管等相关内容。

同步练习与实践训练

一、理论与技能测试

（一）单项选择题

1．将现金送存银行 应填制的记账凭证是（ ）。

A．现金收款凭证　　B．现金付款凭证

C．银行存款收款凭证　　D．银行存款付款凭证

2．出纳人员付出货币资金的依据是（ ）。

A．收款凭证　B．付款凭证　C．转账凭证　D．原始凭证

3．企业常用的收款凭证、付款凭证、转账凭证均属于（ ）。

A．单式记账凭证　B．复式记账凭证　C．一次凭证　D．通用记账凭证

4．付款凭证左上角的“贷方科目”可能登记的科目是（ ）。

A. 预付账款　　B. 银行存款　　C. 应付账款　　D. 其他应付款

5. 会计机构和会计人员对真实、合法、合理但内容不准确、不完整的原始凭证，应当（　　）。

A. 不予受理　　B. 予以受理　　C. 予以纠正　　D. 予以退回，要求更正、补充

6. 汇总原始凭证与累计原始凭证的主要区别点是（　　）。

A. 登记的经济业务内容不同　　B. 填制时期不同

C. 会计核算工作繁简不同　　C. 填制手续和方法不同

7. 已经登记入账的记账凭证 在当年内发现有误，可以用红字填制一张与原内容相同的记账凭证，在摘要栏注明（　　）以冲销原错误的记账凭证。

A. 注销某月某日某号凭证　　B. 订正某月某日某号凭证

C. 经济业务的内容　　D. 对方单位

8. 5月25日行政管理人员将标明日期为4月25日的发票拿来报销，经审核后会计人员据该发票编制记账凭证时，记账凭证的日期应为（　　）。

A. 5月1日　　B. 4月25日　　C. 5月25日　　D. 4月30日

9. 下列凭证中属于外来原始凭证的是（　　）。

A. 收料单　　B. 发出材料汇总表 C. 购货发票　　D. 领料单

10. 接受外单位投资的材料一批，应填制（　　）。

A. 收款凭证　　B. 付款凭证　　C. 转账凭证　　D. 汇总凭证

11. 原始凭证有错误的，正确的处理方法是（　　）。

A. 向单位负责人报告　　B. 退回，不予接受

C. 由出具单位重开或更正　　D. 本单位代为更正

12. 可以不附原始凭证的记账凭证是（　　）。

A. 更正错误的记账凭证　　B. 从银行提取现金的记账凭证

C. 以现金发放工资的记账凭证　　D. 职工临时性借款的记账凭证

13. 下列不能作为填制记账凭证的原始依据的是（　　）。

A. 开工单　　B. 成本计算单　　C. 生产通知单　　D. 银行收付款通知单

14. 对金额有错误的原始凭证，正确的做法是（　　）。

A. 由出具单位在原始凭证上更正

B. 由出具单位在原始凭证上更正，并加盖出具单位印章

C. 由出具单位重开

D. 拒绝接受

15. 填制记账凭证时，错误的做法是（　　）。

A. 根据每一张原始凭证填制

B. 根据若干张同类原始凭证汇总填制

C. 将若干张不同内容和类别的原始凭证汇总填制在一张记账凭证上

D. 根据原始凭证汇总表填制

（二）多项选择题

1. 在原始凭证上书写阿拉伯数字，正确的有（　　）。

A. 金额数字一律填写到角分

B. 无角分的，角位和分位可写“00”或者符合“＿”

C. 有角无分的，分位应当写“0”

D. 有角无分的，分位也可以用符号“＿”代替

2. 原始凭证的基本内容包括（　　）。

A. 原始凭证的名称　　B. 原始凭证的种类

C. 经济业务的性质　　D. 填制单位的签章

3. 以下属于汇总原始凭证的有（　　）。

A. 差旅费报销单　B. 收料凭证汇总表　C. 限额领料单　D. 发料凭证汇总表

4. 下列原始凭证中，属于单位自制原始凭证的有（　　）。

A. 收料单　B. 限额领料单　C. 产品入库单　D. 领料单

5. 下列经济业务中，应填制付款凭证的有（　　）

A. 从银行提取现金备用　　B. 购买材料预付订金

C. 购买材料未付款　　D. 以银行存款支付前欠单位货款

6. 记账凭证可以根据（　　）编制。

A. 一张原始凭证　　B. 若干张原始凭证汇总

C. 原始凭证汇总表　　D. 明细账

7. 以下有关会计凭证的表述中正确的有（　　）。

A. 会计凭证是记录经济业务的书面证明　　B. 会计凭证可以明确经济责任

C. 会计凭证是编制报表的依据　　D. 会计凭证是登记账簿的依据

8. 记账凭证的填制除了必须做到记录真实、内容完整、填制及时、书写清楚外，还必须符合（　　）要求。

A. 如有空行，应当在空行处划线注销

B. 填制记账凭证时发生错误应当重新编制

C. 必须连续编号

D. 除另有规定外，应该有附件并注明附件张数

9. 关于原始凭证的下列说法中，正确的有（　　）。

A. 对于真实、合法、合理但内容不够完整，填写有错误的原始凭证，应该由出具单位重开或更正

B. 对于真实、合法、合理但内容不够完整，填写有错误的原始凭证，应该由本单位的会计人员代为更正

C. 金额发生错误的，可由出具单位在原始凭证上更正

D. 金额发生错误的，应当由出具单位重开

10. 记账凭证审核的主要内容有（　　）。

A. 项目是否齐全　B. 科目是否正确　C. 内容是否真实　D. 金额是否正确

11. 原始凭证审核的内容包括（　　）。

A. 经济业务内容是否真实　　　B. 会计科目使用是否正确

C. 应借应贷方向是否正确　　　D. 经济业务是否有违法乱纪行为

12. 对原始凭证发生的错误，正确的更正方法是（　　）。

A. 由出具单位重开或更正

B. 由本单位的会计人员代为更正

C. 金额发生错误的，可由出具单位在原始凭证上更正

D. 金额发生错误的，应当由出具单位重开

13. 其他单位因特殊原因需要使用本单位的原始凭证，正确的做法是（　　）。

A. 可以外借

B. 将外借的会计凭证拆封抽出

C. 不得外借，经本单位会计机构负责人或会计主管人员批准，可以复制

D. 将向外单位提供的凭证复印件在专设的登记簿上登记

14. 填制原始凭证时，符合书写要求的是（　　）。

A. 阿拉伯金额数字前面应当书写货币币种符号

B. 币种符号与阿拉伯金额数字之间不得留有空白

C. 大写金额有分的，分字后面要写“整”或“正”字

D. 汉字大写金额可以用简化字代替

15、在原始凭证上书写阿拉伯数字，正确的做法是（　　）。

A. 金额数字前书写货币币种符号

B. 币种符号与金额数字之间要留有空白

C. 币种符号与金额数字之间不得留有空白

D. 数字前写有币种符号的，数字后不再写货币单位

（三）判断题

1. 原始凭证是编制记账凭证的依据，是会计核算最基础的原始资料。（　　）

2. 原始凭证金额有错误的，应当由出具单位重开，不得在原始凭证上更正。（　　）

3. 填制原始凭证，汉字大写金额数字一律用正楷或行书字书写，汉字大写金额数字到元位或角位为止的，后面写“整”或“正”，分位的后面不写“整”或“正”。（　　）

4. 现金存入银行时，为避免重复记账只编制银行存款收款凭证，不编制现金付款凭证。（　　）

5. 已登记入账的记账凭证在当年内发生填写错误时，可以用红字填写一张与原内容相同的记账凭证，在摘要栏注明“注销某年某月某日某号凭证”字样。（　　）

6. 会计凭证传递是指从原始凭证的填制或取得起，到会计凭证归档保管止，在财会部门内部按规定的路线进行传递和处理的程序。（　　）

7. 发现以前年度记账凭证有错误，应先用红字冲销，然后用蓝字填制一张更正的记账凭证。
（　　）

8. 转账凭证只登记与库存现金和银行存款收付无关的经济业务。（　　）

9. 累计凭证是在一定期间内根据多张相同的原始凭证累计而成。（　　）

10. 审核无误的原始凭证是登记账簿的直接依据。（　　）

11. 为了简化盖章手续，可以将不同内容和类型的原始凭证汇总，填制在一张记账凭证上。
（　　）

12. 从外单位取得的原始凭证遗失时，必须取得原签发单位盖有公章的证明，并注明原始凭证的号码、金额、内容等，由经办单位会计机构负责人、会计主管人员审核签章后，才能代作原始凭证。（　　）

13. 凡是现金或银行存款增加的经济业务必须填制收款凭证。（　　）

14. 采用累计原始凭证可以减少原始凭证的张数和记账的次数。（　　）

15. 记账人员根据记账凭证记账后，在“记账符号”栏内做“√”记号。表示该笔金额已记入有关账户，以免漏记或重记。（　　）

16. 原始凭证是会计核算的原始资料和重要依据，是登记明细账的原始依据。（　　）

17. 原始凭证发生的错误，正确的更正方法是由出具单位在原始凭证上更正。（　　）

18. 已经登记入账的记账凭证，在当年内发现填写错误时，可以用红字填写凭证冲销，同时再用蓝字重新填制一张更新的记账凭证。（　　）

19. 根据规定，记账凭证必须附有原始凭证，但是，结账和更正错误的记账凭证可以不附原始凭证。（　　）

20. 会计人员对于不真实、不合法的原始凭证有权不予以接受。（　　）

二、模拟实训

1. 高新公司向B公司销售商品一批，增值税发票上注明的售价为100 000元，增值税税额为17 000元，货款尚未收到。

要求：根据以上经济业务编制有关会计分录，并填制会计凭证。

2. 大江公司营销部核定的备用金定额为20 000元，会计部门签发现金支票拨付备用金。

要求：编制会计分录，并填制会计凭证。

3. 甲公司为增值税一般纳税企业，适用的增值税税率为17%，材料采用实际成本进行日常核算。该公司2013年4月30日购买原材料一批，增值税专用发票上注明价款为60万元，增值税额为10.2万元，公司已开出承兑的商业汇票。该原材料已验收入库。

要求：根据以上经济业务编制有关会计分录，并填制会计凭证。

三、拓展训练

2011年5月1日，新华经贸发展有限公司（商品零售企业）向交通银行北京分行借入短期借款，请根据经济业务编制凭证（记字 001），如图 4-38 所示。

记 账 凭 证

字第　　号

年　月　日

摘　要	总账科目	明细科目	借方金额										贷方金额										√
			亿	千	百	十	万	千	百	十	元	角	分	亿	千	百	十	万	千	百	十	元	角	分	
合　计																								

附单据　张

会计主管：　记账：　出纳：　复核：　制单：

图 4-38　记账凭证

所附原始凭证，如图 4-39 所示。

借款借据（收账通知）

借款日期　2011 年 05 月 01 日　借据编号 201837

收款单位	名　称	新华经贸发展有限公司	付款单位	名　称	新华经贸发展有限公司
	开户账号	110006765465544111111		放款户账号	110000676652111255100
	开户银行	交通银行北京分行		开户银行	交通银行北京分行

2011.05.01 交通银行 北京分行 (01)

借款金额	人民币（大写） 伍拾万元整	千	百	十	万	千	百	十	元	角	分
			¥	5	0	0	0	0	0	0	0

借款原因及用途	生产周转资金	借款期限	六个月

你单位上列借款，已转入你单位结算户内。

此致

（银行盖章）

并联退还借款单位

图 4-39　借款借据

借款合同略。

项目五　会计账簿

学习目标

知识目标

- ✧ 理解会计账簿与会计凭证之间的关系
- ✧ 理解会计账簿的概念和种类
- ✧ 掌握会计账簿的记账规则
- ✧ 了解各种会计账簿的基本格式
- ✧ 掌握对账和结账的方法

能力目标

- ✧ 能正确设置、启用和保管会计账簿
- ✧ 能熟练登记日记账、总分类账和明细分类账
- ✧ 能正确进行对账和结账工作
- ✧ 能运用正确方法进行错账更正

案例导入

会计档案的保管问题

2010 年 10 月 10 日，甲公司收到一张应由甲公司与乙公司共同负担费用支出的原始凭证，甲公司会计人员张某以该凭证及应承担的费用进行账务处理，并保存该原始凭证；同时应乙公司要求将该原始凭证复制件提供给乙公司用于账务处理。年终，甲公司拟销毁一批保管期满的会计档案，其中有一张未结清债权债务的原始凭证，会计人员李某认为只要保管期满的会计档案就可以销毁。

启发与思考

根据我国会计法制制度的规定，回答下列问题。

1. 会计人员张某将原始凭证复制件提供给乙公司用于账务处理的做法是否正确？简要说明理由。

2. 会计人员李某的观点是否正确？简要说明理由。

学习任务一　会计账簿的概念和种类

一、会计账簿的概念和意义

（一）会计账簿的概念

会计账簿（简称“账簿”）是由具有一定格式的账页所组成，以经过审核的会计凭证为依据，全面、系统、连续地记录各项经济业务的簿籍。

从外表形式上看——账页组成。

从记录的内容看——记录各项经济业务。

（二）设置和登记账簿的意义

（1）记载、储存会计信息。

（2）分类汇总会计信息。

（3）检查、校正会计信息。

（4）编报、输出会计信息。

二、会计账簿与账户的关系

账户存在于账簿之中，账簿中的每一账页就是账户的存在形式和载体，没有账簿，账户就无法存在；账簿序时、分类地记载经济业务，是在个别账户中完成的。因此，账簿只是一个外在形式，账户才是它的真实内容，二者间的关系是形式和内容的关系。

三、会计账簿的分类

（一）账簿按用途分类

1. 序时账簿

（1）定义：又称日记账，是按照经济业务发生或完成时间的先后顺序逐日逐笔进行登记的账簿。

（2）分类。

普通日记账：将各企业单位全部经济业务不分类别依照业务发生时间顺序逐笔登记的日记账。

特种日记账：专门登记某一类经济业务发生情况的日记账。

在我国，大多数单位一般只设现金日记账和银行存款日记账，而不设置转账日记账。

2. 分类账簿

（1）定义：分类账簿是对全部经济业务事项按照会计要素的具体类别而设置的分类账户进行登记的账簿。

（2）分类。

总分类账簿：按照总分类账户分类登记全部经济业务。

明细分类账簿：按照明细分类账户分类登记某一类经济业务。

（3）序时账簿与分类账簿的比较。

序时账簿：提供连续系统的信息，反映企业资金运动的全貌。

分类账簿：按照经营与决策的需要而设置的账户，归集并汇总各类信息，反映资金运动的各种状态、形式及其构成。

在账簿组织中，分类账簿占有特别重要的地位。因为只有通过分类账簿，才能把数据按账户形成不同信息，满足编制会计报表的需要。

3. 备查账簿

（1）定义：某些在序时账簿和分类账簿等主要账簿中都不予登记或登记不够详细的经济业务事项进行补充登记时使用的账簿。

（2）特点：一是登记依据可能不需要记账凭证，甚至不需要一般意义上的原始凭证；二是账簿的格式和登记方法不同，备查账簿的主要栏目不记录金额，它更注重用文字来表述某项经济业务的发生情况。

（3）举例：租入固定资产登记簿、委托加工材料登记簿。

（二）账簿按账页格式分类

（1）两栏式账簿。

（2）三栏式账簿。总分类账、日记账以及资本、债权、债务明细账等。

（3）多栏式账簿。收入、费用明细账。

（4）数量金额式账簿。原材料、库存商品等明细账。

（三）按外表特征分类

1. 订本式账簿

（1）定义：启用之前就已将账页装订在一起，并对账页进行了连续编号的账簿。

（2）特点。

优点：能够避免账页散失和防止账页被抽换，比较安全。

缺点：因为账页固定，不能增减，不便于调整各账户的账页数量，为每一账户预留同一账簿在同一时间内只能由一人登记，不便于记账人员分工记账。

（3）适用的账簿：总分类账、现金日记账和银行存款日记账。

2. 活页式账簿

（1）定义：由若干零散的具有专门格式的账页组成的账簿。

（2）特点：账簿登记完毕之前并不固定装订在一起，而是装在活页账夹中。当账簿登记完毕后（通常是一个会计年度结束之后），才将账页予以装订，加具封面，并给各账页连续编号。

优点：可以根据实际需要增添账页，不会浪费账页，还便于同时分工记账。

缺点：账页容易散失和被抽换。

（3）适用的账务处理：一般适用明细分类账。

3. 卡片式账簿

（1）定义：卡片账是将账户所需格式印刷在硬卡上。

（2）特点。

优点：应用灵活，便于分工，数量可多可少。

缺点：如果保管不善，容易散失和被抽换。

（3）适用的账务处理：低值易耗品、固定资产等的明细账。

实际使用中：应连续编号并加盖有关人员的名章；另外，卡片箱应由专人负责保管，以保证账簿的安全；使用完毕，不再登账时，应将卡片穿孔固定保管。

【例题 5-1・单选题】生产成本的明细账一般采用（　　）。

A. 三栏式明细账　　B. 多栏式明细账

C. 数量金额式明细账　　D. 横线登记式明细账

参考答案： B

答案解析：多栏式明细账适用于收入、费用、生产成本等明细账。

【例题 5-2・单选题】可以用三栏式明细分类核算的是（　　）。

A. 管理费用　　B. 实收资本　　C. 应收账款　　D. 短期投资

参考答案：C

答案解析：三样式明细分类账格式适合于那些只需要进行金额核算，不需要进行数量核算的债权、债务、所有者权益类科目。

学习任务二　会计账簿的内容、启用与登记规则

一、会计账簿的基本内容

1. 封面

其主要标明账簿的名称。

2. 扉页

其主要用来填明会计科目索引及账簿启用和经管人员一览表，如图 5-1 所示。

账簿启用及交接表

机构名称		印签
账簿名称	（第　　册）	
账簿编号		
账簿页数	本账簿共计　　页（本账簿页数 检点人盖章　　）	
启用日期	公元　　年　　月　　日	

经营人员	负责人		主办会计		复核		记账	
	姓名	盖章	姓名	盖章	姓名	盖章	姓名	盖章

接交记录	经管人员		接管				交出			
	职别	姓名	年	月	日	盖章	年	月	日	盖章
备注										

图 5-1　账簿启用及交接表

3. 账页

账页包括以下内容。

（1）账户的名称（总账科目、二级或明细科目）；

（2）登账的日期栏；

（3）凭证种类和号数栏；

（4）摘要栏（记录经济业务内容的简要说明）；

（5）金额栏（记录经济业务的增减变动）；

（6）总页次和分页次栏。

二、会计账簿的启用

（1）启用会计账簿时，账簿封面上写明单位名称和账簿名称，并在账簿扉页上附启用表。

（2）启用订本式账簿：从第一页到最后一页顺序编定页数，不得跳页、缺号。

（3）启用活页式账簿：应当按账户顺序编号，并须定期装订成册。装订后再按实际使用的账页顺序编定页码，另加目录，记明每个账户的名称和页次。

三、会计账簿的记账规则

（1）登记会计账簿时，应当将会计凭证日期、编号、业务内容摘要、金额和其他有关资料逐项记入账内。

提示

注意日期是会计凭证日期，不是登记账簿的日期。

（2）登记完毕后，要在记账凭证上签名或者盖章，并注明已经登账的符号，表示已经记账。

（3）账簿中书写的文字和数字上面要留有适当空格，不要写满格，一般应占格距的1/2。

（4）登记账簿要用蓝黑墨水或者碳素墨水书写，不得使用圆珠笔（银行的复写账簿除外）或者铅笔书写。

（5）下列情况，可以用红色墨水记账。

① 按照红字冲账的记账凭证，冲销错误记录。

② 在不设借贷等栏的多栏式账页中，登记减少数。

③ 在三栏式账户的余额栏前，如未印明余额方向的，在余额栏内登记负数余额。

④ 根据国家统一的会计准则的规定可以用红字登记的其他会计记录。

（6）各种账簿应按页次顺序连续登记，不得跳行、隔页。如果发生跳行、隔页，应当空行、空页划线注销，或者注明“此行空白”、“此页空白”字样，并由记账人员签名或者盖章。

（7）凡需要结出余额的账户。结出余额后，应当在“借或贷”等栏内写明“借”或“贷”等字样，以示余额的方向；对于没有余额的账户，应在“借或贷”栏内写“平”字，并在“余额”栏用“0”表示。

提示

现金日记账和银行存款日记账必须逐日结出余额。

（8）每一账页登记完毕结转下页时，应当结出本页合计数及余额，写在本页最后一行和下页第一行有关栏内，并在摘要栏内注明“过次页”和“承前页”字样；也可以将本页合计数及金额只写在下页第一行有关栏内，并在摘要栏内注明“承前页”字样。

① 对需要结计本月发生额的账户，结计“过次页”的本页合计数应当为自本月初起至本页末止的发生额合计数；

② 对需要结计本年累计发生额的账户，结计“过次页”的本页合计数应当为自年初起至本页末止的累计数。

③ 对既不需要结计本月发生额，又不需要结计本年累计发生额的账户，可以只将每页末的余额结转至次页。

【例题 5-3 · 多选题】下列账簿中不能采用卡片式账簿的有（　　）。

A. 现金日记账　B. 固定资产账　C. 总分类账　D. 明细分类账

正确答案：A、C、D

答案解析：卡片账是一种活页账。在我国，企业一般只对固定资产的核算采用卡片账形式。因为固定资产在长期使用中其实物形态不变，又可能经常转移使用部门，设置卡片账便于随同实物转移。A、C、D 三项不具有这种特性，因而不能采用卡片式账簿。

学习任务三　会计账簿的格式和登记方法

一、日记账的格式和登记方法

日记账是按照经济业务发生或完成的时间先后顺序逐笔进行登记的账簿。

为了加强对货币资金的管理，各单位都应当设置现金日记账和银行存款日记账。

普通日记账：是序时地逐笔登记各项经济业务的账簿，它核算和监督全部经济业务的发生和完成情况。

特种日记账：用来核算和监督某一类型经济业务的发生和完成情况的账簿。

（一）现金日记账的格式和登记方法

1. 现金日记账的格式

现金日记账其格式有三栏式和多栏式两种。

（1）三栏式日记账。金额是三栏（借、贷、余额栏），如图 5-2 所示。

现金日记账

年		凭证号数	对方科目	摘要	借方										贷方										余额									
月	日				千	百	十	万	千	百	十	元	角	分	千	百	十	万	千	百	十	元	角	分	千	百	十	万	千	百	十	元	角	分

图 5-2　三栏式现金日记账

（2）多栏式日记账。将收入栏和付出栏分别按照对方科目设置若干专栏，也就是将收入栏按贷方科目设专栏，付出栏按借方科目设专栏。

2. 现金日记账的登记方法

（1）基本程序：现金日记账由出纳人员根据同现金收付有关的记账凭证，按照时间顺序逐日逐笔进行登记，并根据“上日余额+本日收入-本日支出=本日余额”的公式，逐日结出现金余额，与库存现金实存数核对，以检查每日现金收付是否有误。

提示

登记人员为出纳人员；依据为现金收付有关的记账凭证，包括现收、现付、银付。

注意

对于从银行提取库存现金的业务，由于规定只填银行存款的付款凭证，不填制库存现金收款凭证。因此，从银行提取库存现金的收入数，应根据银行存款付款凭证登记。

（2）登记方法。

第一，日期栏：指记账凭证的日期。

第二，凭证栏：指登记入账的收付款凭证的种类和编号。

第三，摘要栏：简要说明登记入账的经济业务的内容。

第四，收入、支出栏：指现金实际收付的金额（日清、月结）。

（二）银行存款日记账的格式和登记方法

（1）格式：银行存款日记账的格式与现金日记账的格式相同，如图 5-3 所示。

（2）基本程序：银行存款日记账通常也是由出纳人员根据审核后的银行存款收、付款凭证按经济业务发生时间的先后顺序，逐日逐笔进行登记的账簿。

提示

登记人员为出纳人员；依据为银行存款有关的记账凭证，包括银收、银付、现付。

注意

对库存现金存入银行的业务，由于只填制库存现金付款凭证，不填制银行存款收款凭证，因而这种业务的存款收入数，应根据有关库存现金付款凭证登记。

（3）登记方法。

第一，日期栏：指记账凭证的日期。

第二，凭证栏：指登记入账的收付款凭证的种类和编号。

第三，对方科日栏：指银行存款收入的来源科目或支出的用途科目。

第四，摘要栏：简要说明登记入账的经济业务的内容。

第五，收入、支出栏：指银行存款实际收付的金额。

银行存款日记账

年		凭证号数	对方科目	摘　要	√	借　方										贷　方										余　额									
月	日					千	百	十	万	千	百	十	元	角	分	千	百	十	万	千	百	十	元	角	分	千	百	十	万	千	百	十	元	角	分

图 5-3　三栏式银行存款日记账

二、总分类账的格式和登记方法

（一）总分类账的格式

（1）总分类账的账页格式有三栏式和多栏式两种。

（2）总分类账最常用的格式为三栏式（见图 5-4），设置借方、贷方和余额三个基本金额栏目。

（3）一切单位都要设置总分类账。

（二）总分类账的登记方法

（1）总分类账登记的依据和方法主要取决于所采用的账务处理程序。

（2）它可以直接根据记账凭证逐笔登记，也可以通过一定的汇总方式，先把各种记账凭证汇总编制成科目汇总表或汇总记账凭证，再据以登记。

（3）月清后，作为编制会计报表的主要依据。

科目编号　　　　　　　　　　　　　总　　账　　　　　　　　　　　第　　页

科目名称

年		凭证		对方科目	摘　要	借　方	贷　方	借或贷	余　额
月	日	种类	号数			十亿千百十万千百十元角分	十亿千百十万千百十元角分		十亿千百十万千百十元角分

图 5-4　三栏式总分类账格式

三、明细分类账的格式和登记方法

（一）明细分类账的格式

（1）三栏式明细分类账。适合于那些只需要进行金额核算的账户，如“应收账款”（见图 5-5）、“应付账款”等科目的明细核算。

（2）多栏式明细分类账。多栏式明细分类账将属于同一个总账科目的各个明细科目合并在一张账页上进行登记。

适用：成本费用类科目的明细核算。

借方多栏：如“材料采购”、“生产成本”、“制造费用”、“管理费用”（见图 5-6）、“财务费用”、“营业外支出”等科目的明细分类核算。

贷方多栏：如“主营业务收入”、“营业外收入”等科目的明细分类核算。

借贷方均多栏：如“本年利润”科目 和 “应交税费——应交增值税”等科目的明细分类核算。

总第　　页　分第　　页

级科目编号及名称

应收账款

年		凭证		摘　要	对方科目	借　方	贷　方	借或贷	余　额
月	日	种类	号数			十亿千百十万千百十元角分	十亿千百十万千百十元角分		十亿千百十万千百十元角分

图 5-5　三栏式应收账款明细账

管理费用明细账

年		凭证号数	摘　要	费用项目					
月	日			十万千百十元角分	十万千百十元角分	十万千百十元角分	十万千百十元角分	十万千百十元角分	十万千百十元角分

图 5-6　管理费用明细账

对于借方多栏式来说，借方登记成本、费用损失的发生额；贷方登记月末将借方发生额一次转出的数额，所以平时如果发生贷方发生额，应该用红字在借方多栏中登记。

同样，对于贷方多栏式明细分类账，只在贷方设多栏，平时贷方登记收入的发生额，当发生退货业务时，应用红字在贷方登记退货金额。

（3）数量金额式明细分类账。适用于既要进行金额核算又要进行数量核算的账户，如“原材料”（见图 5-7）、“库存商品”等科目的明细分类核算。

最高存量＿＿＿＿＿＿＿＿ 原材料明细账　　　　总页第　　页　分页第　　页

最低存量　　储存地点　　计量单位　　规格　　类别　　货号　　货名

年		凭证		摘要	收入			发出			结存		
					数量	单价	金额	数量	单价	金额	数量	单价	金额
月	日	种类	号数				千百十万千百十元角分			千百十万千百十元角分			千百十万千百十元角分

图 5-7　原材料明细账

（4）横线登记式明细分类账。采用横线登记，即将每一相关的业务登记在一行，从而可依据每一行各个栏目的登记是否齐全来判断该项业务的进展情况。

适用：材料采购业务、应收票据和一次性备用金业务。

（二）明细分类账的登记方法

不同类型经济业务的明细分类账可根据管理需要，依据记账凭证、原始凭证或汇总原始凭证逐日逐笔或定期汇总登记。

固定资产、债权、债务等明细账应逐日逐笔登记。

库存商品、原材料、产成品收发明细账以及收入、费用明细账可以逐笔登记，也可定期汇总登记。

【例题 5-4·单选题】登记账簿的依据是（　　）。

A. 原始凭证　　B. 记账凭证　　C. 会计凭证　　D. 审核无误的会计凭证

参考答案：D

答案解析：只有审核无误的会计凭证才能作为登记账簿的依据，因此 A、B、C 项都不确切。

【例题 5-5·判断题】登记账簿时，发生的空行要用斜线注销，发生的空页则可以撕掉。（　　）

参考答案：×

答案解析：年度终了，日记账、总分类账和多数明细账都要更换，但变动较小的明细账以及备查账可以连续使用，不进行更换。

学习任务四　对账

一、账证核对

账证核对是指对会计账簿记录与原始凭证、记账凭证的时间、凭证字号、内容、金额是否一致，记账方向是否相符。一般是在日常编制凭证和记账过程中进行，检查所记账目是否正确。

二、账账核对

（1）总分类账簿有关账户的余额核对。总分类账的借方期末余额合计数与贷方期末余额合计数应核对相等。

（2）总分类账簿与所属明细分类账簿核对。总分类账的借、贷方本期发生额和期末余额与所属明细分类账的借、贷方本期发生额和期末余额之和应核对相等。

（3）总分类账簿与序时账簿核对。现金日记账和银行存款日记账期末余额应与总分类账的库存现金、银行存款期末余额核对相符。

（4）明细分类账簿之间的核对。会计部门财产物资明细分类账期末余额与财产物资保管和使用部门的有关财产物资明细分类账期末余额应核对相符。

三、账实核对

（1）现金日记账账面余额与库存现金数额是否相符。现金日记账账面余额应每天同库存现金实际库存数相核对。

（2）银行存款日记账账面余额与银行对账单的余额是否相符。银行存款日记账的账面余额，应同开户银行寄送企业的银行对账单相核对，一般至少一月核对一次。

（3）各项财产物资明细账账面余额与财产物资的实有数额是否相符。

（4）有关债权、债务明细账账面余额与对方单位的账项记录是否相符。

【例题 5-6·多选题】期末结账时，对没有余额的账户应当（　　）。

A. 在“借”或“贷”余额方向栏内写“平”字

B. 在余额栏内填写“0”字

C. 在“借”或“贷”余额方向栏内写“0”字

D. 在余额栏内填写“平”字

参考答案：A、B

答案解析：按照《会计基础工作规范》要求，结账时对没有余额的账户应在“借”或“贷”余额方向栏内写“平”字，在余额栏内填写“0”字。

学习任务五　错账更正方法

账簿记录发生错误，不准涂改、挖补、刮擦或者用药水消除字迹，不准重新抄写。

一、划线更正法（红线更正法）

适用范围：账簿记录有错误，而记账凭证并无错误。

更正的方法：先在错误的文字或数字上划一条红线表示注销原有记录，然后在注销的错误数字或文字上面的空白处书写正确数字或文字的一种方法，并由记账人员在更正处盖章，以明确责任。

注意，对于错误数字应当全部划线，不是只划写错的个别数字。对划线的数字不许全部涂抹，应当使原有字迹仍能辨认，以备日后查考。对于文字错误，可只划去错误的部分。

二、红字更正法（红字冲账法）

（一）记账凭证中的会计科目错误

用红字填写一张与原记账凭证完全相同的记账凭证，以示注销原记账凭证，然后用蓝字填写一张正确的记账凭证，并据以记账。

记账凭证的会计科目走错，先冲销，后订正。

例：企业基本生产车间维修车间大门领用材料 2 000 元。

借：生产成本　　2 000

　　贷：原材料　　2 000

冲销×年×月×号凭证

借：生产成本　　2 000

　　贷：原材料　　2 000

订正×年×月×号凭证

借：制造费用　　2 000

　　贷：原材料　　2 000

（二）记账凭证会计科目无误而所记金额大于应记金额

按多记的金额用红字编制一张与原记账凭证应借、应贷科目完全相同的记账凭证，以冲销多记的金额，并据以记账。

`会计科目没错，实计金额大于应记金额，直接冲掉多计金额。

例：计提车间机械设备折旧 2 000 元。

借：制造费用——折旧费　　20 000

贷：累计折旧　　20 000

订正×年×月×日凭证，冲掉多计金额

借：制造费用——折旧费　　18 000

贷：累计折旧　　18 000

三、补充登记法

（1）适用范围：原记账凭证中的应借、应贷会计科目并无错误，而已记金额小于应记金额时更正错账所采用的一种方法（金额要素少记）。

（2）更正方法：按少记金额用蓝字编制一张与原记账凭证应借、应贷科目完全相同的记账凭证，以补充少记金额，并据以记账。

摘要："补记×月×日第×号记账凭证少记金额"。

例：摊销本月房租 5 000 元。

借：管理费用　　500

贷：待摊费用——房租　　500

补充登记×年×月×号凭证少计金额。

借：管理费用　　4 500

贷：待摊费用——房租　　4 500

【例题 5-7 · 多选题】在会计账簿登记中，可以用红色墨水记账的有（　　）。

A. 更正会计科目和金额同时错误的记账凭证

B. 登记减少数

C. 未印有余额方向的，在余额栏内登记相反方向数额

D. 更正会计科目正确但金额多记的记账凭证

参考答案：A、C、D

答案解析：红色墨水记账在会计上有特定的含义，一般只有用红字更正错账时使用，以及在未印有余额方向的账簿中在余额栏内登记相反方向数额时使用，所以 A、C、D 选项正确。

学习任务六　结账

结账就是在将一定时期内所发生的全部经济业务登记入账的基础上，计算并记录本期发生额和期末余额，将其余额结转到下期或者重新入账。

月末、季末、年末都必须进行结账。

一、结账的程序

（1）将本期发生的经济业务事项全部登记入账，并保证其正确性。

（2）根据权责发生制的要求，调整有关账项，合理确定本期应计的收入和应计的费用。

（3）将损益类科目转入“本年利润”科目，结平所有损益类科目。

（4）结算出资产、负债和所有者权益科目的本期发生额和余额，并结转至下期。

二、结账的方法

（1）对不需要按月结计本期发生额的账户，如各项应收款明细账和各项财产物资明细账等，每次记账以后都要随时结出余额，每月最后一笔余额即为月末余额。也就是说，月末余额就是本月最后一笔经济业务记录的同一行内的余额。月末结账时，只需要在最后一笔经济业务记录之下划一单红线，不需要再结计一次余额。

划线的目的是为了突出有关数字，表示本期的会计记录已经截止或者结束，并将本期与下期的记录明显分开。

（2）现金、银行存款日记账和需要按月结计发生额的收入、费用等明细账。每月结账时，要在最后一笔经济业务记录下面划一单红线，结出本月发生额和余额，在摘要栏内注明“本月合计”字样，在下面再划一条单红线。

（3）需要结计本年累计发生额的某些明细账户，如产品销售收入、成本明细账等，每月结账时，应在“本月合计”行下结计自年初起至本月末止的累计发生额，登记在月份发生额下面，在摘要栏内注明“本年累计”字样，并在下面再划一单红线。12 月月末的“本年累计”就是全年累计发生额，全年累计发生额下划双红线。

（4）总账账户平时只须结计月末余额。年终结账时，为了反映全年各项资产、负债及所有者权益增减变动的全貌，便于核对账目，要将所有总账账户结计全年发生额和年末余额，在摘要栏内注明“本年合计”字样，并在合计数下划一双红线。

（5）年度终了结账时，有余额的账户，要将其余额结转至下年，并在摘要栏注明“结转下年”字样；在下一会计年度新建有关会计账户的第一行余额栏内填写上年结转的余额，在摘要栏内填写“上年结转”字样。

【例题 5-8・单选题】不属于总分类账和明细分类账平行登记要点的是（　　）。

A. 方向相同　　B. 方法相同　　C. 金额相同　　D. 期间相同

参考答案：B

答案解析：登记总分类账户和明细分类账户的要点不包括“方法相同”这一点，因为登记总账和明细分类账的方法不一定相同。

【例题 5-9・单选题】对于现金及银行存款日记账，月末结账时应在“本月合计”栏（　　）。

A. 上下通栏划单红线　　B. 下面通栏划单红线

C.下面划双红线　　D. 金额栏内划单红线

正确答案：A

答案解析：根据《会计基础工作规范》要求，对于现金及银行存款日记账，记账时应在最后一笔业务下通栏划单红线，然后结算出本月发生额等余额，在摘要栏内写“本月合计”，再在“本月合计”栏下面通栏划单红线，故应为 A。

学习任务七　会计账簿的更换与保管

一、会计账簿的更换

会计账簿的更换通常在新会计年度建账时进行。

现金日记账、银行存款日记账、总分类账和大多数明细账应每年更换一次。

财产物资明细账和债权债务明细账、固定资产卡片账等不必每年更换，各种备查账簿也可以连续使用。

二、会计账簿的保管

会计账簿暂由本单位财务会计部门保管一年，期满之后，由财务会计部门编造清册移交本单位的档案部门保管。

【例题 5-10・判断题】固定资产明细账不必每年更换，可以连续使用。（　　）

参考答案：√

各类账簿的适用条件如表 5-1 所示。

表 5-1　　各类账簿的适用条件

账簿	适用条件
两栏式账簿	普通日记账、转账日记账
三栏式账簿	各种日记账、总分类账以及资本、债权、债务明细账
多栏式账簿	收入、费用明细账
数量金额式账簿	原材料、库存商品等明细账
订本式账簿	总分类账、现金日记账、银行存款日记账
活页式账簿	一般适用于明细分类账
卡片式账簿	固定资产明细账
三栏式明细分类账	适用于只进行金额核算的账户，如“应收账款”、“应付账款”
借方多栏式明细分类账	材料采购、生产成本、制造费用、管理费用、财务费用、营业外支出
贷方多栏式明细分类账	主营业务收入、营业外收入
借、贷方均多栏式明细分类账	“本年利润”、“应交税费——应交增值税”

【例题 5-11・单选题】《会计档案管理办法》规定，会计移交清册的保管期限为（　　）。

A. 10 年　　B. 15 年　　C. 25 年　　D. 永久保存

参考答案：B

答案解析：按《会计档案管理办法》的规定，会计移交清册的保管期限为 15 年。

项目小结

本项目主要介绍会计账簿的概念、账簿的种类、账簿的格式、账簿的登记方法以及对账、错账更张、结账还有账簿的更换和保管。

同步练习与实践训练

一、理论与技能测试

（一）单项选择题

1. 下列适合采用多栏式明细账格式核算的是（　　）。

A. 原材料　B. 制造费用　C. 应付账款　D. 库存商品

2. 下列各项中，适用于卡片账的是（　　）。

A. 现金日记账　B. 总账　C. 银行日记账　D. 固定资产明细账

3. 能够总括反映企业某一类经济业务增减变动的会计账簿是（　　）。

A. 总分类账　B. 明细分类账　C. 备查账　D. 序时账

4. 下列做法错误的是（　　）。

A. 现金日记账采用三栏式账簿　B. 产成品明细账采用数量金额式账簿

C. 生产成本明细账采用三栏式账簿　D. 制造费用明细账采用多栏式账簿

5. 下列各账簿中，必须逐日逐笔登记的是（　　）。

A. 库存现金总账　B. 银行存款日记账　C. 库存商品明细账　D. 应付票据登记簿

6. 下列关于总账的登记方法说法错误的是（　　）。

A. 总分类账的登记方法取决于账务处理程序

B. 总分类账可以根据汇总记账凭证登记

C. 总分类账可以根据科目汇总表登记

D. 总分类账不可根据记账凭证直接登记

7. 在登记账簿时，如果经济业务发生日期为 2004 年 11 月 12 日，编制记账凭证日期为 11 月 16 日，登记账簿日期为 11 月 17 日，则账簿中“日期”栏登记的时间为（　　）。

A. 11 月 12 日　B. 11 月 16 日

C. 11 月 17 日　D. 11 月 16 日或 11 月 17 日均可

8. 下列适合采用多栏式明细账格式核算的是（　　）。

A. 固定资产　B. 应收账款　C. 管理费用　D. 原材料

9. 下列明细分类账中，应该采用数量金额式明细分类账的是（　　）。

A. 原材料明细分类账　B. 应收账款明细分类账

C. 制造费用明细分类账　D. 预提费用明细分类账

10. 在下列明细分类账中，一般不宜采用三栏式账页格式的是（　　）。

A. 应收账款明细账　B. 应付账款明细账

C. 实收资本明细账　D. 原材料明细账

11. 专门记载某一类经济业务的序时账簿称为（　　）。

A. 普通日记账　B. 特种日记账　C. 转账日记账　D. 分录簿

12. 一般情况下，不须根据记账凭证登记的账簿是（　　）。

A. 总分类账　B. 明细分类账　C. 备查账　D. 日记账

13. 下列说法不正确的是（　　）。

A. 凡需要结出余额的账户，结出余额后，应当在"借或贷"等栏内写明"借"或者"贷"等字样

B. 没有余额的账户，应当在"借或贷"等栏内写"-"，并在余额栏内用"0"表示

C. 现金日记账必须逐日结出余额

D. 银行存款日记账必须逐日结出余额

14. 下列说法不正确的是（　　）。

A. 出纳人员主要负责登记现金日记账和银行存款日记账

B. 现金日记账由出纳人员根据现金的收、付款凭证，逐日逐笔顺序登记

C. 银行存款日记账应该定期或者不定期与开户银行提供的对账单进行核对，每月至少核对三次

D. 现金日记账和银行存款日记账，应该定期与会计人员登记的现金总账和银行存款总账核对

15. 在登记账簿过程中，每一账页的最后一行及下一页第一行都要办理转页手续，是为了（　　）。

A. 便于查账　B. 防止遗漏　C. 防止隔页　D. 保持记录的连续性

16. 从银行提取现金，登记库存现金日记账的依据是（　　）。

A. 库存现金收款凭证　B. 银行存款收款凭证

C. 库存现金付款凭证　D. 银行存款付款凭证

17. "应交税费——应交增值税"明细账应采用的格式是（　　）。

A. 借方多栏式　B. 贷方多栏式　C. 借方贷方多栏式 D. 三栏式

18. 对某些在序时账簿和分类账簿等主要账簿中都不予登记或登记不够详细的经济业务事项进行补充登记时使用的账簿称为（　　）。

A. 日记账　B. 总分类账簿　C. 备查账簿　D. 联合账簿

19. 总分类账户与其明细分类账户的主要区别在于（　　）。

A. 记录经济业务的详细程度不同　B. 记账的依据不同

C. 记账的方向不同　D. 记账的期间不同

20. 下列不属于对账的是（　　）。

A. 账簿记录与原始凭证之间的核对

B. 总分类账簿与其所属明细分类账簿之间的核对

C. 现金日记账的期末余额合计与现金总账期末余额的核对

D. 财产物资明细账账面余额与财产物资实存数额的核对

21. 下列对账工作中属于账实核对的是（　　）。

A. 企业银行存款日记账与银行对账单核对

B. 总分类账与所属明细分类账核对

C. 会计部门的财产物资明细账与财产物资保管部门的有关明细账相核对

D. 总分类账与日记账核对

22. 采用补充登记法是因为（　　）导致账簿错误。

A. 记账凭证上会计科目错误

B. 记账凭证上记账方向错误

C. 记账凭证上会计科目或记账方向正确，所记金额大于应记金额

D. 记账凭证上会计科目或记账方向正确，所记金额小于应记金额

23. 更正错账时，划线更正法的适用范围是（　　）。

A. 记账凭证上会计科目或记账方向错误，导致账簿记录错误

B. 记账凭证正确，在记账时发生错误，导致账簿记录错误

C. 记账凭证上会计科目或记账方向正确，所记金额大于应记金额，导致账簿记录错误

D. 记账凭证上会计科目或记账方向正确，所记金额小于应记金额，导致账簿记录错误

24. 在月末结账前发现所填制的记账凭证将科目方向记反，并已过账，按照有关规定，更正时应采用的错账更正方法最好是（　　）。

A. 划线更正法　B. 平行登记法　C. 补充登记法　D. 红字更正法

25. 在月末结账前发现所填制的记账凭证无误，根据记账凭证登记账簿时，将 1 568 元误记为 1 586 元，按照有关规定，更正时应采用的错账更正方法是（　　）。

A. 划线更正法　B. 红字更正法　C. 补充登记法　D. 平行登记法

26. 下列情况不可以用红色墨水记账的是（　　）。

A. 冲账的记账凭证，冲销错误记录

B. 在不设借贷等栏的多栏式账页中，登记减少数

C. 在三栏式账户的余额栏前，印明余额方向的，在余额栏内登记负数余额

D. 在三栏式账户的余额栏前，未印明余额方向的，在余额栏内登记负数余额

27. 下列说法正确的是（　　）。

A. 企业应收应付账款明细账与对方单位账户记录核对属于账账核对

B. 所有账簿，每年必须更换新账

C. 除结账和更正错账外，一律不得用红色墨水登记账簿

D. 账簿记录正确并不一定保证账实相符

28. 结账时，应当划通栏双红线的是（　　）。

A. 12 月末结出全年累计发生额后　B. 各月末结出本年累计发生额后

C. 结出本季累计发生额后　D. 结出当月发生额后

29. 年度结账时，应在“本年累计”行下划（　　）。

A. 通栏单红线　B. 通栏双红线　C. 半栏单红线　D. 半栏双红线

30. 企业的结账时间应为（　　）。

A. 每项经济业务登账后　B. 每日终了时

C. 一定时期终了时　D. 会计报表编制后

（二）多项选择题

1. 会计账簿按其用途的不同，可以分为（　　）。

A. 分类账簿　B. 活页账簿　C. 备查账簿　D. 数量金额式账簿

2. 会计账簿按账页格式的不同，可以分为（　　）。

A. 两栏式账簿　B. 多栏式账簿　C. 备查账簿　D. 数量金额式账簿

3. 会计账簿按其外形特征的不同，可以分为（　　）。

A. 备查账簿　B. 订本账　C. 活页账簿　D. 数量金额式账簿

4. 在会计账簿扉页启用表上填列的内容包括（　　）。

A. 账簿名称　B. 单位名称　C. 账户名称　D. 启用日期

5. 必须采用订本式账簿的有（　　）。

A. 现金日记账　B. 固定资产明细账

C. 银行存款日记账　D. 管理费用总账

6. 下列说法错误的是（　　）。

A. 现金日记账采用数量金额式账簿　B. 产成品明细账采用数量金额式账簿

C. 生产成本明细账采用三栏式账簿　D. 制造费用明细账采用多栏式账簿

7. 实际工作中，采用三栏式账页格式的账户有（　　）。

A. 总分类账　B. 债权债务明细分类账

C. 存货明细分类账　D. 现金日记账

8. 会计账簿登记规则包括（　　）。

A. 记账必须有依据

B. 按页次顺序连续记账

C. 账簿记载的内容应与记账凭证一致，不得随便增减

D. 结清余额

9. 以下属于备查账簿的有（　　）。

A. 租入固定资产登记簿　B. 代销商品登记簿

C. 受托加工材料登记簿　D. 材料采购明细账

10. 以下凭证可能在库存现金日记账的收入栏进行登记的有（　　）。

A. 库存现金收款凭证　B. 库存现金付款凭证

C. 银行存款收款凭证　D. 银行存款付款凭证

11. 下列说法中，正确的有（　　）。

A. 短期借款明细账应采用三栏式账页格式

B. 现金日记账采用订本式账簿

C. 多栏式明细账一般适用于成本费用、收入和利润类明细账

D. 对账的内容包括账证核对、账账核对、账实核对

12. 下列符合登记会计账簿基本要求的有（　　）。

A. 文字和数字的书写应占格距的1/3　B. 不得使用圆珠笔书写

C. 应连续登记，不得跳行、隔页　　D. 无余额的账户，在“借或贷”栏内写“0”

13. 以下表述正确的有（　　）。

A. 多栏式明细账一般适用于资产类账户

B. 在会计核算中，一般应通过财产清查进行账实核对

C. 因记账凭证错误而造成的账簿记录错误，一定采用红字更正法进行更正

D. 各种日记账、总账及资本、债权债务明细账都可以采用三栏式账簿

14. 银行存款日记账的登记方法正确的是（　　）。

A. 由出纳人员进行登记

B. 其借方根据银行存款的收款凭证或现金的付款凭证登记

C. 其贷方根据银行存款的付款凭证登记

D. 出纳人员应定期与会计人员登记的银行存款总账核对相符

15. 总分类账一般采用（　　）。

A. 订本式　B. 活页式　C. 三栏式　D. 多栏式

16. 下列账簿中，不能采用卡片式账簿的有（　　）。

A. 现金日记账　B. 固定资产明细账

C. 总分类账　D. 应收账款明细分类账

17. 下列账户的明细账账页格式应采用三栏式的有（　　）。

A. 原材料　B. 应交税费　C. 应收账款　D. 应付账款

18. 下列账户的明细账账页格式应采用多栏式的有（　　）。

A. 管理费用　B. 原材料　C. 财务费用　D. 包装物

19. 下列账户的明细账页格式应采用数量金额式的有（　　）。

A. 包装物　B. 原材料　C. 库存现金　D. 库存商品

20. 下列观点中，正确的有（　　）。

A. 总分类账户提供总括核算指标

B. 不是所有账户都需要开设明细分类账户

C. 明细分类账户提供详细、具体的核算指标

D. 总账必须采用订本式账簿

21. 总分类账与明细分类账的平行登记要点有（　　）。

A. 依据相同　B. 期间相同　C. 金额相等　D. 方向相同

22. 有关总分类账户和明细分类账户的关系，下列表述中正确的有（　　）。

A. 总分类账户对明细分类账户具有统驭控制作用

B. 明细分类账户对总分类账户具有补充说明作用

C. 总分类账户与其所属明细分类账户在总金额上应当相等

D. 总分类账户与明细分类账户提供信息的详细程度不同

23. 会计账簿中，下列（　　）可以用红色墨水记账。

A. 按照红字冲账的记账凭证，冲销错误记录

B. 在不设借贷等栏的多栏式账页中，登记减少数

C. 在三栏式账户的余额栏前，如未印明余额的方向的（如借或贷），在余额栏内登记负数余额

D. 会计制度中规定可以用红字登记的其他会计记录

24. 可用于更正因记账凭证错误而导致账簿登记错误的错账更正方法有（　　）。

A. 划线更正法　　B. 红字更正法　　C. 补充登记法　　D. 顺查法

25. 收回货款 1 500 元存入银行，记账凭证中误将金额填为 15 000 元，并已登记入账。错账的更正方法有（　　）。

A. 用红字更正法更正

B. 用蓝字借记“银行存款”账户 1 500 元，贷记“应收账款”账户 1 500 元

C. 用红字借记“应收账款”账户 15 000 元，贷记“银行存款”账户 15 000 元

D. 用红字借记“银行存款”账户 13 500 元，贷记“应收账款”账户 13 500 元

26. 对账的内容包括（　　）。

A. 证证核对　　B. 账证核对　　C. 账账核对　　D. 账款核对

27. 账账核对包括（　　）。

A. 总账与有关账户的余额核对

B. 总账与明细账核对

C. 总账与日记账核对

D. 会计部门的财产物资明细账与财产物资保管和使用部门的有关明细账核对

28. 下列（　　）属于账实核对的工作内容。

A. 现金日记账的账面余额与实际库存数核对

B. 银行存款日记账账面余额与银行对账单核对

C. 各种债权、债务明细账账面余额与有关单位（或个人）核对

D. 各种财产物资实有数与相应明细账核对

29. 结账时，正确的做法有（　　）。

A. 结出当月发生额的，在“本月合计”下面通栏划单红线

B. 每月结账时，结出本年累计发生额的，在“本年累计”下面通栏划单红线

C. 12 月末，结出全年累计发生额的，在下面通栏划单红线

D. 12 月末，结出全年累计发生额的，在下面通栏划双红线

30. 下列内容中，属于结账工作的有（　　）。

A. 结算有关账户的本期发生额及期末余额

B. 编制试算平衡表

C. 清点库存现金

D. 按照权责发生制对有关账项进行调整

（三）判断题

1. 账簿中的每一账页是账户的存在形式和载体，而账户是账簿的具体内容，因此，账户与账簿的关系是形式与内容的关系。（　　）

2. 为便于管理，“应收账款”、“应付账款”的明细账必须采用多栏式明细分类账格式。（　　）

3. 三栏式账簿是指具有日期、摘要、金额三个栏目格式的账簿。（　　）

4. 每月将银行存款日记账的账面余额与银行对账单进行核对，是账实核对的主要内容之一。（　　）

5. 启用订本式账簿，除在账簿扉页填列“账簿启用和经管人员一览表”外，还应从第一页到最后一页顺序编定页数，不得跳页、缺号。（　　）

6. 各账户在一张账页记满时，应在该账页最后一行结出余额，并在“摘要”栏注明“转次页”字样。（　　）

7. 登记账簿时，发生的空行、空页一定要补充书写，不得注销。（　　）

8. 企业的序时账簿必须采用订本式账簿。（　　）

9. 银行存款日记账是由出纳人员根据审核后的收款凭证、付款凭证逐日逐笔序时登记的账簿。（　　）

10. 在会计核算中，既要求进行金额核算，又要求进行实物数量核算的各种财产物资，应使用数量金额式明细分类账。（　　）

11. 在每个会计期间可多次登记账簿，但结账只能一次。（　　）

12. 备查账簿也称辅助账簿，是指对总账中未记录或记录不全的经济业务进行补充登记的账簿。（　　）

13. 只须按月结计本期发生额，但不须结计本年累计发生额的账户，月末结账时，只须在最后一笔经济业务事项记录之下通栏划单红线，不需要再结计一次余额。（　　）

14. 从银行提取现金的业务应同时根据库存现金收款凭证登记库存现金日记账和银行存款日记账。（　　）

15. 出纳员应在现金日记账每笔业务登记完毕，即结出余额，并与库存现金进行核对。（　　）

16. 在明细账的核算中，只需要进行金额核算的，必须使用三栏式明细账。（　　）

17. 账簿中书写的文字和数字上面要留有适当空距，一般应占格距的1/2，以便于发现错误时进行修改。（　　）

18. 无论分类账簿还是序时账簿，都需要以记账凭证作为记账依据。（　　）

19. 现金日记账和银行存款日记账必须定期结出余额。（　　）

20. 总账与明细账的平行登记中，“期间相同”是指对发生的经济业务在同一天登记总账与明细账。（ ）

21. 总分类账与明细分类账的登记应同时进行。（ ）

22. 会计账簿作为重要的经济档案，因保存期长，必须使用蓝色或黑色的笔书写。（ ）

23. 账账核对就是指企业银行存款日记账与银行对账单的核对。（ ）

24. 已经登记入账的记账凭证，在当年内发现填写错误时，可以用红字填写凭证冲销，同时再用蓝字重新填制一张更正的记账凭证。（ ）

25. 固定资产明细账不必每年更换，可以连续使用。（ ）

26. 办理月结，应在各账户最后一笔记录下面划一条通栏红线，在红线下计算出本月发生额及月末余额，并在摘要栏注明“本月合计”或“本月发生额及余额”字样，然后在下面再划一条蓝线。（ ）

27. 年度结账后，对于发生额很少的总账，不必更换新账。（ ）

28. 红字更正法，就是用红字书写编制一张与原来错误的记账凭证相同的凭证进行冲账的方法。（ ）

29. 会计科目和方向没有错误，所填金额小于应记的金额，导致账簿记录错误的，适用于划线更正法。（ ）

30. 记账凭证正确，登账时出现的文字错误，不能使用划线更正法进行更正。（ ）

31. 补充登记法适用于记账后，发现记账凭证应借、应贷的账户对应关系正确，但所记金额小于应记金额的情况。（ ）

32. 划线更正法是在错误的文字或数字上划一红线注销，然后在其上端用红字填写正确的文字或数字，并由记账人员加盖图章，以明确责任。（ ）

二、模拟实训

甲公司属于工业企业，为增值税一般纳税人。该公司会计人员在结账前进行对账时，发现如下错账（会计分录中的金额单位为万元）：

（1）用存出投资款 100 万元购买乙公司股票作为交易性金融资产，买价中包含 10 万元已宣告未发放的现金股利。编制的会计分录为：

借：短期投资 100

　　贷：银行存款 100

（2）销售商品一批，增值税专用发票上注明售价 100 万元，增值税 17 万元。款项已收到存入银行。编制的会计分录为：

借：银行存款 11.7

　　贷：主营业务收入 10

　　　　应交税费——应交增值税（销项税额） 1.7

（3）以银行存款支付广告费 20 万元。编制的会计分录为：

借：销售费用 20

贷：银行存款　　　　　　　　　　　　　　　　　　　　　　　　　　20

甲公司登记账簿时，在“销售费用”和“银行存款”账户登记的金额为2万元。

要求：

（1）指出对上述错账应采用何种更正方法。

（2）分别编制错账更正会计分录。

“应交税费”科目要求写出明细科目及专栏名称，答案中的金额单位用万元表示。

三、拓展训练

1. 某企业“原材料”账户5月1日余额为36 500元，其中：甲材料650千克，单价20元；乙材料2 350千克，单价10元。本月发生下列原材料收发业务：

（1）购入甲材料480千克，单价20元；乙材料1 000千克，单价10元。材料已经验收入库，货款已付。

（2）仓库发出材料各类用途如下：生产产品领用甲材料360千克，乙材料1 500千克，车间领用甲材料200千克，行政管理部门领用乙材料500千克。

要求：

（1）编制本月业务的会计分录；

（2）开设并登记原材料总账（丁字账户）和明细分类账户。

2. 某企业生产A、B两种产品，5月份有关资料如下：

（1）期初结存的未完工A产品各成本项目余额如下：直接材料费1 212元、直接工资费1 140元、其他直接支出160元、制造费用4 437.5元，共计6 949.5元。

（2）本月为生产A、B产品发生的费用如下：

A产品耗用甲材料100千克、耗用乙材料50千克，B产品耗用乙材料30千克（设甲材料单位成本32.58元，乙材料单位成本83.5元）；

A产品生产工人工资5 000元，B产品生产工人工资3 000元；

职工福利费按14%提取；

制造部门本月共发生间接费用10 500元，按生产工人工资为标准分配；

本月生产的100件A产品全部制造完工，50件B产品也已制造完工，尚有20件B产品没有完工，作为在产品。在产品每件按下列标准计价：材料8元、生产工人工资6元、其他直接支出0.84元、制造费用1.16元，共计16元。

要求：（1）编制有关业务的会计分录；

（2）编制制造费用分配表；

（3）登记A、B产品生产成本明细分类账；

（4）编制完工产品成本计算表。

项目六　账务处理程序

学习目标

知识目标

✧ 掌握三种账务处理程序的不同点

✧ 熟悉每种账务处理程序的适用范围及优缺点

✧ 熟悉每种账务处理程序的编制步骤

能力目标

✧ 了解每种账务处理程序的应用领域

✧ 建立对会计工作重要性的正确认知

✧ 树立利用账务处理程序分析和处理会计活动

案例导入

A公司小张刚到财务部上班就接到一个任务，要求把2014年6月发生的经济业务编制成科目汇总表。该月经济业务已编成如下会计分录。

（1）借：银行存款　　300 000

　　　贷：实收资本　　300 000

（2）借：应收账款——B公司　　58 500

　　　贷：主营业务收入——甲产品　　50 000

　　　　　应交税金——应交增值税（销项税额）　　8 500

（3）借：现金　　200

　　　　　管理费用　　1 800

贷：其他应收款——张某　2 000

（4）借：物资采购——乙材料　30 000

应交税金——应交增值税（进项税额）　5 100

贷：银行存款　35 100

（5）借：应付账款——C 公司　20 000

贷：银行存款　20 000

启发与思考

小张为什么要编制科目汇总表，如何编制？

学习任务一　记账凭证账务处理程序

账务处理程序（也称会计核算组织程序或会计核算形式）是指会计凭证、会计账簿、会计报表相结合的方式，包括会计凭证和账簿的种类、格式，会计凭证与账簿之间的联系方法，由原始凭证到编制记账凭证，登记明细分类账和总分类账，编制会计报表的工作程序和方法等。

会计凭证、会计账簿、会计报表之间的结合方式不同，就形成了不同的账务处理程序，不同的账务处理程序又有不同的方法、特点和适用范围。

设立合理的账务处理程序对于科学组织会计核算工作，充分发挥会计在经济管理中的作用，具有重要意义。

我国常用的账务处理程序主要有：记账凭证账务处理程序、汇总记账凭证账务处理程序、科目汇总表账务处理程序。这三种账务处理程序有许多共同之处，它们的不同之处在于登记总分类账的依据和程序的不同。

【例题 6-1・单选题】单位的会计凭证、会计账簿、会计报表相结合的方式称为（　　）。

A. 会计组织体制　B. 账务处理程序　C. 会计机构　D. 记账工作步骤

参考答案：B

答案解析：账务处理程序（也称会计核算组织程序或会计核算形式）是指会计凭证、会计账簿、会计报表相结合的方式。

【例题 6-2・单选题】各种会计核算程序的主要区别在于登记（　　）的依据和方法不同。

A. 总分类账　B. 现金日记账　C. 明细分类账　D. 银行存款日记账

参考答案：A

答案解析：三种账务处理程序有许多共同之处，它们的不同之处在于登记总分类账的依据和程序。

【例题 6-3・多选题】在实际工作中，常用的账务处理程序有（　　）。

A. 日记总账账务处理程序　B. 记账凭证账务处理程序

C. 科目汇总表账务处理程序　D. 汇总记账凭证账务处理程序

参考答案：B、C、D

答案解析：我国常用的账务处理程序主要有记账凭证账务处理程序、汇总记账凭证账务处理程序、科目汇总表账务处理程序。

【例题 6-4 · 单选题】账务处理程序的主要内容包括（　　）。

A. 会计凭证、会计账簿种类及格式　B. 会计凭证与账簿之间的联系方法

C. 会计机构及会计岗位的设置　D. 会计工作人员的职责

参考答案：A、B

答案解析：账务处理程序包括会计凭证和账簿的种类、格式，会计凭证与账簿之间的联系方法，由原始凭证到编制记账凭证、登记明细分类账和总分类账、编制会计报表的工作程序和方法等。

【例题 6-5 · 判断题】会计凭证、会计账簿、会计报表之间的结合方式不同，就形成了不同的账务处理程序（　　）。

参考答案：√

答案解析：会计凭证、会计账簿、会计报表之间的结合方式不同，就形成了不同的账务处理程序，不同的账务处理程序又有不同的方法、特点和适用范围。

【例题 6-6 · 判断题】由于各单位业务性质、规模大小、业务繁简程度各有不同，所以它们所采取的账务处理程序也可能不同（　　）。

参考答案：√

答案解析：不同单位根据其业务性质、规模大小、业务繁简程度采用不同的账务处理程序。

【例题 6-7 · 判断题】在不同的账务处理程序下，各种账务处理程序的根本区别在于会计报表的编制依据不同（　　）。

参考答案：×

答案解析：三种账务处理程序有许多共同之处，它们的不同之处在于登记总分类账的依据和程序的不同。

记账凭证账务处理程序直接根据记账凭证逐笔登记总分类账。

一、记账凭证账务处理程序的一般步骤

（1）根据原始凭证编制汇总原始凭证；

（2）根据原始凭证或汇总原始凭证编制收款凭证、付款凭证和转账凭证（如果企业业务较少，也可编制通用记账凭证）；

（3）根据收款凭证、付款凭证逐笔登记库存现金日记账和银行存款日记账；

（4）根据原始凭证、汇总原始凭证和记账凭证登记各种明细分类账；

（5）直接根据记账凭证逐笔登记总分类账；

（6）期末，将库存现金日记账、银行存款日记账和明细分类账的余额与有关总分类账的余额核对相符；

（7）期末，根据总分类账和明细分类账的记录编制会计报表。

记账凭证账务处理的一般步骤如图 6-1 所示。

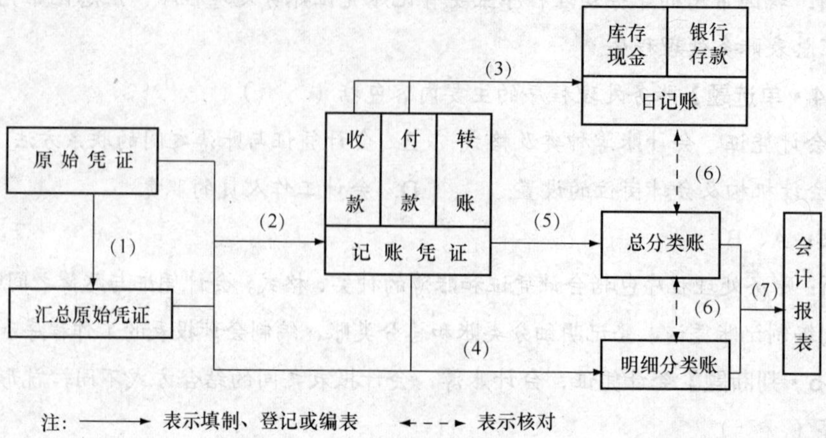

图 6-1　记账凭证账务处理的一般步骤

二、记账凭证账务处理程序的特点、优缺点及适用范围

（一）特点

记账凭证账务处理程序是一种对发生的经济业务事项根据原始凭证或原始凭证汇总表编制记账凭证，然后直接根据记账凭证逐笔登记总分类账的账务处理程序。这种账务处理程序是会计核算中最基本的账务处理程序，其他几种账务处理程序都是以它为基础根据经济管理的需要发展而成的。

在记账凭证账务处理程序下，记账凭证可以采用通用记账凭证，也可以分设收款凭证、付款凭证和转账凭证。

在记账凭证账务处理程序下，需要设置的账簿主要有：库存现金日记账、银行存款日记账、总分类账和明细分类账。

现金日记账、银行存款日记账和总分类账一般均采用三栏式账页，明细分类账可根据管理的需要设置，采用三栏式、数量金额式或多栏式账页。

（二）优缺点

优点：账务处理程序简单明了，易于理解；总分类账可以较详细地反映交易或事项发生情况。

缺点：登记总分类账的工作量较大。

（三）适用范围

记账凭证账务处理程序一般适用于规模较小，经济业务量较少的单位。

【例题 6-8 · 单选题】适合于规模较小，经济业务较少的单位的账务处理程序是（　　）。

A. 多栏式日记账账务处理程序　　B. 汇总记账凭证账务处理程序

C. 科目汇总表账务处理程序　　D. 记账凭证账务处理程序

参考答案：D

答案解析：记账凭证账务处理程序一般适用于规模较小，经济业务量较少的单位。

【例题 6-9 • 单选题】最基本的账务处理程序是（ ）。

A. 记账凭证账务处理程序　　B. 汇总记账凭证账务处理程序

C. 科目汇总表账务处理程序　　D. 日记总账账务处理程序

参考答案：A

答案解析：账务处理程序是会计核算中最基本的账务处理程序，其他几种账务处理程序都是以它为基础根据经济管理的需要发展而成的。

【例题 6-10 • 多选题】记账凭证核算组织程序的优点有（ ）。

A. 账务处理程序简单明了

B. 在总分类账上能够比较详细地反映交易或事项发生情况

C. 易于理解

D. 可以减轻总分类账登记的工作量

参考答案：A、B、C

答案解析：记账凭证核算组织程序的优点是账务处理程序简单明了，易于理解；总分类账可以较详细地反映交易或事项发生情况。

【例题 6-11 • 单选题】记账凭证核算程序的主要缺点是（ ）。

A. 不便于会计合理分工　　B. 不能体现账户的对应关系

C. 登记总账的工作量较大　　D. 方法不易于掌握

参考答案：C

答案解析：记账凭证核算程序的主要缺点是登记总账的工作量较大。

【例题 6-12 • 单选题】（ ）的主要特点是直接根据记账凭证逐笔登记总分类账。

A. 记账凭证账务处理程序　　B. 科目汇总表账务处理程序

C. 汇总记账凭证账务处理程序　　D. 多栏式日记账账务处理程序

参考答案：A

答案解析：对发生的经济业务事项，都要根据原始凭证或原始凭证汇总表编制记账凭证，然后直接根据记账凭证逐笔登记总分类账的账务处理程序，指的是记账凭证账务处理程序。

【例题 6-13 • 单选题】记账凭证账务处理程序一般适用于（ ）。

A. 规模较大，经济业务比较复杂的企业　　B. 规模不大，但经济业务比较复杂的企业

C. 规模不大，经济业务比较简单的企业　　D. 工业企业和商品流通业

参考答案：C

答案解析：记账凭证账务处理程序一般适用于规模较小，经济业务量较少的单位。

【例题 6-14 • 单选题】总分类账的登记方法，取决于所采用的（ ）。

A. 账簿体系　　B. 会计凭证的类别

C. 会计科目的设置　　D. 账务处理程序（会计核算形式）

参考答案：D

答案解析：根据会计凭证、会计账簿、会计报表之间的结合方式不同，就形成了不同的账务处理程序，不同的账务处理程序又有不同的方法、特点和适用范围。我国常用的账务处理程序主要有：记账凭证账务处理程序、汇总记账凭证账务处理程序、科目汇总表账务处理程序。这三种账务处理程序有许多共同之处，它们的不同之处在于登记总分类账的依据和程序的不同。

学习任务二　汇总记账凭证账务处理程序

汇总记账凭证账务处理程序根据汇总记账凭证登记总分类账。

一、汇总记账凭证的编制方法

汇总记账凭证分为汇总收款凭证、汇总付款凭证和汇总转账凭证。其分别根据收款凭证、付款凭证和转账凭证定期汇总编制而成。具体编制方法如下。

（一）汇总收款凭证的编制

汇总收款凭证是按"库存现金"或"银行存款"科目的借方分别设置的一种汇总记账凭证，它汇总了一定时期内现金和银行存款的收款业务。格式如图 6-2 所示。

汇总收款凭证

借方科目：　　　　年　月　　　　汇收第　号

贷方科目	1～10 日凭证 第 号至第 号	11～20 日凭证 第 号至第 号	21～31 日凭证 第 号至第 号	本月合计	总账页数	
					借方	贷方
合计						

图 6-2　汇总收款凭证

汇总收款凭证的编制方法是：将需要汇总的收款凭证，按其对应的贷方科目进行归类，计算出每一个贷方科目发生额合计数，填入汇总收款凭证中，一般可 5 天或 10 天汇总一次，每月编制一张。月末计算出每个贷方科目发生额合计数，据以登记总分类账。

（二）汇总付款凭证的编制

汇总付款凭证按"库存现金"或"银行存款"科目的贷方分别设置的一种汇总记账凭证，它汇总了一定时期内现金和银行存款的付款业务。格式如图 6-3 所示。

汇总付款凭证

贷方科目：　　　　年　月　　　　汇付第　号

借方科目	1～10 日凭证 第 号至第 号	11～20 日凭证 第 号至第 号	21～31 日凭证 第 号至第 号	本月合计	总账页数	
					借方	贷方
合计						

图 6-3　汇总付款凭证

汇总付款凭证的编制方法是：将需要汇总的付款凭证，按其对应的借方科目进行归类，计算出每一个借方科目发生额合计数，填入汇总付款凭证中。一般可 5 天或 10 天汇总一次，每月编制一张。月末计算出每个借方科目发生额合计数，据以登记总分类账。

（三）汇总转账凭证的编制

汇总转账凭证是按每一贷方科目分别设置的，用来汇总一定时期转账业务的一种汇总记账凭证。格式如图 6-4 所示。

汇总转账凭证

贷方科目　　　　　　年　月　　　　　　汇总第　号

<table>
<tr><td rowspan="2">借方
科目</td><td rowspan="2">1～10 日凭证
第 号至第 号</td><td rowspan="2">11～20 日凭证
第 号至第 号</td><td rowspan="2">21～31 日凭证
第 号至第 号</td><td rowspan="2">本月
合计</td><td colspan="2">总账页数</td></tr>
<tr><td>借方</td><td>贷方</td></tr>
<tr><td></td><td></td><td></td><td></td><td></td><td></td><td></td></tr>
<tr><td>合计</td><td></td><td></td><td></td><td></td><td></td><td></td></tr>
</table>

图 6-4　汇总转账凭证

汇总转账凭证的编制方法是：将需要汇总的转账凭证，按其对应的借方科目进行归类，计算出每一个借方科目发生额合计数，填入汇总转账凭证中。一般可 5 天或 10 天汇总一次，每月编制一张。月末计算出每个借方科目发生额合计数，据以登记总分类账。

特别注意

由于汇总转账凭证上的科目对应关系是一个贷方科目与一个或几个借方科目相对应的，因此，为了便于编制汇总转账凭证，平时要求所有的转账凭证也应按一个贷方科目与一个或几个借方科目的对应关系来填制，不应填制一个借方科目与几个贷方科目相对应的转账凭证，即平时编制转账凭证时，可以是“一借一贷”的会计分录或“一贷多借”的会计分录，不得编制“一借多贷”或“多借多贷”的会计分录。若遇“一借多贷”或“多借多贷”的会计分录，须分解为简单会计分录编制转账凭证。

二、汇总记账凭证账务处理程序的一般步骤

（1）根据原始凭证编制汇总原始凭证。

（2）根据原始凭证或汇总原始凭证，编制收款凭证、付款凭证和转账凭证，也可采用通用的记账凭证。

（3）根据收款凭证和付款凭证逐笔登记库存现金日记账和银行存款日记账。

（4）根据原始凭证、汇总原始凭证和记账凭证登记各种明细分类账。

（5）根据记账凭证编制各种汇总记账凭证，包括汇总收款凭证、汇总付款凭证和汇总转账凭证。

（6）根据汇总记账凭证登记总分类账。

（7）期末，将库存现金日记账、银行存款日记账和明细分类账的余额同有关总分类账的余额核对相符。

（8）期末，根据总分类账和明细分类账记录编制会计报表。

汇总记账凭证账务处理程序的一般步骤如图 6-5 所示。

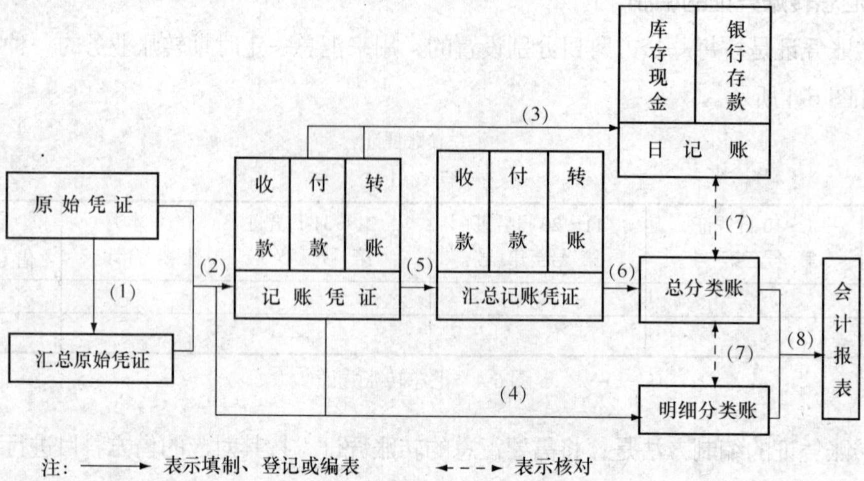

图 6-5　汇总记账凭证账务处理程序

三、汇总记账凭证账务处理程序的特点、优缺点与适用范围

（一）特点

汇总记账凭证账务处理程序的特点是根据原始凭证或汇总原始凭证，编制记账凭证，定期根据记账凭证按分类编制汇总记账凭证（汇总收款凭证、汇总付款凭证、汇总转账凭证），再根据汇总记账凭证登记总分类账。

在汇总记账凭证账务处理程序下，记账凭证除要分别设置收款凭证、付款凭证和转账凭证外，还应设置汇总收款凭证、汇总付款凭证和汇总转账凭证。

在汇总记账凭证账务处理程序下，设置的账簿主要包括现金日记账、银行存款日记账、总分类账和各种明细分类账。账簿的设置与记账凭证账务处理程序下基本相同。

（二）优缺点

汇总记账凭证账务处理程序的优点是减轻了登记总分类账的工作量；便于了解账户之间的对应关系。缺点是按每一贷方科目汇总编制，不利于会计核算工作的分工；当转账凭证较多时，编制汇总转账凭证的工作量较大。

（三）适用范围

汇总记账凭证账务处理程序主要适合于规模较大、经济业务较多的单位。

【例题 6-15・单选题】在汇总记账凭证账务处理程序下，总分类账的记账依据是（　　）。

A. 原始凭证　　B. 记账凭证　　C. 科目汇总表　　D. 汇总记账凭证

参考答案：D

答案解析：汇总记账凭证账务处理程序根据汇总记账凭证登记总分类账。

【例题 6-16・单选题】汇总记账凭证核算组织程序的特点是（　　）。

A. 根据各种汇总记账凭证直接登记明细分类账

B. 根据各种汇总记账凭证直接登记总分类账

C. 根据各种汇总记账凭证直接登记日记账

D. 根据各种记账凭证直接登记总分类账

参考答案：B

答案解析：汇总记账凭证账务处理程序的特点是根据原始凭证或汇总原始凭证，编制记账凭证，定期根据记账凭证按分类编制汇总记账凭证（汇总收款凭证、汇总付款凭证、汇总转账凭证），再根据汇总记账凭证登记总分类账。

【例题 6-17 · 单选题】既能减轻登记总账的工作量，又便于了解科目对应关系和查对账目的账务处理程序是（　　）。

A. 记账凭证账务处理程序　　B. 汇总记账凭证账务处理程序

C. 科目汇总表账务处理程序　　D. 日记总账账务处理程序

参考答案：B

答案解析：汇总记账凭证账务处理程序的优点是减轻了登记总分类账的工作量；便于了解账户之间的对应关系。

【例题 6-18 · 单选题】汇总记账凭证账务处理程序下，汇总转账凭证应按（　　）设置。

A. 借方科目　　B. 贷方科目　　C. 借方或贷方科目　　D. 以上都不对

参考答案：B

答案解析：汇总转账凭证是按每一贷方科目分别设置的，用来汇总一定时期转账业务的一种汇总记账凭证。

【例题 6-19 · 多选题】记账凭证账务处理程序与汇总记账凭证账务处理程序的区别有（　　）。

A. 原始凭证的种类不同　　B. 记账凭证的种类不同

C. 明细账簿的记账依据不同　　D. 总账的记账依据不同

参考答案：B、D

答案解析：记账凭证账务处理程序直接根据记账凭证逐笔登记总分类账；汇总记账凭证账务处理程序根据记账凭证编制各种汇总记账凭证，包括汇总收款凭证、汇总付款凭证和汇总转账凭证。再根据汇总记账凭证登记总分类账。

【例题 6-20 · 判断题】汇总转账凭证是按每一贷方科目分别设置的记账凭证。（　　）

参考答案：✓

答案解析：汇总转账凭证是按每一贷方科目分别设置的，用来汇总一定时期转账业务的一种汇总记账凭证。

【例题 6-21 · 判断题】汇总记账凭证账务处理程序的优点之一是汇总记账凭证反映了科目之间的对应关系。（　　）

参考答案：✓

答案解析：汇总记账凭证账务处理程序的优点是减轻了登记总分类账的工作量；便于了解账

户之间的对应关系。

【例题 6-22·判断题】采用汇总记账凭证账务处理程序增加了填制汇总记账凭证的工作量，增加了总账的登记工作量。（　　）

参考答案：×

答案解析：采用汇总记账凭证账务处理程序增加了填制汇总记账凭证的工作量，减轻了总账的登记工作量。

【例题 6-23·判断题】汇总记账凭证包括汇总收款凭证、汇总付款凭证和汇总转账凭证。（　　）

参考答案：√

答案解析：在汇总记账凭证账务处理程序下，记账凭证除要分别设置收款凭证、付款凭证和转账凭证外，还应设置汇总收款凭证、汇总付款凭证和汇总转账凭证。

学习任务三　科目汇总表账务处理程序

一、科目汇总表的编制方法

科目汇总表的编制方法是：定期将一定时期内的全部记账凭证，按相同的会计科目归类，汇总出每一个总账科目的借方发生额合计数和贷方发生额合计数，填写在科目汇总表的相关栏内，用以反映全部总账科目的借方本期发生额合计数和贷方本期发生额合计数。

在实际工作中，科目汇总表可以根据需要设计，采用不同的格式，但是所有格式的科目汇总表，都只反映各个总账科目的借方和贷方本期发生额，不反映各个总账科目的对应关系。科目汇总表可以每月汇总一次，也可以每旬编制一张。

科目汇总表内全部总账科目借方本期发生额合计数一定与全部总账科目贷方本期发生额合计数相等。

二、科目汇总表账务处理程序的一般步骤

（1）根据原始凭证编制汇总原始凭证。

（2）根据原始凭证或汇总原始凭证编制记账凭证。

（3）根据收款凭证和付款凭证逐笔登记库存现金日记账和银行存款日记账。

（4）根据原始凭证、汇总原始凭证和记账凭证登记各种明细分类账。

（5）根据各种记账凭证编制科目汇总表。

（6）根据科目汇总表登记总分类账。

（7）期末，将库存现金日记账、银行存款日记账和明细分类账的余额与有关总分类账的余额核对相符。

（8）期末，根据总分类账和明细分类账的记录编制会计报表。

科目汇总表账务处理的一般步骤如图 6-6 所示。

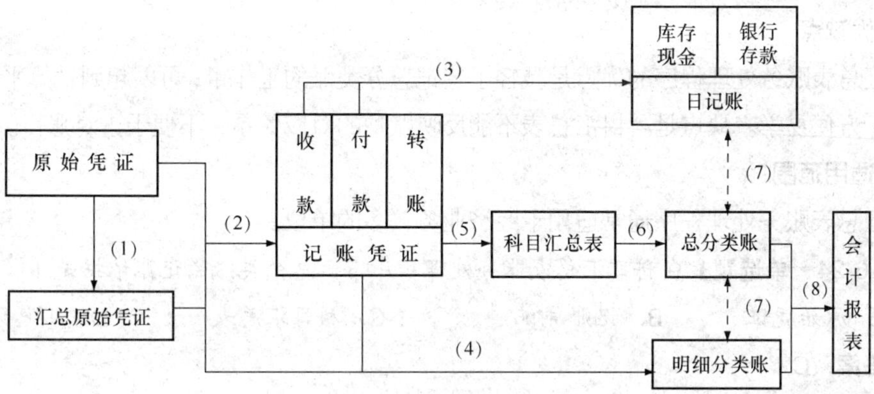

图 6-6　科目汇总表账务处理程序

以本项目导入案例资料编制科目汇总表，其编制方法是：定期将一定时期内的全部记账凭证，按相同的会计科目归类，汇总出每一个总账科目的借方发生额合计数和贷方发生额合计数，填写在科目汇总表的相关栏内，用以反映全部总账科目的借方本期发生额合计数和贷方本期发生额合计数，如表 6-1 所示。

表 6-1　　科目汇总表　　2014 年 6 月 30 日

会计科目	借方发生额	贷方发生额
现金	200	
银行存款	300 000	55 100
应收账款	58 500	
其他应收款		2 000
物资采购	30 000	
应付账款	20 000	
应交税金	5 100	8 500
实收资本		300 000
管理费用	1 800	
主营业务收入		50 000
合计	415 600	415 600

三、科目汇总表账务处理程序的特点、优缺点及适用范围

(一) 特点

科目汇总表账务处理程序的主要特点是：根据记账凭证定期编制科目汇总表，再根据科目汇总表登记总分类账。由于科目汇总表是根据记账凭证汇总编制而成的，因此，这种程序也称为“记账凭证汇总表账务处理程序”。

在科目汇总表账务处理程序下，记账凭证可以采用通用记账凭证，也可以分设收款凭证、付款凭证和转账凭证。其记账凭证、账簿的设置与记账凭证账务处理程序基本相同。

（二）优缺点

科目汇总表账务处理程序的优点是减轻了登记总分类账的工作量；可以起到试算平衡的作用；简明易懂，方便易学。缺点是科目汇总表不能反映账户的对应关系，不便于查对账目。

（三）适用范围

科目汇总表账务处理程序通常适用于经济业务较多的单位。

【例题 6-24・单选题】在科目汇总表账务处理程序下，总分类账的记账依据是（　　）。

A. 原始凭证　　B. 记账凭证　　C. 科目汇总表　　D. 汇总记账凭证

参考答案：C

答案解析：科目汇总表账务处理程序根据科目汇总表登记总分类账。

【例题 6-25・单选题】科目汇总表账务处理程序适用于（　　）。

A. 规模较小，业务较少的单位　　B. 所有单位

C. 规模较大，业务较多的单位　　D. 工业企业

参考答案：C

答案解析：科目汇总表账务处理程序通常适用于经济业务较多的单位。

【例题 6-26・单选题】科目汇总表的基本编制方法是（　　）进行归类定期汇总。

A. 按照不同会计科目　　B. 按照相同会计科目

C. 按照借方会计科目　　D. 按照贷方会计科目

参考答案：B

答案解析：科目汇总表的编制方法是定期将一定时期内的全部记账凭证，按相同的会计科目归类，汇总出每一个总账科目的借方发生额合计数和贷方发生额合计数，填写在科目汇总表的相关栏内，用以反映全部总账科目的借方本期发生额合计数和贷方本期发生额合计数。

【例题 6-27・单选题】科目汇总表核算组织程序的特点是（　　）。

A. 根据各种记账凭证直接登记总分类账　　B. 根据科目汇总表登记总分类账

C. 根据汇总记账凭证登记总分类账　　D. 根据科目汇总表登记明细分类账

参考答案：B

答案解析：科目汇总表账务处理程序根据科目汇总表登记总分类账。

【例题 6-28・单选题】科目汇总表的缺点是不能反映出（　　）。

A. 借方发生额　　B. 贷方发生额

C. 借方和贷方发生额　　D. 科目对应关系

参考答案：D

答案解析：科目汇总表账务处理程序的缺点是科目汇总表不能反映账户的对应关系，不便于查对账目。

【例题 6-29・单选题】各种会计核算程序在（　　）的依据方面有不同之处。

A. 登记日记账　　B. 登记总账

C. 编制记账凭证　　D. 编制会计报表

参考答案：B

答案解析：各种账务处理程序有许多共同之处，它们的不同之处在于登记总分类账的依据和程序的不同。

【例题 6-30 · 多选题】科目汇总表账务处理程序的优点是（　　）。

A. 总账详细反映经济业务的发生情况　　B. 可以起到试算平衡

C. 便于了解账户之间的对应关系　　D. 减轻登记总账的工作量

参考答案：B、D

答案解析：科目汇总表账务处理程序的优点是减轻了登记总分类账的工作量；可以起到试算平衡的作用；简明易懂，方便易学。

【例题 6-31 · 多选题】关于科目汇总表账务处理程序，下列说法中正确的有（　　）。

A. 登记总分类账的工作量可以大大减轻

B. 编制和使用较为简便，易学易做

C. 可以对发生额进行试算平衡，保证记账工作质量

D. 不便于查对账目

参考答案：A、B、C、D

答案解析：科目汇总表账务处理程序的优点是减轻了登记总分类账的工作量；可以起到试算平衡的作用；简明易懂，方便易学。缺点是科目汇总表不能反映账户的对应关系，不便于查对账目。

【例题 6-32 · 判断题】采用科目汇总表账务处理程序，既可以减轻登记总分类账的工作量，又可以做到试算平衡。（　　）

参考答案：√

答案解析：科目汇总表账务处理程序的优点是减轻了登记总分类账的工作量；可以起到试算平衡的作用；简明易懂，方便易学。

【例题 6-33 · 判断题】科目汇总表账务处理程序是以科目汇总表为依据直接登记总账和明细账。（　　）

参考答案：×

答案解析：科目汇总表账务处理程序根据科目汇总表登记总分类账。

【例题 6-34 · 判断题】各种账务处理程序下，会计报表的编制方法都是相同的。（　　）

参考答案：√

答案解析：各种账务处理程序下，会计报表的编制方法都是相同的，不同之处在于登记总分类账的依据和程序的不同。

【例题 6-35 · 判断题】科目汇总表账务处理程序的优点之一是科目汇总表能反映科目之间的对应关系。（　　）

参考答案：×

答案解析：科目汇总表账务处理程序的缺点是科目汇总表不能反映账户的对应关系，不便于

查对账目。

【例题 6-36·判断题】编制科目汇总表，虽然不能起到反映账户之间的对应关系，但可以起到试算平衡的作用。（　　）

参考答案：√

答案解析：科目汇总表账务处理程序的优点是减轻了登记总分类账的工作量；可以起到试算平衡的作用；简明易懂，方便易学。缺点是：科目汇总表不能反映账户的对应关系，不便于查对账目。

【例题 6-37·判断题】科目汇总表不仅可以起到试算平衡的作用，而且可以反映账户之间的对应关系。（　　）

参考答案：×

答案解析：科目汇总表账务处理程序的优点是减轻了登记总分类账的工作量；可以起到试算平衡的作用；简明易懂，方便易学。缺点是科目汇总表不能反映账户的对应关系，不便于查对账目。

【例题 6-38·判断题】科目汇总表账务处理程序的主要特点是定期将所有记账凭证汇总编制汇总记账凭证，再根据汇总记账凭证登记总分类账。（　　）

参考答案：×

答案解析：科目汇总表账务处理程序的主要特点是根据记账凭证定期编制科目汇总表，再根据科目汇总表登记总分类账。

【例题 6-39·判断题】科目汇总表中，所有科目本期借方发生额合计与所有科目本期贷方发生额合计应该相等，这是由借贷记账法的记账规则决定的。（　　）

参考答案：√

答案解析：科目汇总表内全部总账科目借方本期发生额合计数一定与全部总账科目贷方本期发生额合计数相等。这是由借贷记账法的记账规则决定的。

【例题 6-40·判断题】采用科目汇总表账务处理程序，各种账簿都应根据科目汇总表登记。（　　）

参考答案：×

答案解析：科目汇总表账务处理程序根据科目汇总表登记总分类账。

【例题 6-41·判断题】各种账务处理程序之间的区别在于登记总分类账的依据和方法不同。（　　）

参考答案：√

答案解析：各种账务处理程序之间的区别在于登记总分类账的依据和方法不同。

【例题 6-42·判断题】在规模较大、业务量较多的单位，应采用记账凭证账务处理程序，因为该账务处理程序简单明了、方便易学。（　　）

参考答案：×

答案解析：在规模较大、业务量较多的单位，应采用科目汇总表账务处理程序。

【例题 6-43·判断题】科目汇总表账务处理程序特别适用于经济业务较多的单位。（　　）

参考答案：✓

答案解析：科目汇总表账务处理程序通常适用于经济业务较多的单位。

【例题 6-44·判断题】虽然企业采用的账务处理程序可能不同，但是记账凭证的种类是相同的。（　　）

参考答案：×

答案解析：汇总记账凭证账务处理程序定期根据记账凭证按分类编制汇总记账凭证（汇总收款凭证、汇总付款凭证、汇总转账凭证）。

【例题 6-45·多选题】各种账务处理程序的相同之处有（　　）。

A. 根据原始凭证编制记账凭证

B. 根据原始凭证和记账凭证登记明细账

C. 根据记账凭证登记总分类账

D. 根据总分类账和明细分类账编制会计报表

参考答案：A、B、D

答案解析：各种账务处理程序有许多共同之处，它们的不同之处在于登记总分类账的依据和程序的不同。

【例题 6-46·多选题】下列可以作为登记总账直接依据的有（　　）。

A. 原始凭证　　B. 记账凭证　　C. 科目汇总表　　D. 汇总记账凭证

参考答案：B、C、D

答案解析：记账凭证账务处理程序直接根据记账凭证逐笔登记总分类账，汇总记账凭证账务处理程序根据汇总记账凭证登记总分类账，科目汇总表账务处理程序根据科目汇总表登记总分类账。

项目小结

本项目主要学习我国常用的账务处理程序：记账凭证账务处理程序、汇总记账凭证账务处理程序、科目汇总表账务处理程序。这三种账务处理程序有许多共同之处，它们的不同之处在于登记总分类账的依据和程序的不同，它们的对比情况如表 6-2 所示。

表 6-2　　账务处理程序对比表

项目	记账凭证账务处理程序	汇总记账凭证账务处理程序	科目汇总表账务处理程序
1. 优点	简单明了，总分类账可以较详细地反映经济业务的发生情况	减轻了登记总分类账的工作量，便于了解账户之间的对应关系	可以简化总分类账的登记工作，并可做到试算平衡
2. 缺点	登记总分类账的工作量较大	不利于日常分工，当转账凭证较多时，编制汇总转账凭证的工作量较大	不能反映账户对应关系，不便于查对账目
3. 适用范围	规模较小、经济业务量较少的单位	规模较大、经济业务较多的单位	经济业务较多的单位
4. 登记总账的依据	根据记账凭证逐笔登记	根据汇总记账凭证登记	根据科目汇总表登记

同步练习与实践训练

一、理论与技能测试

（一）单项选择题

1. （　　）核算形式是最基本的一种会计核算形式。

A. 日记总账　　B. 汇总记账凭证　　C. 科目汇总表　　D. 记账凭证

2. 下列属于记账凭证核算程序主要缺点的是（　　）。

A. 不能体现账户的对应关系　　B. 不便于会计合理分工

C. 方法不易掌握　　D. 登记总账的工作量较大

3. 各种账务处理程序之间的区别主要在于（　　）。

A. 总账的格式不同　　B. 编制会计报表的依据不同

C. 登记总账的程序和方法不同　　D. 会计凭证的种类不同

4. 汇总记账凭证账务处理程序与科目汇总表账务处理程序的相同点是（　　）。

A. 登记总账的依据相同　　B. 记账凭证的汇总方法相同

C. 保持了账户间的对应关系　　D. 简化了登记总分类账的工作量

5. 下列不属于科目汇总表账务处理程序优点的是（　　）。

A. 科目汇总表的编制和使用较为简便，易学易做

B. 可以清晰地反映科目之间的对应关系

C. 可以大大减少登记总分类账的工作量

D. 科目汇总表可以起到试算平衡的作用，保证总账登记的正确性

6. 关于记账凭证账务处理程序，下列说法不正确的是（　　）。

A. 根据记账凭证逐笔登记总分类账，是最基本的账务处理程序

B. 简单明了，易于理解，总分类账可以较详细地反映经济业务的发生情况

C. 登记总分类账的工作量较大

D. 适用于规模较大、经济业务量较多的单位

7. （　　）是最基本的账务处理程序。

A. 记账凭证账务处理程序　　B. 汇总记账凭证账务处理程序

C. 科目汇总表账务处理程序　　D. 以上都不对

8. 记账凭证账务处理程序是（　　）。

A. 根据各种记账凭证编制有关汇总记账凭证　　B. 根据记账凭证逐笔登记总分类账

C. 根据各种记账凭证编制科目汇总表　　D. 根据汇总记账凭证登记总分类账

9. 记账凭证账务处理程序适用于（　　）。

A. 规模较小、业务量较少的单位　　B. 规模较小、业务量较多的单位

C. 规模较大、业务量较少的单位　　D. 规模较大、业务量较多的单位

10. 科目汇总表账务处理程序适用于（ ）。

A. 规模较小、业务量较少的单位　　B. 规模较小、业务量较多的单位

C. 规模较大、业务量较少的单位　　D. 规模较大、业务量较多的单位

11. 科目汇总表账务处理程序的主要缺点是（ ）。

A. 不能反映经济业务的全貌　　B. 不能反映会计账户的对应关系

C. 不利于会计分工　　D. 不能简化总分类田的登记工作

12. 汇总记账凭证账务处理程序的主要缺点是（ ）。

A. 不能反映经济业务的全貌　　B. 不能反映会计账户的对应关系

C. 不利于会计分工　　D. 不能简化总分类民的登记工作

13. （ ）适用于规模较小、业务量较少的单位。

A. 记账凭证账务处理程序　　B. 汇总记账凭证账务处理程序

C. 科目汇总表账务处理程序　　D. 计算机账务处理程序

14. 各种账务处理程序的共同之处是（ ）。

A. 适用范围相同　　B. 登记总分类账的依据相同

C. 会计凭证的组织相同　　D. 会计账簿的组织相同

15. 在我国企业中，普遍采用的账务处理程序是（ ）。

A. 记账凭证账务处理程序　　B. 汇总记账凭证账务处理程序

C. 科目汇总表账务处理程序　　D. 计算机账务处理程序

16. 各种账务处理程序的主要区别是（ ）。

A. 使用的记账凭证不同　　B. 登记总账的时间不同

C. 登记总账的依据不同　　D. 适用的范围不同

17. 科目汇总表账务处理程序的优点是（ ）。

A. 详细反映经济业务的发生情况　　B. 可以做到试算平衡

C. 便于了解账户之间的对应关系　　D. 便于查对账目

18. 记账凭证账务处理程序适用于（ ）的单位。

A. 规模较小，业务量较少　　B. 规模较小，业务量较多

C. 规模较大，业务量较少　　D. 规模较大，业务量较多

19. 在会计核算中填制和审核会计凭证，根据会计凭证登记账簿，根据账簿记录编制会计报表，这个过程的步骤以及三者的结合方式称为（ ）。

A. 会计凭证传递　B. 会计账簿组织　C. 会计工作组织　D. 账务处理程序

20. 在下列账务处理程序中，最基本的账务处理程序是（ ）。

A. 日记总账账务处理程序　　B. 记账凭证账务处理程序

C. 科目汇总表账务处理程序　　D. 汇总记账凭证账务处理程序

21. 在记账凭证账务处理程序下，总分类账的记账依据是（ ）。

A. 原始凭证　B. 记账凭证　C. 科目汇总表　D. 汇总记账凭证

22. 记账凭证账务处理程序一般适用于（　　）。

A. 规模较大，经济业务比较复杂的企业　B. 规模不大，经济业务比较复杂的企业

C. 规模不大，经济业务比较简单的企业　D. 工业企业和商品流通业

23. 在汇总记账凭证账务处理程序下，总分类账的记账依据是（　　）。

A. 原始凭证　B. 记账凭证　C. 科目汇总表　D. 汇总记账凭证

24. 科目汇总表账务处理程序与汇总记账凭证账务处理程序的共同优点是（　　）。

A. 保持科目之间的对应关系　B. 简化总分类账登记工作

C. 进行了所有科目余额的试算平衡　D. 总括反映同类经济业务

25. 在科目汇总表账务处理程序下，总分类账的记账依据是（　　）。

A. 原始凭证　B. 记账凭证　C. 科目汇总表　D. 汇总记账凭证

26. 科目汇总表账务处理程序适用于（　　）。

A. 规模较小，业务较少的单位　B. 所有单位

C. 业务量较大，记账凭证较多的单位　D. 工业企业

27. 汇总记账凭证账务处理程序的缺点在于（　　）。

A. 不利于会计分工　B. 不能反映经济业务

C. 不能保持科目之间的对应关系　D. 不能节省会计工作时间

28. 科目汇总表的汇总范围是（　　）。

A. 全部科目的借方余额　B. 全部科目的贷方余额

C. 全部科目的借、贷方发生额　D. 全部科目的借、贷方余额

29. 汇总收款凭证是根据（　　）汇总编制而成的。

A. 原始凭证　B. 原始汇总凭证　C. 收款凭证　D. 付款凭证

30. 科目汇总表账务处理程序是由（　　）发展而来的。

A. 记账凭证账务处理程序　B. 汇总记账凭证账务处理程序

C. 多栏式日记账账务处理程序　D. 日记总账账务处理程序

31. （　　）不能反映各科目的对应关系，不便于分析和检查经济业务的来龙去脉，不便于查对账目。

A. 记账凭证账务处理程序　B. 汇总记账凭证账务处理程序

C. 日记总账账务处理程序　D. 科目汇总表账务处理程序

（二）多项选择题

1. 在常见的会计核算程序中，共同的账务处理工作有（　　）。

A. 均应填制和取得原始凭证　B. 均应编制记账凭证

C. 均应填制汇总记账凭证　D. 均应设置和登记总账

2. 在不同的会计核算组织程序下，登记总账的依据可以有（　　）。

A. 记账凭证　B. 汇总记账凭证　C. 科目汇总表　D. 汇总原始凭证

3. 账务处理程序也叫会计核算程序，它是指（　　）相结合的方式。

A. 会计凭证 B. 会计账簿 C. 会计报表 D. 会计科目

4. 在我国，常用的账务处理程序主要有（ ）。

A. 记账凭证账务处理程序 B. 汇总记账凭证账务处理程序

C. 多栏式日记账账务处理程序 D. 科目汇总表账务处理程序

5. 以下属于记账凭证会计核算程序优点的有（ ）。

A. 简单明了、易于理解

B. 总分类账可较详细地记录经济业务发生情况

C. 便于进行会计科目的试算平衡

D. 减轻了登记总分类账的工作量

6. 在实际工作中，常用的账务处理程序有（ ）。

A. 日记总账账务处理程序 B. 记账凭证账务处理程序

C. 科目汇总表账务处理程序 D. 汇总记账凭证账务处理程序

7. 下列属于记账凭证的有（ ）。

A. 转账凭证 B. 收款凭证 C. 科目汇总表 D. 汇总记账凭证

8. 账务处理程序的主要内容包括（ ）。

A. 会计凭证、会计账簿种类及格式 B. 会计凭证与账簿之间的联系方法

C. 会计机构及会计岗位的设置 D. 会计工作人员的职责

9. 记账凭证账务处理程序与汇总记账凭证账务处理程序的区别有（ ）。

A. 原始凭证的种类不同 B. 记账凭证的种类不同

C. 明细账簿的记账依据不同 D. 总账的记账依据不同

10. 汇总记账凭证一般分为（ ）。

A. 汇总收款凭证 B. 汇总付款凭证 C. 原始凭证汇总表 D. 汇总转账凭证

11. 总账记账的依据可以是（ ）。

A. 记账凭证 B. 明细账 C. 科目汇总表 D. 汇总记账凭证

12. 各种账务处理程序的相同之处表现为（ ）。

A. 登记现金、银行存款日记账的依据和方法相同

B. 登记明细账的依据和方法相同

C. 登记总账的依据和方法相同

D. 编制会计报表的依据和方法相同

13. 采用科目汇总表账务处理程序时，月末应将（ ）与总分类账进行核对。

A. 现金日记账 B. 明细分类账

C. 汇总记账凭证 D. 银行存款日记账

14. 记账凭证账务处理程序适用于（ ）。

A. 规模较大 B. 规模较小

C. 凭证不多 D. 所用会计科目较多

15. 账务处理程序是指（　　）结合的方式。

A. 会计报表　　B. 会计账簿　　C. 会计凭证　　D. 原始凭证

16. 科目汇总表账户处理程序的特点是（　　）。

A. 能够减少登记总账的工作量

B. 不能反映账户间的对应关系

C. 能反映各账户一定时期内的借方本期发生额和贷方本期发生额

D. 适用于业务较大，记账凭证较多的企业

17. 能够起到简化登记分类账工作的账务处理程序的是（　　）账务处理程序。

A. 汇总记账凭证　B. 记账凭证　　C. 科目汇总表　　D. 日记总账

18. 生产规模较大、业务较多的企业可以采用（　　）账务处理程序。

A. 汇总记账凭证　B. 记账凭证　　C. 科目汇总表　　D. 多栏式日记账

（三）判断题

1. 科目汇总表不仅可以起到试算平衡的作用，还可以反映账户之间的对应关系。（　　）

2. 汇总记账凭证账务处理程序的缺点在于保持账户之间的对应关系。（　　）

3. 记账凭证账务处理程序的特点是直接根据记账凭证逐笔登记总分类账，是最基本的账务处理程序。（　　）

4. 会计报表是根据总分类账、明细分类账和日记账的记录定期编制的。（　　）

5. 库存现金日记账和银行存款日记账不论在何种会计核算形式下，都是根据收款凭证和付款凭证逐日逐笔顺序登记的。（　　）

6. 科目汇总表账务处理程序能科学地反映账户的对应关系，且便于账目核对。（　　）

7. 汇总记账凭证账务处理程序和科目汇总表账务处理程序都适用于经济业务较多的单位。（　　）

8. 记账凭证账务处理程序的主要特点就是直接根据各种记账凭证登记总账。（　　）

9. 记账凭证账务处理程序最主要的缺点是不便于查对账目。（　　）

10. 由于各单位的业务性质、规模大小、管理要求的不同，所以各单位所采用的账务处理程序也就各不相同。（　　）

11. 同一单位可以同时采用几种不同的账务处理程序。（　　）

12. 记账凭证账务处理程序是最基本的账务处理程序。（　　）

13. 科目汇总表账务处理程序中，每月可以编制多个科目汇总表。（　　）

14. 科目汇总表账务处理程序和汇总记账凭证账务处理程序的主要相同点是在于汇总的方法一致。（　　）

15. 无论采用何种账务处理程序，报表的编制方法是相同的。（　　）

16. 无论采用何种账务处理程序，明细账既可以根据记账凭证登记又可以根据部分原始凭证或原始凭证汇总表登记。（　　）

17. 账务处理程序是指会计凭证、会计账簿、会计报表按照一定的形式和方法相合的方式，

由于结合的方式不同，就形成了不同的账务处理程序。（　　）

18. 账务处理程序主要包括记账凭证账务处理程序、汇总记账凭证账务处理程序、科目汇总表账务处理程序。（　　）

19. 在不同的账务处理程序下，各种账务处理程序的根本区别在于会计报表的编制依据不同。（　　）

20. 采用记账凭证账务处理程序，登记账簿的工作量大，适用于规模较大经济业务较复杂的企业。（　　）

21. 汇总转账凭证是按每一贷方科目分别设置的记账凭证。（　　）

22. 科目汇总表账务处理程序是以科目汇总表为依据直接登记总账和明细账。（　　）

23. 汇总记账凭证账务处理程序的优点之一是汇总记账凭证反映了科目之间的对应关系。（　　）

24. 由于各企业的业务性质、规模大小、业务繁简程度不同，所以其采用的账务处理程序也就有所不同。（　　）

25. 科目汇总表账务处理程序的优点之一是科目汇总表能反映科目之间的对应关系。（　　）

26. 记账凭证账务处理程序是各种账务处理程序中最基本的一种账务处理程序。（　　）

27. 汇总记账凭证账务处理程序和科目汇总表账务处理程序都有利于简化总账的登记工作。（　　）

28. 编制科目汇总表，虽然不能起到反映账户之间的对应关系，但可以起到试算平衡的作用。（　　）

29. 采用汇总记账凭证账务处理程序增加了填制汇总记账凭证的工作程序，增加了总账的登记工作量。（　　）

30. 在记账凭证账务处理程序下，需要设置银行存款日记账，一般采用三栏式、多栏式和数量金额式账页格式。（　　）

二、模拟实训

假定某企业 2012 年 9 月份发生的部分经济业务的账户记录如下。

① 收到前欠货款 25 000 元存入银行

② 用银行 50 000 元偿还前欠货款

③ 生产产品领用原材料 20 000 元

④ 借入短期借款 300 000 元存入银行

要求：

（1）根据上述账户记录中的金额及账户对应关系，分别写出相应的经济业务内容，并编制会计分录；

（2）根据以上会计分录编制科目汇总表。

三、拓展训练

某工厂“管理费用”总账账户 6 月 20 日有借方余额 18 500 元，6 月 21 日至 30 日发生下列经济业务：

1. 开出转账支票 1 500 元支付行政管理部门本月水电费。
2. 公出人员出差归来报销差旅费 800 元，付给现金。
3. 某职工因私事打长途电话费 100 元，现收回现金（前已报销）。
4. 摊销应由本月负担的保险费 600 元。
5. 月末结转本月发生的管理费用 21 300 元。

要求：

（1）编制本月业务的会计分录，并说明其应编入何种汇总记账凭证。

（2）根据汇总记账凭证登记“管理费用”总分类账户（“T”型账户），并写明摘要。

项目七　财产清查

学习目标

知识目标

✧　了解财产清查的作用、方法

✧　掌握财产清查的审批前和审批后的核算

能力目标

✧　掌握银行存款余额表的编制

✧　掌握货币资金的清查及账务处理

✧　掌握实物资产的清查及账务处理

案例导入

财产清查的重要性

某企业的副经理刘某，将企业正在使用的一台设备借给其朋友使用，未办理任何手续。清查人员在年底盘点时发现盘亏了一台设备，原值为 20 万元，已提折旧 5 万元，净值为 15 万元。经查，属刘副经理所为。于是，派人向借方追索。但借方声称，该设备已被人偷走。当问及刘副经理对此处理意见时，刘某建议按正常报废处理。

启发与思考

1. 盘亏的设备按正常报废处理是否符合会计制度要求？

2. 企业应怎样正确处理盘亏的固定资产？

学习任务一 财产清查概述

一、财产清查的含义和分类

财产清查是指通过对货币资金、实物资产和往来款项的盘点或核对，确定其实存数，查明账存数与实存数是否相符的一种专门方法。根据清查的范围、实施的时间等方面的不同，可以进行不同的分类。加强财产清查工作，对于加强企业管理，充分发挥会计的监督作用具有重要意义。

（一）按清查的范围，财产清查可分为全面清查和局部清查

1. 全面清查

全面清查是指对属于本单位或存放在本单位的全部财产物资和往来款项等进行全面盘点和清查。

全面清查的内容多、范围广、投入的人力多，不可能经常进行，一般只用于年终结算前的清查，当然在特殊情况下，如单位撤销、合并或改变隶属关系前；中外合资、国内合资前；企业股份制改制前；开展全面的资产评估、清产核资前；单位主要领导调离工作前等，为了明确经济责任或核定资金，也要进行全面清查。

2. 局部清查

局部清查是指根据需要对部分财产物资和往来款项等进行的盘点和清查。其清查的主要对象是流动性较大的财产，如库存现金、原材料、在产品和库存商品等。局部清查的范围小、内容少、涉及的人员较少，但专业性较强。主要包括以下各项。

（1）对于库存现金，由出纳员在每日业务终了时清点，做到日清月结；

（2）对于银行存款和银行借款，应由出纳员每月同银行核对一次；

（3）对于原材料、在产品和库存商品除年度清查外，每月应有计划地重点抽查，对于贵重的财产物资，应每月清查盘查一次；

（4）对于债权、债务，应在年度内至少核对一次至两次，如有问题应及时核对，及时解决。

（二）按清查时间，财产清查可分为定期清查和不定期清查

1. 定期清查

定期清查是根据管理制度的规定和预先计划安排的时间进行的财产清查。定期清查的对象和范围不定，可以是全面清查，也可以是局部清查。定期清查是为了及时发现账实不符，调整错误，核实损益，保证会计报表的真实与完整。定期清查通常在年末、季末或月末结账时进行。

2. 不定期清查

不定期清查是指事先没有规定清查时间，根据需要进行的临时性清查，也称临时清查。不定期清查可以是全面清查，也可以是局部清查。不定期清查主要在以下几种情况下进行：

（1）为了明确经济责任，在财产物资或现金的保管人员发生变动时，对其经管的财产进行清查；

（2）上级或国家有关部门决定对本单位会计或业务进行审查时，根据审查的要求和范围对财产物资进行的清查，其目的往往是验证该单位会计资料的可靠性；

（3）单位发生撤销、合并、重组等事项时，对企业的财产进行清查，其目的是摸清企业的家底；

（4）发生自然灾害或贪污盗窃、营私舞弊等事件时，对受损的财产物资进行清查，目的是查清损失情况。

【例题 7-1 · 单选题】因更换出纳员而对现金进行盘点和核对，属于（　　）。

A. 全面清查和不定期清查　　B. 全面清查和定期清查

C. 局部清查和不定期清查　　D. 局部清查和定期清查

参考答案：C

答案解析：更换财产物资保管人员进行的有关财产物资的清查，比如更换出纳员，属于不定期清查中的局部清查。

【例题 7-2 · 单选题】对于发生自然灾害或贪污盗窃受损的财产物资进行财产清查，通常采用（　　）。

A. 定期清查　　B. 分期清查　　C. 不定期清查　　D. 集中清查

参考答案：C

答案解析：发生意外灾害等非正常损失进行的损失情况的清查属于不定期清查。

【例题 7-3 · 多选题】按财产清查的时间可将财产清查方法分为（　　）。

A. 定期清查　　B. 不定期清查　　C. 局部清查　　D. 全面清查

参考答案：A、B

答案解析：按财产清查的时间可将财产清查方法分为定期清查和不定期清查。

【例题 7-4 · 多选题】按财产清查的范围和时间的不同，可将财产清查分为（　　）。

A. 全面不定期清查　　B. 全面定期清查

C. 局部定期清查　　D. 局部不定期清查

参考答案：A、B、C、D

答案解析：本题考核的是财产清查的分类，四个选项都是正确的。

二、财产清查的意义

企业单位各项财产的增减变动和结存情况都是通过账簿记录来反映的。按照会计制度的要求，任何单位都必须通过账簿全面、连续、系统地反映财产的增减变动和结存情况，并通过物资管理，保证账簿记录与实物、款项相符。

造成账实不符的原因主要有：①在收发财产物资时，由于计量、检验不准确而发生品种、数量或质量上的差错；②账务处理中出现漏记、重记、错记或计算错误；③财产物资在保管过程中发生自然损耗；④未达账项；⑤由于管理不善、工作人员失职，以及不法分子营私舞弊、贪污盗窃造成的损失；⑥发生自然灾害和意外事故，导致财产物资毁损。

适当运用财产清查的方法，对保证账簿记录与财产物资的实际状况相符合，并提供内容完整、数字准确、资料可靠的会计信息，具有重要意义。

（1）通过财产清查可以确定各项财产物资的实存数。

（2）通过财产清查可以查明各项财产物资的保管情况是否良好，有无因管理不善，造成霉烂、变质、损失浪费，或者被非法挪用、贪污盗窃的情况，以便采取有效措施，改善管理，切实保障各项财产物资的安全、完整。

（3）通过财产清查，可以查明各项财产物资的库存和使用情况，合理安排生产经营活动，充分利用各项财产物资，加速资金周转，提高资金使用效果。

【例题 7-5·单选题】对财产清查结果进行正确账务处理的主要目的是保证（ ）。

A. 账实相符　　B. 账表相符　　C. 账证相符　　D. 账账相符

参考答案：A

答案解析：对财产清查结果进行正确账务处理的主要目的是保证账实相符。

三、财产清查的一般程序

财产清查，尤其是全面清查和较复杂情况下的清查，涉及面广，工作量大。为了保证清查工作有条不紊地进行，一般可按照以下程序组织财产清查工作。

（1）建立财产清查组织；

（2）组织清查人员学习有关政策规定，掌握有关法律、法规和相关业务知识，以提高财产清查工作的质量；

（3）确定清查对象、范围，明确清查任务；

（4）制定清查方案，具体安排清查内容、时间、步骤、方法，以及必要的清查前准备；

（5）清查时本着先清查数量、核对有关账簿记录等，后认定质量的原则进行；

（6）填制盘存清单；

（7）根据盘存清单填制实物、往来账项清查结果报告表。

四、财产物资的盘存制度

1. 实地盘存制（以存计耗）

实地盘存制是指企业对各项财产物资，只在账簿中登记其收入数，不登记其发出数，期末通过对实物的盘点来确定财产物资结余数，然后倒挤出本期发出数的一种盘存制度。

其计算公式为：

本期减少数=期初余额+本期增加数-期末实际结存数

优点：核算工作比较简单，工作量较小。

缺点：实地盘存制无法连续反映财产物资的增减变化，把因失窃等管理不善而减少的财产物资也视为销售，无法结算出日常的账面余额，不能及时了解和掌握日常财产物资的账面结存额和财产物资的溢缺情况，且手续不严密，不利于管理。

适用于：数量大、价值低、收发频繁的财产物资。

2. 永续盘存制（账面盘存制）

永续盘存制是指企业对各项财产物资的收入和发出的数量及金额，都必须根据原始凭证和记账凭证在有关的账簿中进行连续登记，并随时结出账面余额的一种盘存制度。

其计算公式为：

期末结存数=期初余额+本期增加数-本期减少数

优点：随时结出财产物资结存数量，因此可随时反映出财产物资的收入、发出和结余情况，从数量和金额上进行双重控制，加强了对财产物资的管理，在实际工作中广泛应用。

缺点：财产品种复杂、繁多的企业，其明细分类核算工作量较大。

从加强财产的管理，提供管理所需会计信息的角度出发，除特殊情况采用实地盘存制外，应尽量采用永续盘存制。

采用永续盘存制的单位，仍需要对各项财产物资进行定期或不定期的清查盘点，以便查明账实是否相符，对于账实不符的，要及时查明原因，按照有关规定进行处理，以达到账实相符的目的。

需要指出的是，无论永续盘存制还是实地盘存制均需要进行实地盘点，但两者盘点的目的不同，前者是为了达到账实一致，后者是为了倒算出发出数。

【例题 7-6・判断题】永续盘存制与实地盘存制都是确定各项实物资产账面结存数量的方法。（　　）

参考答案：✓

答案解析：实地盘存制是指通过对期末财产物资的实地盘点，确定期末财产物资数量的方法。永续盘存制是对各项财产物资的增加或减少，都必须根据会计凭证逐笔或逐日在有关账簿中进行连续登记，并随时结算出该项物资的结存数的一种方法。

【例题 7-7・判断题】只有在永续盘存制下才可能出现财产的盘盈、盘亏现象。（　　）

参考答案：✓

答案解析：实地盘存制是指通过对期末财产物资的实地盘点，确定期末财产物资数量的方法，因此账实是相符的，而永续盘存制账面随时反映出的财产物资的结余情况与通过盘点财产物资实际库存数量可能不相符，从而出现财产的盘盈、盘亏现象。

学习任务二　货币资金的清查方法

一、库存现金的清查

库存现金清查的主要方法是通过盘点库存现金的实存数，然后再与库存现金日记账的账面余额相核对，确定账存与实存是否相等以及盈亏情况。

库存现金清查主要包括两种情况。

1. 经常性的现金清查

由出纳人员每日清点库存现金实有数，并与库存现金日记账的账面余额核对。

2. 定期或不定期清查

由清查小组对库存现金进行定期或不定期清查。清查时，出纳人员必须在场，库存现金由出纳人员经手盘点，清查人员从旁监督。同时，清查人员还应认真审核库存现金收付凭证和有关账簿，检查财务处理是否合理合法，账簿记录有无错误，以确定账存与实存是否相符等。

库存现金清查结束后应填写“库存现金盘点报告表”（如表 7-1 所示），并据以调整库存现金日记账的账面记录。

表 7-1 **库存现金盘点报告表**

单位名称： 年 月 日 单位：元

实存金额	账存金额	对比结果		备注
		盘盈	盘亏	

盘点人（签章）： 出纳人员（签章）：

盘点以后，对发现的差错应查明原因，等待处理。对白条抵库、坐支现金和库存现金超限额等情况，应在备注栏中说明。

注：白条指的是非正规发票，例如收款收据、超市购物小票等。

二、银行存款的清查

银行存款清查采用与银行核对账目的方法进行。清查前应先检查本单位银行存款日记账的正确性与完整性，然后将银行对账单与本单位“银行存款日记账”逐笔核对，以查明银行存款的收入、支出和结余的记录是否正确。

在实际工作中，企业银行存款日记账余额与银行对账单余额往往不一致，其主要原因有两个：一是一方或双方账目存在错误，发生重记、漏记或者金额、科目记错等问题；二是存在未达账项。未达账项是指企业与银行之间，由于凭证传递上的时间差，一方已登记入账，而另一方因尚未接到凭证因而未登记入账的款项。

具体地说，未达账项大致有下列四种情况：

（1）企业已收，银行未收，即企业已收款入账，银行尚未收款入账；

（2）企业已付，银行未付，即企业已付款入账，银行尚未付款入账；

（3）银行已收，企业未收，即银行已收款入账，企业尚未收款入账；

（4）银行已付，企业未付，即银行已付款入账，企业尚未付款入账。

编制“银行存款余额调节表”（如表 7-2 所示），一般是在单位银行存款日记账账面余额和银行对账单余额的基础上，分别补记对方已入账而本方尚未入账的未达账项金额，然后验证经调节后双方的余额是否相等，如图 7-1 所示。

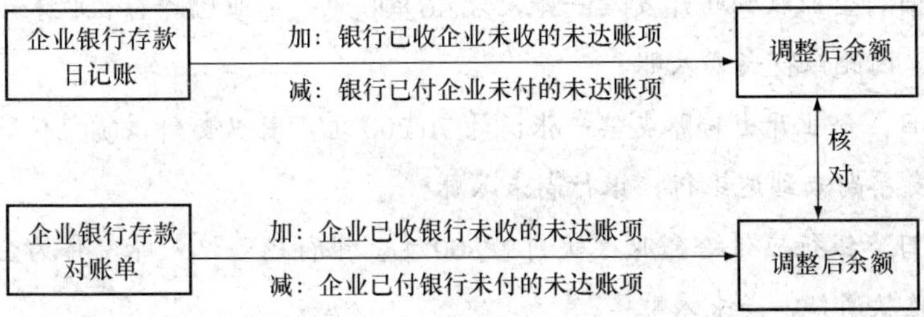

图 7-1　银行存款余额调节分析

表 7-2

银行存款余额调节表

年　　月　　日　　　　单位：元

项　　目	金　　额	项　　目	金　　额
企业银行存款账面余额		银行对账单账面余额	
加：银行已收，企业未收 减：银行已付，企业未付		加：企业已收，银行未收 减：企业已付，银行未付	
调节后存款余额		调节后存款余额	

通过核对，如果相等，表明双方记账都是正确的，双方的余额不符，完全是由于存在未达账项造成的；如果调节后双方的余额仍不相等，则表明还存在记账错误，应进一步查明原因，并按照错账更正方法予以更正。

【例题 7-8 · 单选题】某月末企业银行存款日记账余额为 200 000 元，银行对账单余额为 210 000 元，经过未达账项调节后的余额为 190 000 元，则对账日企业可以动用的银行存款实有数额为（　　）元。

A. 200 000　　B. 210 000　　C. 190 000　　D. 不能确定

参考答案：C

答案解析：经过银行存款余额调节表调节后，如果双方的余额相等，则表明双方记账基本正确，而这个相等的金额 190 000 元表示企业可动用的银行存款实有数。

【例题 7-9 · 多选题】使企业银行存款日记账的余额大于银行对账单余额的未达账项有（　　）。

A. 银行已付款记账而企业尚未付款记账

B. 银行已收款记账而企业尚未收款记账

C. 企业已付款记账而银行尚未付款记账

D. 企业已收款记账而银行尚未收款记账

参考答案：A、D

答案解析：银行已收款记账而企业尚未收款记账和企业已付款记账而银行尚未付款记账属于

银行对账单余额大于企业银行存款日记账余额。

【例题 7-10】 2014 年 6 月 30 日，某企业银行存款日记账余额为 413 280 元，银行对账单余额为 418 900 元。经逐笔核对，双方记账均无差错，但发现有下列未达账项。

（1）6 月 28 日，企业收到转账支票一张，计 46 800 元，企业已作存款收入入账，但尚未到银行办理入账手续，因此银行尚未入账。

（2）6 月 29 日，企业开出转账支票一张，计 70 200 元，用以支付供货单位账款，企业已作存款付出入账，但支票尚未到达银行，银行尚未入账。

（3）6 月 30 日，银行应付给企业存款利息 800 元，银行已登记入账，作为企业存款的增加，而企业尚未收到收款通知，尚未入账。

（4）6 月 30 日，银行代企业付水电费 18 580 元，银行已经登记入账，作为企业存款的减少，而企业尚未收到付款通知，尚未入账。

根据以上未达账项编制“银行存款余额调节表”。

参考答案：

银行存款余额调节表如表 7-3 所示。

表 7-3　　银行存款余额调节表

2014 年 6 月 30 日　　单位：元

项　目	金　额	项　目	金　额
企业银行存款账面余额	413 280	银行对账单账面余额	418 900
加：银行已收，企业未收 减：银行已付，企业未付	（3）800 （4）18 580	加：企业已收，银行未收 减：企业已付，银行未付	（1）46 800 （2）70 200
调节后存款余额	395 500	调节后存款余额	395 500

注意

（1）对任何一个会计科目来说，期初余额只可能在会计科目的一方：借方或贷方，反映资产、负债和所有者权益的期初余额。

（2）如果期初余额与期末余额的方向相同，说明会计科目的性质未发生变化；如果期末余额与期初余额的方向相反，则说明该会计科目的性质已发生改变。如“预收账款”是负债类会计科目，期初余额一般在贷方，反映期初预先收到的账款。如果预收账款期末余额仍在贷方，则反映期末预先收到的账款，仍为负债类会计科目；如果期末余额在借方，说明本期销售的部分高于预先收到的账款，超出预收部分就转化为应收账款，变成资产类性质。

类似的情况还有“应收账款”、“预付账款”、“应付账款”会计科目。

（3）损益类会计科目是为了计算损益而开设的，因为会计期末，应将收入、费用全部转出，计算利润。收入、费用转出后，损益类会计科目期末一般没有余额。

（4）在实际工作中，计算会计科目的余额可以用一种简单的办法进行：方向相同相加，方向相反相减，结果为余额。

学习任务三　实物财产的清查方法

一、实物清查方法

实物清查主要是对各种存货及固定资产等财产物资的清查。对于各种实物，如材料、半成品、在产品、产成品、低值易耗品、包装物、固定资产等，都要从数量和质量上进行清查。由于实物的形态、体积、重量、堆放方式等不尽相同，因而所采用的清查方法也不尽相同。实物数量的清查方法，比较常用的有以下几种。

（一）实物盘点

实物盘点是通过逐一清点或用计量器具来确定实物的实存数量。其适用的范围较广，在多数财产物资清查中都可以采用这种方法。

（二）技术推算

采用这种方法，对于财产物资不是逐一清点计数，而是通过量方、计尺等技术推算财产物资的结存数量。这种方法只适用于成堆量大而价值又不高，难以逐一清点的财产物资的清查。例如，露天堆放的煤炭等。

对于实物的质量，应根据不同的实物采用不同的检查方法，例如有的采用物理方法，有的采用化学方法来检查实物的质量。

二、实物清查常见凭证

为了明确经济责任，便于查阅，进行实物清查时，实物保管人员和盘点人员必须同时在场。对于盘点结果，应如实登记盘存单，并由盘点人员和实物保管人员一起签字或盖章。

盘存单（见表7-4）既是记录盘点结果的书面证明，又是反映财产物资实存数的原始凭证。为了查明实存数与账存数是否一致，确定盘盈或盘亏情况，相关人员应不定期根据盘存单或账簿记录，编制“实存账存对比表”（见表7-5），该表是用以调整账簿记录的重要原始凭证，也是分析差异产生，明确经济责任的重要依据。

表7-4　　盘存单

单位名称：　　盘点时间：　　编　号：

财产类别：　　存入地点：　　金额单位：

编　号	名　称	计量单位	数　量	单　价	金　额	备　注

盘点人签章：　　保管人签章：

表 7-5　　　　　　　　　　实存账存对比表

单位名称：　　　　　　　　　　　年　　月　　日

编号	类别及名称	计量单位	单价	对比结果								备注
				实存		账存		盘盈		盘亏		
				数量	金额	数量	金额	数量	金额	数量	金额	

主管人员：　　　　　　　　会计：　　　　　　　　制表：

对于清查出来的残存变质物资、伪劣产品，应另外编制“残存变质物资、伪劣产品情况表”（如表 7-6 所示），写明损失程度和损失金额，经盘点小组研究决定后提出处理意见，情况比较严重的还应做专项说明。

表 7-6　　　　　　　　残存变质物资、伪劣产品情况表

单位名称：　　　　　　　　　　　年　　月　　日

名称规格	单　价	原　价	账面记录		报　废		报　损		残存伪劣		处理意见
			数　量	金　额	数　量	金　额	数　量	金　额	数　量	金　额	
合计											

主管人员：　　　　　　　　会计：　　　　　　　　制表：

【例题 7-11 • 单选题】在财产清查中，实物盘点的结果应如实登记在（　　）中。

A. 对账单　　B. 盘存单　　C. 盘盈盘亏报告表　　D. 账存实存对比表

参考答案：B

答案解析：在财产清查中，实物盘点的结果应如实登记在盘存单中。

学习任务四　往来款项的清查方法

往来款项是单位与其他单位或个人之间的各种应收款项、应付款项、预收账款、预付账款及其他应收、应付款项。往来款项的清查一般用“发函询证的方法”进行核对，即派人或以通讯的方式，与结算往来单位核实账目。

清查的方法一般如下。

（1）首先确定本单位的往来款项记录准确无误，总分类账与明细分类账的余额相等，各明细分类账的余额相符。

（2）在保证本单位账簿记录正确的情况下，编制“往来款项对账单”（如图 7-2 所示），通过信函、电函、面询等多种方式，请对方企业核对，确定各种应收、应付款的实际情况。

对账单应按明细账户逐笔摘抄，一式两联，其中一联是回单，对方单位核对后将回单盖章退

回本单位；如果发现双方账目不相符，应在回单上注明，以便进一步查对。

往 来 款 项 对 账 单

××单位：

你单位于××年××月××日到我公司×××，已付款×××，还有×××未付，请核对后将回单联寄回。

清查单位：（盖章）

××年××月××日

往 来 款 项 对 账 单（回 单）

××单位：

你单位寄来的“往来款项对账单”已收到，经核对相等。

××单位：（盖章）

××年××月××日

图 7-2　往来款项对账单

（3）收到回单以后，要据以编制“往来款项清查表”（如表 7-7 所示），由清查人员和记账人员共同签名盖章，注明核对相符与不相符的款项，对不相符的款项按有争议、未达账项、无法收回等情况归类，并针对具体情况及时采取措施予以解决。

表 7-7　　往来款项清查表

总分类账户名称：　　20××年×月×日

明细分类账户		清查结果		核对不符原因分析			备　注
名　称	账面余额	核对相符金额	核对不符金额	未达账项金额	有争议款项金额	其　他	

记账人员：　　清查人员：

【例题 7-12・单选题】以下资产可以采用发函询证方法进行清查的是（　　）。

A. 煤炭　　B. 银行存款　　C. 固定资产　　D. 应收账款

参考答案：D

答案解析：选项 A 应该采用技术推算法，选项 B 银行存款应该采用编制银行存款余额调节表的方式进行盘点，选项 C 应该采用实地盘点的方法。

【例题 7-13・单选题】下列记录可以作为调整账面数字的原始凭证的是（　　）。

A. 实存账存对比表　　B. 银行存款余额调节表

C. 往来款项对账单　　D. 盘存单

参考答案：A

学习任务五　财产清查结果的处理

一、财产清查结果的处理要求

财产清查的结果不外乎三种情况：一是账存数与实存数相符；二是账存数大于实存数，财产物资发生盘亏；三是账存数小于实存数，财产物资发生盘盈。

如果财产清查的结果表明单位存在账实不符的情况，则有可能是财产管理和会计核算等方面存在这样那样的问题，应当认真分析研究，按照相关法律法规和企业的规章制度进行处理。

（一）分析账实不符的原因和性质，提出处理建议

对于财产清查中发现的各种盘盈、盘亏以及质量问题，应核准数字，调查分析发生盘盈、盘亏的原因及性质，明确经济责任，依据有关法律、制度规定，提出处理意见和建议。

（二）积极处理多余积压财产，认真清理往来款项

对于财产清查中发现的积压、多余财产物资，应查明原因，并根据不同情况进行处理：对属于盲目采购、盲目建造或生产任务变更等原因造成的积压，除设法内部利用、改制、代用外，还应积极组织推销，以减少物资积压，加速资金周转；对于因品种不配套而造成的半成品积压，应当调整生产计划，组织均衡生产；对于利用率不高或闲置不用的固定资产，也应查明原因积极处理，做到物尽其用。

（三）总结经验教训，建立健全各项管理制度

对于财产清查中发现的各种问题，应在查明问题性质和原因的基础上，认真总结经验教训，制订改进措施，建立健全财产物资管理制度，进一步落实财产管理责任制，保护单位财产的安全与完整，不断提高管理水平。

（四）及时调整账簿记录，保证账实相符

对于查明的各种盘盈、盘亏，应及时调整有关财产物资的账簿记录，并作为待处理财产损溢；在查明原因经批准处理后，再按批准的意见转账，进行相应的账务处理。对于各种往来款项，如在清查中发现差错，也应及时调整账目；对于查明的确实无法收回的应收款项，应按规定手续经批准后予以核销。

二、财产清查结果处理的步骤和方法

（一）财产清查结果处理的步骤

1. 审批之前的处理

根据“清查结果报告表”、“盘点报告表”等已经查实的数据资料，编制记账凭证，记入有关账簿，使账簿记录与实际盘存数相符，同时根据企业的管理权限，将处理建议报股东大会或董事会，或经理（厂长）会议或类似机构批准。

2. 审批之后的处理

根据审批的意见，进行差异处理，调整账项，并据以登记有关账簿。

3. 账户设置

为了记录、反映财产的盘盈、盘亏和毁损情况，应设置“待处理财产损溢”科目。“待处理财产损溢”账户是资产类账户，用来核算企业在清查财产过程中查明的各种财产物资的盘盈、盘亏和毁损，如图 7-3 所示。在该科目下应设置“待处理固定资产损溢”和“待处理流动资产损溢”两个明细科目，分别核算固定资产和流动资产待处理的损溢。

待处理财产损溢

期初余额：待处理的财产物资净损失数	期初余额：待处理的财产物资净溢余数
发生额：财产物资发生盘亏、毁损或经批准转销的盘盈数	发生额：财产物资盘盈数或经批准转销的盘亏、毁损数
期末余额：待处理的财产物资净损失数	期末余额：待处理的财产物资净溢余数

图 7-3 “待处理财产损溢”账户

【例题 7-14 · 判断题】盘点实物时，发现账面数大于实存数，即为盘盈。（　　）

参考答案：×

答案解析：盘点实物时，发现账面数大于实存数，即为盘亏。

（二）财产清查账务处理

1. 库存现金盘盈、盘亏的账务处理

当现金发生盘亏时，报经批准后，属于应由责任人赔偿或保险公司赔偿的部分，计入“其他应收款”科目；属于无法查明原因的，计入“管理费用”科目。

当现金发生溢余时，报经批准后，属于应支付给有关人员或单位的，计入“其他应付款”科目；属于无法查明原因的，计入“营业外收入”科目。

【例题 7-15】某企业在财产清查中，查明库存现金短款 21.70 元。

（1）报经审批前，应根据“库存现金盘点报告表”编制记账凭证，并据以登记入账，调整账面记录，使之账实相符。会计分录如下。

借：待处理财产损溢——待处理流动资产损溢　　21.70

　贷：库存现金　　21.70

（2）假定上述现金短款属于无法查明的其他原因，根据管理权限报经审批后，列作管理费用。应根据批复意见编制会计分录如下。

借：管理费用——现金短缺　　21.70

　贷：待处理财产损溢——待处理流动资产损溢　　21.70

（3）假定上述现金短款属于出纳小李保管不善导致，由出纳小李赔偿。编制会计分录如下。

借：其他应收款——小李　　21.70

　贷：待处理财产损溢——待处理流动资产损溢　　21.70

当小李赔付该款款项时。

借：库存现金　　21.70

　　贷：其他应收款——小李　　21.70

【例题 7-16】某企业在财产清查中，查明库存现金长款 20.50 元。

（1）报经审批前，应根据“库存现金盘点报告表”编制记账凭证，并据以登记入账，调整账面记录，使之账实相符。会计分录如下。

借：库存现金　　20.50

　　贷：待处理财产损溢——待处理流动资产损溢　　20.50

（2）假定上述现金长款属于无法查明的其他原因，根据管理权限报经审批后，作为盘盈利得，列作营业外收入。应根据批复意见编制会计分录如下。

借：待处理财产损溢——待处理流动资产损溢　　20.50

　　贷：营业外收入　　20.50

2. 存货盘盈、盘亏的账务处理

对于存货的盘盈，应及时办理存货的入账手续，按盘盈存货的计划成本或估计成本，调整存货账面数，记入“待处理财产损溢”账户。经查明原因和有关部门批准后，再根据批复意见作冲减管理费用等处理。

企业发生存货盘亏或毁损时，借记“待处理财产损溢”账户，贷记“原材料”、“库存商品”等账户。在按管理权限报经批准后做如下会计处理：对于入库的残料价值，记入“原材料”等账户；对于应由保险公司和过失人的赔款，记入“其他应收款”账户；扣除残料价值和应由保险公司、过失人赔款后的净损失，属于一般经营损失的部分，记入“管理费用”账户，属于非常损失的部分，如自然灾害、意外事故等，记入“营业外支出”账户。

【例题 7-17】某企业在财产清查中，查明盘盈材料一批，按同类材料估计确定其成本为 1 200 元。

（1）报经批准前，应根据“实存账存对比表”做会计分录如下。

借：原材料　　1 200

　　贷：待处理财产损溢——待处理流动资产损溢　　1 200

（2）经查，上述材料盘盈系平时收发计量误差所致，经批准冲减“管理费用”。应做会计分录如下。

借：待处理财产损溢——待处理流动资产损溢　　1 200

　　贷：管理费用　　1 200

【例题 7-18】某企业在财产清查中，发现盘亏材料 2 000 元，增值税率为 17%，共计 2 340 元。

（1）根据“实存账存对比表”，在审批前按材料的盘亏数入账。做会计分录如下。

借：待处理财产损溢——待处理流动资产损溢　　2 340

　　贷：原材料　　2 000

　　　　应交税费——应交增值税（进项税额转出）　　340

（2）经查，上述材料盘亏系平时收发计量误差所致，经批准列作“管理费用”。应做会计分录如下。

借：管理费用　　2 340

　　贷：待处理财产损溢——待处理流动资产损溢　　2 340

【例题 7-19】某企业在财产清查中，发现毁损库存商品一批，其成本为 8 000 元，成本中外购材料占毁损商品成本的比重为 80%，适用增值税率为 17%，应转出进项税额 1 088 元（8 000×80%×17%）。

（1）审批前按毁损商品的实际成本入账。应做会计分录如下。

借：待处理财产损溢——待处理流动资产损溢　　9 088

　　贷：库存商品　　8 000

　　　　应交税费——应交增值税（进项税额转出）　　1 088

（2）经查，上述材料盘亏系属于库存商品保管员的过失造成的，经批准由个人赔偿 2 000 元。上述损失扣除赔偿后的差额，经批准列作管理费用。应做会计分录如下。

借：其他应收款　　2 000

　　管理费用　　7 088

　　贷：待处理财产损溢——待处理流动资产损溢　　9 088

3. 固定资产盘盈、盘亏的账务处理

盘盈的固定资产应按重置成本确定其入账价值，作为前期差错处理，在按管理权限报经批准处理前，应先通过“以前年度损益调整”账户核算。

盘亏的固定资产应按其账面价值先通过“待处理财产损溢”账户核算，报经批准转销时，再作为盘亏损失转入“营业外支出”账户。

如盘亏或毁损的资产在期末结账前尚未经批准，在对外提供财务会计报告时应按上述规定进行处理，并在会计报表附注中做出说明；如果其后批准处理的金额与已处理的金额不一致，应按其差额调整会计报表相关项目的年初数。

【例题 7-20】某企业在财产清查中，发现盘亏设备一台，其账面原价为 50 000 元，已提折旧 15 000 元。

（1）根据“实存账存对比表”，对盘亏设备应做会计分录如下。

借：待处理财产损溢——待处理固定资产损溢　　35 000

　　累计折旧　　15 000

　　贷：固定资产　　50 000

（2）固定资产盘亏经审批，同意作为损失列作营业外支出处理，应做会计分录如下。

借：营业外支出　　35 000

　　贷：待处理财产损溢——待处理固定资产损溢　　35 000

财产清查中盘盈盘亏账务处理如表 7-8 所示。

表 7-8　　　　　　　　　　　　**盘盈盘亏账务处理汇总表**

<table>
<tr><th colspan="2"></th><th>批准前</th><th>批准后</th></tr>
<tr><td rowspan="2">库存现金</td><td>盘盈</td><td>借：库存现金
　贷：待处理财产损溢</td><td>查明原因。
借：待处理财产损溢
　贷：其他应付款
原因不明。
借：待处理财产损溢
　贷：营业外收入</td></tr>
<tr><td>盘亏</td><td>借：待处理财产损溢
　贷：库存现金</td><td>查明原因。
借：其他应收款
　贷：待处理财产损溢
原因不明。
借：管理费用
　贷：待处理财产损溢</td></tr>
<tr><td rowspan="2">存货</td><td>盘盈</td><td>借：原材料等科目
　贷：待处理财产损溢</td><td>借：待处理财产损溢
　贷：管理费用</td></tr>
<tr><td>盘亏</td><td>借：待处理财产损溢
　贷：原材料等科目</td><td>借：管理费用（管理不善）
　营业外支出（非常原因）
　其他应收款（应收责任人、保险公司赔款）
　贷：待处理财产损溢</td></tr>
<tr><td rowspan="2">固定资产</td><td>盘盈</td><td colspan="2">盘盈的固定资产作为前期差错，通过“以前年度损益调整”科目核算，不用区分批准前批准后，在盘盈时做一笔分录。
借：固定资产（重置成本）
　贷：以前年度损益调整</td></tr>
<tr><td>盘亏</td><td>借：待处理财产损溢
　累计折旧
　贷：固定资产</td><td>盘亏净损失的处理。
借：营业外支出——固定资产盘亏
　贷：待处理财产损溢</td></tr>
</table>

4. 往来款项清查结果的账务处理

往来款项清查结果的账务处理主要是坏账损失和由于债权单位赊销等原因造成的无法偿还的债务。发生的坏账损失，借记“坏账准备”账户，贷记“应收账款”等账户。企业确实无法支付的应付款项，经批准应转入企业的营业外收入，直接记入“营业外收入”账户。

需要说明的是，企业在日常工作中发生的待处理财产损溢，通常必须在年报编制前处理完毕。

【例题 7-21·判断题】对于盘盈或盘亏的财产物资，须在期末结账前处理完毕，如在期末结账前尚未经批准处理，待批准后进行处理。（　　）

参考答案：×

答案解析：对于等待批准处理的财产盘盈、盘亏，会计年终前应处理完毕。会计期末，“待处理财产损溢”账户无余额。

【例题 7-22·多选题】与“待处理财产损溢”账户借方发生对应关系的账户可能有（　　）。

A. 固定资产　　B. 应收账款　　C. 原材料　　D. 营业外收入

参考答案：A、C、D

答案解析：“应收账款”账户与“待处理财产损溢”账户不存在对应关系。

拓展阅读

1. 对账不及时

大多数企业销售部门只管销售，会计部门只管记账，不经常和对方核对账目，久而久之极易造成往来款项悬账及呆账。

2. 往来款项账务处理不规范

企业会计人员由于业务素质差，不按照会计制度规定对企业的往来款项进行正确的账务处理。应记入应收款项的业务误记为其他应收款；应记入应付款项的业务误记为其他应付款；还有的把不属于同一账户的应收款项与应付款项对冲按其余额记账等。由此造成往来款项的混乱，为以后资金结算带来很多麻烦。

3. 利用往来款项账户调节利润

4. 利用往来款项账户进行舞弊

有些企业内部控制薄弱，企业会计人员利用职务上的便利，将款项汇入私人账户，在账务处理时记入往来款项账户中，还有的把核销的应收款项，在以后收回时作为账外小金库。

5. 往来款项不定期清理

企业由于对往来款项管理不善，使一些名存实亡的往来款项长期挂账，该付出的不付出，该收回的不收回，该报损的坏账不报损失处理，该报营业外收入的不报批列营业外收入等。这些极易造成往来款项的账目混乱。

项目小结

本项目主要阐述了财产清查的种类、意义，在明确各种财产清查方法的基础上，掌握财产清查结果的账务处理方法。

同步练习与实践训练

一、理论与技能测试

（一）单项选择题

1. 对所有的财产进行全面盘点和核对是（　　）。

A. 定期清查　　B. 局部清查　　C. 全面清查　　D. 不定期清查

2. 因更换出纳员而对现金进行盘点和核对，属于（　　）。

A. 全面清查和不定期清查　　B. 全面清查和定期清查

C. 局部清查和不定期清查　　D. 局部清查和定期清查

3. 对现金和实物进行清查应采用的方法是（　　）。

A. 实地盘点　B. 永续盘存　C. 盘存计耗　D. 询证核对

4. 进行财产清查时，对大量成堆、难以逐一清点数量的财产物资，一般采用（　　）。

A. 实地盘点法　B. 抽查检验法　C. 技术推算法　D. 询证核对法

5. 对于财产清查中所发现的财产物资盘盈、盘亏和毁损，财会部门进行账务处理依据的原始凭证是（　　）。

A. 银行存款余额调节表　B. 账存实存对比表

C. 盘存单　D. 入库单

6. 银行存款的清查一般采用（　　）法。

A. 实地盘点　B. 技术推算　C. 核对账目　D. 抽查盘点

7. 某企业原材料盘亏，现查明原因，属于定额内损耗，按照规定予以转销时，应编制的会计分录为（　　）。

A. 借：待处理财产损溢
　　贷：原材料

B. 借：待处理财产损溢
　　贷：管理费用

C. 借：管理费用
　　贷：待处理财产损溢

D. 借：营业外支出
　　贷：待处理财产损溢

8. 存货盘盈，经批准后一般应作为（　　）处理。

A. 营业外收入　B. 资本公积　C. 冲减管理费用　D. 投资收益

9. 由于保管人员的责任导致存货盘亏应当由其赔偿的部分，可先记入（　　）账户。

A. “营业外支出”　B. “其他应收款”　C. “管理费用”　D. “营业外收入”

10. 库存商品因管理不善盘亏，经批准核销时，应借记（　　）账户。

A. “管理费用”　B. “营业外支出”

C. “库存商品”　D. “待处理财产损溢”

11. 现金清查中无法查明原因的短款，经批准后计入（　　）。

A. 管理费用　B. 财务费用　C. 其他应收款　D. 营业外支出

12. 以下项目中不是财产清查的基本程序的是（　　）。

A. 清查前的准备工作　B. 账项核对和实地盘点

C. 清查结果处理　D. 复查报告

13. 对于发生自然灾害或贪污盗窃受损的财产物资进行财产清查，通常采用（　　）。

A. 定期清查　B. 不定期清查　C. 集中清查　D. 分散清查

14. 由于非正常损失导致存货的盘亏一般应作为（　　）处理。

A. 营业外支出　B. 财务费用　C. 管理费用　D. 坏账损失

15. 财产清查是通过实地盘点、查证核对来查明（　　）是否相符的一种方法。

A. 账证　B. 账账　C. 账实　D. 账表

16. 单位撤销、合并时，对财产物资应进行（　　）。

A. 全面清查　B. 局部清查　C. 抽样清查　D. 定期清查

17. “未达账项”是指企业与银行双方，由于凭证传递和入账时间不一致，而发生的（　　）。

A. 一方已入账，另一方未入账的款项　B. 双方登账出现的款项

C. 一方重复入账和款项　D. 双方均未入账的款项

18. 对贵重物资一般要经常进行（　　）清查，至少每月清查盘点一次。

A. 局部　B. 全面　C. 不定期　D. 非重点

19. 为了记录、反映财产物资的盘盈、盘亏和毁损情况，应当设置（　　）科目。

A. “固定资产清理”　B. “待处理财产损溢”

C. “长期待摊费用”　D. “营业外支出”

20. 财产清查按照（　　），可以分为全面清查和局部清查。

A. 清查的时间　B. 清查的方法　C. 清查的地点　D. 清查的范围

（二）多项选择题

1. 财产清查按清查的时间分为（　　）。

A. 内部清查　B. 定期清查　C. 不定期清查　D. 外部清查

2. 实地盘点法可用于（　　）清查。

A. 实物　B. 库存现金　C. 银行存款　D. 往来款项

3. 局部清查是对一个单位的部分财产物资进行清查，对（　　）等财物，一般在年中应进行局部清查。

A. 产成品　B. 贵重物品　C. 库存现金　D. 机器设备

4. 银行存款的清查，须将（　　）进行相互逐笔核对。

A. 银行存款总账　B. 银行对账单　C. 银行存款日记账　D. 支票登记簿

5. 未达账项包括（　　）。

A. 企业已记收，银行未记收的款项　B. 企业已记付，银行未记付的款项

C. 银行已记收，企业未记收的款项　D. 银行已记付，企业未记付的款项

6. 进行局部财产清查时，正确的做法包括（　　）。

A. 现金每月清点一次　B. 银行存款每月至少同银行核对一次

C. 贵重物品每月盘点一次　D. 债权债务每年至少核对一至两次

7. 下列清查事项中，属于不定期清查的有（　　）。

A. 发生意外灾害　B. 清产核资前　C. 临时性检查　D. 货币资金的检查

8. 现金清查的内容主要包括（　　）。

A. 是否有未达账项　B. 是否有白条顶库

C. 是否超限额留存现金　D. 是否坐支现金

9. 财产清查主要解决的问题有（　　）。

A. 确定单位财产物资的实存数和债权、债务的实际余额

B. 查明财产物资的实存数与账面数的差异及其产生的原因

C. 调整账目，达到账实相符

D. 不断发现和解决会计核算和会计管理方面的问题

10. 造成账实不符的原因包括（　　）。

A. 储存中发生自然损耗　　B. 财产物资收发计量错误

C. 财产物资的毁损、被盗　　D. 账簿的漏记、重记

（三）判断题

1. 属于自然灾害造成的存货毁损，扣除保险公司赔款和残值后的净损失，应记入“管理费用”账户。（　　）

2. 一般情况下，全面清查是定期清查，局部清查是不定期清查。（　　）

3. 对于未达账项应编制银行存款余额调节表进行调节，同时将未达账项编制记账凭证登记入账。（　　）

4. 企业在银行的实有存款数应是银行对账单上列明的余额。（　　）

5. 对于盘亏固定资产的净损失，报经批准后应转入“营业外支出”账户。（　　）

6. 技术推算法是指利用技术方法推算财产物资实存数的方法。适用于煤炭、砂石等大宗物资的清查。（　　）

7. 一般情况下，内部清查是局部清查，外部清查则是全面清查。（　　）

8. 无论永续盘存制还是实地盘存制，对各项财产物资进行实地清查盘点的目的都是为了账实核对。（　　）

9. 相对于技术推算法，实地盘点法得到的数据通常不够准确，但工作量较小。（　　）

10. 盘点现金时，出纳人员必须在场，以明确经济责任。（　　）

二、模拟实训

1. 某公司20××年12月31日进行财产清查，在清查中发现库存现金短缺95元。

要求：请做出相应的账务处理。

2. 某公司20××年12月31日进行财产清查，在清查中发现库存现金短缺95元，经审查发现是出纳员小王的过错。

要求：请做出批准后的账务处理。

3. 某公司20××年12月31日进行财产清查，在清查中发现：应付福州化工的购货款23 000元，由于福州化工企业破产无法支付。经批准注销了该负债。

要求：请做出相关的账务处理。

4. 某企业20××年12月31日进行财产清查，在清查中发现：应收鲁能公司的货款25 000元，由于该公司已经破产以其破产财产无法支付本公司的应收账款20 000元，经批准可以转销该应收账款。本企业采用的是备抵法处理坏账。

要求：请做出账务处理。

5. 某企业经财产清查，发现盘亏B材料100吨，每吨单价200元。经查明，属于定额内合理

的损耗有 5 吨，计 1 000 元；属于责任人赔偿的有 40 吨，计 8 000 元；属于自然灾害造成的损失为 55 吨，计 11 000 元，由保险公司赔偿 6 000 元。

要求：根据所给资料对该企业盘亏的 B 材料进行批准前和批准后的账务处理。

6. 某企业在财产清查中，发现盘亏机器设备一台，账面原值为 280 000 元，已提折旧额为 100 000 元。

要求：对该企业盘亏的机器设备进行批准前和批准后的账务处理。

三、拓展训练

1. 某公司在财产清查中，发现如下问题。

（1）发现一台账外机器，重置完全价值 65 000 元，估计八成新；

（2）盘亏设备一台，账面原价 28 000 元，已提折旧 12 000 元；

（3）甲材料账存 4 500 元，实存 4 300 元，系保管员责任；

（4）乙材料账存 7 500 元，实存 7 850 元，系收发计量不准确造成；

（5）丙材料账存 15 200 元，实存 13 500 元，系自然灾害造成，保险公司应给予 1 000 元赔偿，暂未收到款项。

要求：对上述经济业务进行相关会计处理（包括批准前和批准后的会计处理）。

2. 某企业 20××年 12 月 31 日的银行存款日记账账面余额为 691 600 元，而银行对账单上企业存款余额为 681 600 元，经逐笔核对，发现有以下未达账项。

（1）12 月 26 日企业开出转账支票 3 000 元，持票人尚未到银行办理转账，银行尚未登账；

（2）12 月 28 日企业委托银行代收款项 4 000 元，银行已收款入账，但企业未接到银行的收款通知，因而未登记入账；

（3）12 月 29 日，企业送存购货单位签发的转账支票 15 000 元，企业已登账，银行未登账；

（4）12 月 30 日，银行代企业支付水电费 2 000 元，企业尚未接到银行的付款通知，故未登记入账。

要求：根据以上有关内容，编制“银行存款余额调节表”，并分析调节后是否需要编制有关会计分录，在编表时企业可动用的银行存款的限额是多少？

项目八　财务会计报告

学习目标

知识目标

✧ 了解财务会计报告的意义、种类及编制要求

✧ 了解现金流量表的内容及编制方法

能力目标

✧ 掌握资产负责表的内容及编制方法

✧ 掌握利润表的内容及编制方法

案例导入

红旗公司实现的净利润

截至 2013 年 12 月 31 日，红旗公司“主营业务收入”账户发生额为 2 000 000 元，“主营业务成本”账户发生额为 540 000 元，“其他业务收入”账户发生额为 510 000 元，“其他业务成本”账户发生额为 160 000 元，“营业税金及附加”账户发生额为 800 000 元，“销售费用”账户发生额为 62 000 元，“管理费用”账户发生额为 50 000 元，“财务费用”账户发生额为 180 000 元，“资产减值损失”账户发生额为 60 000 元，“公允价值变动损益”账户借方发生额为 460 000 元（无贷方发生额），“投资收益”账户贷方发生额为 850 000 元（无借方发生额），“营业外收入”账户发生额为 90 000 元，“营业外支出”账户发生额为 30 000 元，“所得税费用”账户发生额为 182 600 元。

请问：2013 年红旗公司实现净利润为多少？

启发与思考

1. 你了解企业利润表的构成吗?
2. 利润表是怎么编制的?
3. 你认为企业利润表能反映企业的哪些信息?

拓展阅读

财务报表的发展

资产负债表的雏形产生于古意大利，随着商业的发展，商贾们对商业融资的需求日益加强。高利贷放贷者出于对贷款本金安全性的考虑，开始关注商贾们的自有资产状况，资产负债表于是孕育而生；随着近代商业竞争不断加剧，商业社会对企业的信息披露要求越来越高，静态的、局限于时点的会计报表——资产负债表已无法满足信息披露的要求，人们日益关注的是企业持续生存能力，即企业的盈利能力，于是，期间报表——损益表开始走上历史舞台。

现金流量表的前身是资金表，最早出现于 1862 年的英国。1908 年，威廉・莫斯・考尔在他撰写的会计教科书中，正式称该表为“来龙去脉表”，若干年后，称该表为“资金表”。

自 20 世纪 70 年代后，资金表成为西方国家企业对外必须编的财务报表之一。

我国长期以来实行计划经济，国有企业的资金由财政部和银行管理，企业只须编制资产负债表及损益表。

1985 年财政部颁布了《中外合资企业会计制度》及 1992 年 1 月 1 日起执行的《股份制试点企业会计制度》，要求合资企业和股份制试点企业必须编制“财务状况变动表”。

1992 年财政部颁布了《企业会计准则》，规定企业必须编制财务状况变动表或现金流量表。

1998 年 3 月，财政部颁布了具体会计准则《现金流量表》，规定以现金流量表代替财务状况变动表。

启发与思考

是什么促进财务报表的发展?

学习任务一　财务会计报告

一、财务会计报告的概念

财务报告(Financial Report)是企业对外揭示并传递经济信息的手段，也称为“财务会计报告”，是指企业对外提供的反映企业某一特定日期财务状况和某一会计期间经营成果、现金流量的文件。作为全面披露企业财务活动及经济活动信息的对外报告，财务报告具有完整的报告体系框架。从财务报告披露的时间看，财务报告分为年度、半年度（中期）、季度和月度财务报告；从财务报告的构成看，财务报告包括财务报表、财务报表附注、财务情况说明书等主要内容。

（一）财务报表

财务报表（Financial Statement）（或称会计报表）是财务报告的主要内容。它是企业向投资者、债权人等会计信息使用者提供的关于企业财务状况、经营业绩和现金流量信息的文字与表格文件。在我国会计中，企业财务报表体系由基本财务报表及其附表组成，其中，基本财务报表包括资产负债表、利润表（收益表）、现金流量表等。

（二）财务报表附注

财务报表附注是财务报告的重要组成部分。它是为了便于会计信息使用者理解财务报表的内容而对财务报表产生的基础、依据、原则和方法以及主要项目等所做的解释和说明。

财务报表附注的主要内容有：

（1）不符合基本会计假设的说明；

（2）重要会计政策和会计估计及其变更情况、变更原因以及对财务状况和经营成果的影响；

（3）或有事项、承诺事项和资产负债表日后事项的说明；

（4）关联方关系及其交易的说明；

（5）重要资产转让及其出售情况；

（6）企业合并、分立；

（7）重大投资、融资活动；

（8）财务报表（含合并报表）中重要项目的明细资料或注释；

（9）有助于理解和分析会计报表需要说明的其他事项。

（三）财务情况说明书

财务情况说明书是对企业一定会计期间生产经营以及财务、成本情况进行分析说明的书面文字报告。

【例题 8-1·单选题】会计报表编制的根据是（　　）。

A. 账簿记录　　B. 科目汇总表　　C. 原始凭证　　D. 记账凭证

参考答案：A

答案解析：会计报表编制的根据是账簿记录。

二、财务报告的目标

财务会计报告的目标就是为财务会计报告使用者提供与企业财务状况、经营成果和现金流量等有关会计信息，反映企业管理层受托责任履行情况，有助于财务报告使用者做出经济决策。

不同的报表使用者对财务会计报告所提供信息的要求各有侧重。

（1）股东（投资者）主要关注投资的内在风险和投资的报酬。

（2）债权人主要关注的是其所提供给企业的资金是否安全，自己的债权是否能够按期如数收回（按时收回本息）。

（3）政府及相关机构最关注的是国家资源的分配和运用情况，需要了解与经济政策（如税收政策）的制定、国民收入的统计等有关方面的信息。

（4）企业管理人员最关注的是企业财务状况的好坏、经营业绩的大小以及现金的流动情况。

（5）企业职工最关注的是企业为其所提供的就业机会及其稳定性、劳动报酬高低和职工福利好坏等方面的资料，而上述情况又与企业的资本结构及其盈利能力等情况密切相关。

（6）社会公众主要关注企业的兴衰及其发展情况。

三、企业财务会计报告的构成

（1）企业财务会计报告分为年度和中期财务报告。中期财务报告是指以中期为基础编制的财务报告。中期是指短于一个完整的会计年度的报告期间。半年度、季度和月度财务会计报告统称为中期财务会计报告。

月报要求简明扼要，及时反映；年报要求揭示完整，反映全面；而季报和半年报在会计信息的详细程度方面，则介于两者之间。

（2）一套完整的财务报告至少应当包括“四表一注”，即资产负债表、利润表、现金流量表、所有者权益变动表以及附注。中期财务报告至少应当包括资产负债表、利润表、现金流量表和附注。

（3）会计报表是财务会计报告的主要组成部分，其中又包括三张基本会计报表，如图 8-1 所示。

① 资产负债表是反映企业某一特定日期财务状况的静态报表；

② 利润表是反映企业在一定期间经营成果的动态报表；

③ 现金流量表是反映企业在一定期间内现金及现金等价物流入和流出情况（现金流量情况）的动态报表。

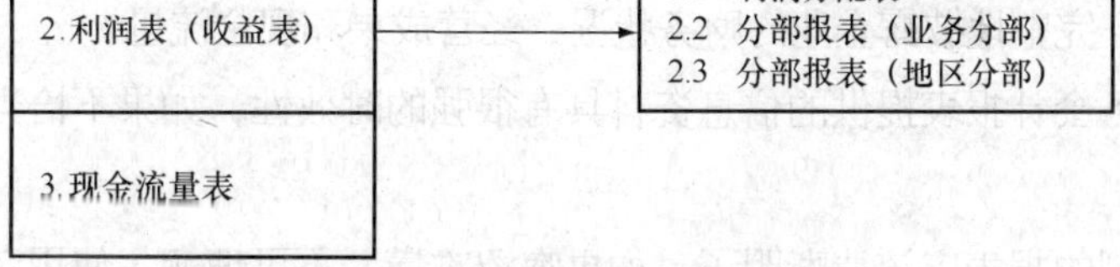

图 8-1　我国的企业财务报表体系

（4）各期间财务会计报告编制的时间要求和基本内容。

① 月度财务会计报告。在每月终了后 6 日内报出，至少应当包括资产负债表和利润表。

② 季度财务会计报告。在每季度终了后的 15 日内报出，包括的内容与月度财务会计报告基本相同。

③ 半年度财务会计报告。在每半年度终了后 60 天内报出，包括资产负债表、利润表、现金

流量表和会计报表附注。

④ 年度财务会计报告。在每年度终了后 4 个月内对外提供，包括财务会计报告的全部内容。

根据我国《小企业会计制度》规定，小企业的年度财务会计报告包括资产负债表、利润表和会计报表附注，小企业可以根据需要选择是否编制现金流量表。

我国《财务会计报告条例》规定，年度结账日为公历年度每年的 12 月 31 日；半年度、季度、月度结账日分别为公历年度每半年、每季、每月的最后一天。

小知识

财务报告的分类（如表 8-1 所示）。

表 8-1　　财务报告分类表

<table>
<tr><td rowspan="8">财务报告</td><td rowspan="7">财务报表</td><td rowspan="5">会计报表</td><td>具体会计报表</td><td>编报期</td></tr>
<tr><td>会企 01 号资产负债表</td><td>中期报表、年度报表</td></tr>
<tr><td>会企 02 号利润表</td><td>中期报表、年度报表</td></tr>
<tr><td>会企 03 号现金流量表</td><td>中期报表、年度报表</td></tr>
<tr><td>会企 04 号所有者权益变动表</td><td>年度报表</td></tr>
<tr><td colspan="2">附注</td><td>年度报表、半年度报表</td></tr>
<tr><td colspan="3"></td></tr>
<tr><td colspan="4">其他应披露的相关信息和资料</td></tr>
</table>

四、财务会计报告的编制要求

（一）基本要求

企业编制的会计报表应当真实可靠、相关可比、全面完整、编制及时、便于理解。

真实可靠：必须根据核实无误的账簿和相关资料编制，不得弄虚作假。

相关可比：与报表使用者决策相关，同时便于同一时期不同企业及不同时期同一企业进行横向和纵向比较。

全面完整：必须根据《企业会计准则》规定的报表种类、格式和内容来编制，不得漏填、漏报报表项目。全面、完整地披露企业的财务状况、经营成果和现金流量。

编制及时：财务会计报表提供的信息资料具有很强的时效性，如果不恰当地拖延，就难以发挥其作用。

便于理解：编制的报表应该清晰明了。如果晦涩难懂，不可理解，使用者就不能据以做出准确的判断。

也可以表述为：内容完整，反映全面；数字真实，计算准确；前后一致，相互衔接；编报及时，手续完备。

（二）条例规定

我国《企业财务会计报告条例》规定，企业对外提供的财务会计报告应当依次编定页数，加具封面，装订成册，加盖公章。封面上应当注明：企业名称、企业统一代码、组织形式、地址、报表所属年度或者月份、报出日期，并由企业负责人和主管会计工作的负责人、会计机构负责人（会计主管人员）签名并盖章；设置总会计师的企业，还应当由总会计师签名并盖章（注意：签名并盖章，而非签名或盖章）。

（三）会计报表编制程序

1. 财产清查
2. 调整会计分录
3. 核对账目
4. 试算平衡
5. 结账
6. 编制会计报表

小知识

1. 财务状况（Financial Position）是指企业在特定时日的资产规模与结构、产权关系及权益构成的基本状况；

2. 经营业绩即经营成果，是指企业在一定期间所发生的费用、取得的收入以及实现的利润或亏损，其表明企业的盈利（Earnings）情况；

3. 现金流量（Cash Flows）是指企业在经营、投资和筹资等活动中形成的现金流入与现金流出及现金净流量情况，其表明企业的财务（或理财）能力。

学习任务二　资产负债表

一、资产负债表的作用

资产负债表的概念

1. 资产负债表的定义

资产负债表是反映企业某一特定日期（如月末、季末、年末等）财务状况的会计报表。它是根据“资产=负债+所有者权益”这一会计等式，按照一定的分类标准和一定的顺序，把企业一定日期的资产、负债和所有者权益各项目予以适当排列，并对日常工作中形成的大量数据进行高度浓缩整理而成的。

2. 资产负债表的意义

资产负债表可以反映企业资产、负债和所有者权益的全貌。

（1）通过编制资产负债表，可以反映企业资产的构成及其状况，分析企业在某一日期所拥有的经济资源及其分布情况；可以反映企业某一日期的负债总额及其结构，分析企业目前与未来需要支付的债务数额；可以反映企业所有者权益的情况，了解企业现有的投资者在企业资产总额中所占的份额（资金的占用、来源及各自的构成）。

（2）通过对资产负债表项目金额及其相关比率的分析，可以帮助报表使用者全面了解企业的资产状况，分析企业的债务偿还能力，从而为未来的经济决策提供参考信息。例如，通过资产负债表可以计算流动比率、速动比率，以了解企业的短期偿债能力；又如，通过资产负债表可以计算资产负债率，以了解企业偿付到期长期债务的能力。

二、资产负债表的格式

（一）资产负债表的内容

资产负债表是根据会计恒等式“资产=负债+所有者权益”设计而成。

资产负债表主要反映以下三个方面的内容。

1. 资产

资产是由过去交易、事项形成并由企业在某一特定日期所拥有或控制的、预期会给企业带来经济利益的资源。

资产按照流动性由大到小的顺序排列，分为流动资产、非流动资产列示。

（1）流动资产是指可以在一年或者超过一年的一个营业周期内变现或耗用的资产。通常包括货币资金、交易性金融资产、应收票据、应收账款、应收利息、预付款项、应收股利、其他应收款、存货、一年内到期的非流动资产、其他流动资产。

（2）非流动资产项目通常包括长期股权投资、固定资产、无形资产、递延所得税资产、在建工程及其他非流动资产等。

2. 负债

负债是企业在某一特定日期所承担的、预期会导致经济利益流出的现时义务。

负债按到期日由近到远一般分为流动负债和长期负债。

（1）流动负债是指将在一年（含一年）或者超过一年的一个营业周期内偿还的债务。流动负债项目包括短期借款、交易性金融负债、应付票据、应付账款、预收款项、应付职工薪酬、应交税费、应付利息、应付股利、其他应付款、一年内到期的非流动负债和其他流动负债等。

（2）长期负债（非流动负债）是指偿还期在一年以上或者超过一年的一个营业周期的负债。长期负债项目包括长期借款、应付债券、长期应付款、专项应付款、递延所得税负债和其他非流动负债等。

3. 所有者权益

所有者权益反映企业在某一特定日期股东（投资者）拥有的净资产的总额，它一般按照实收资本（或股本）、资本公积、盈余公积和未分配利润分项列示。

（二）资产负债表的结构

资产负债表的结构分为账户式和报告式。

1. 账户式资产负债表

账户式资产负债表是将资产负债表分为左方和右方，左方列显示资产各项目，右方列示负债和所有者权益各项目，资产各项目的合计等于负债和所有者权益各项目的合计。通过账户式资产负债表，反映资产、负债和所有者权益之间的内在关系，并达到左方和右方平衡，如表 8-2 所示。

表 8-2　　资产负债表（账户式）　　会企 01 表

编制单位：××公司　　201×年×月×日　　单位：万元

资　　产	行次	期末余额	年初余额	负债和所有者权益（或股东权益）	行次	期末余额	年初余额
流动资产：				流动负债：			
货币资金				短期借款			
交易性金融资产				交易性金融负债			
应收票据				应付票据			
应收账款				应付账款			
预付账款				预收账款			
应收股利				应付职工薪酬			
应收利息				应交税费			
其他应收款				应付利息			
存货				应付股利			
其中：消耗性生物资产				其他应付款			
一年内到期的非流动资产				一年内到期的非流动负债			
其他流动资产				其他流动负债			
流动资产合计				流动负债合计			
非流动资产：				非流动负债：			
可供出售金融资产				长期借款			
持有至到期投资				应付债券			
长期应收款				长期应付款			
长期股权投资				专项应付款			
投资性房地产				递延所得税负债			
固定资产				预计负债			
在建工程				其他非流动负债			
工程物资				非流动负债合计			
固定资产清理				负债合计			
生产性生物资产				所有者权益（或股东权益）：			
油气资产				实收资本（或股本）			
无形资产				资本公积			
开发支出				盈余公积			
商誉				未分配利润			

续表

资　　产	行次	期末余额	年初余额	负债和所有者权益（或股东权益）	行次	期末余额	年初余额
长期待摊费用				减：库存股			
递延所得税资产				所有者权益（或股东权益）合计			
其他非流动资产							
非流动资产合计							
资产总计				负债和所有者权益（或股东权益）总计			

2. 报告式资产负债表

报告式资产负债表是将资产负债表的项目自上而下排列，首先列示资产的数额，然后列示负债的数额，最后再列示所有者权益的数额，如表 8 -3 所示。

在我国，资产负债表按账户式反映，通常包括表头、表身和表尾。

表 8-3　　资产负债表（报告式）

编制单位：× ×公司　　201×年×月×日　　单位：万元

项　　目	金　　额
资产	
………	
资产总计	
………	
负债	
………	
负债合计	
所有者权益	
………	
所有者权益合计	
负债及所有者权益总计	

3. 财务状况式

财务状况式是近几年发展起来的一种资产负债表。这种资产负债表特别强调“营运资金”项目，由于营运资金是衡量企业短期偿债能力的尺度，所以这种格式能使报表使用者一目了然地大致了解企业支付能力情况。

财务状况式资产负债表依据：“流动资产-流动负债=营运资本”，“营运资金+非流动资产-非流动负债=所有者权益”的等式编制。

三、资产负债表的编制方法

（一）资产负债表的资料来源

通常，资产负债表的各项目均须填列“年初数”、“期末数”两栏。

1. “年初数”栏内各项数字的填列

资产负债表的“年初数”栏内各项数字应根据上年末资产负债表的“期末数”栏内所列数字填列。如果本年度资产负债表规定的各项目的名称和内容与上年不一致，则应对上年末资产负债表各项目的名称和数字按照本年度的规定进行调整。

2. “期末数”栏内各项数字的填列

资产负债表的“期末数”栏内各项数字应根据会计账簿填列。

（1）根据总账科目余额填列。

① 直接根据总账科目期末余额填列。如“应收票据”、“短期借款”等项目。

② 根据几个总账科目期末余额计算填列。如“货币资金”项目，须根据“库存现金”、“银行存款”、“其他货币资金”三个总账科目的期末余额的合计数填列。

【例题 8-2・单选题】资产负债表中报表项目（　　）。

A. 都可以按账户余额直接填列

B. 必须对账户发生额进行分析计算才能填列

C. 大多数项目可以直接根据账户余额填列，少数报表项目需要根据账户发生额分析计算后才能填列

D. 大多数项目可以直接根据账户余额填列，少数报表项目需要根据账户余额分析计算后才能填列

参考答案：D

答案解析：资产负债表中报表项目，大多数项目可以直接根据账户余额填列，少数报表项目需要根据账户余额分析计算后才能填列。

【例题 8-3・计算题】红旗公司 2013 年 12 月 31 日结账后“交易性金融资产”账户余额为 240 000 元。“交易性金融资产”项目列示的金额应为多少？

参考答案：交易性金融资产项目列示的金额=240 000（元）。

【例题 8-4・计算题】红旗公司 2013 年 12 月 31 日结账后，“实收资本”账户贷方余额为 2 000 000 元。“实收资本”项目列示的金额应为多少？

参考答案：“实收资本”项目的金额=2 000 000（元）。

（2）根据明细账科目余额计算填列。

“应收账款”项目应根据“应收账款”和“预收账款”账户所属明细账借方余额之和减相应“坏账准备”账面余额后的金额填列。

“预收款项”项目应根据“应收账款”和“预收账款”账户所属明细账贷方余额之和填列。

“应付账款”项目根据“应付账款”和“预付账款”账户所属明细账贷方余额之和填列。

“预付款项”项目应根据“应付账款”和“预付账款”账户所属明细账借方余额之和填列。

【例题 8-5・单选题】资产负债表中，应收账款项目应根据（　　）填列。

A. 应收账款总分类账户期末余额

B. 应收账款总分类账户所属各明细分类账户期末借方余额合计

C. 应收账款和应付账款总分类账所属各明细分类账的期末借方余额合计

D. 应收账款和预收账款总分类账所属各明细分类账的期末借方余额合计

参考答案：D

答案解析："应收账款"项目应根据"应收账款"和"预收账款"账户所属明细账借方余额之和减相应"坏账准备"账面余额后的金额填列。

【例题 8-6·计算题】红旗公司 2013 年 12 月 31 日结账后，有关账户余额如表 8-4 所示。

表 8-4 有关账户余额表 单位：元

账户名称	借方明细账余额	贷方明细账余额
应收账款	1 500 000	100 000
预付账款	700 000	50 000
应付账款	300 000	1 700 000
预收账款	500 000	1 300 000

要求：计算应收账款、预付款项、应收款项项目应列示金额。

参考答案：

红旗公司 2013 年 12 月 31 日的资产负债表中相关项目的金额如下。

应收账款项目金额=1 500 000+500 000=2 000 000（元）

预付款项项目金额=700 000+300 000=1 000 000（元）

应付账款项目金额=50 000+1 700 000=1 750 000（元）

预收款项项目金额=1 300 000+100 000=1 400 000（元）

（3）根据总账科目和明细账科目余额分析计算填列。

"长期借款"项目应根据"长期借款"总账账户余额扣除"长期借款"账户所属明细账户中将于一年内到期的长期借款后的金额计算填列。其中将于一年内到期的长期借款记入"一年内到期的非流动负债"项目。

【例题 8-7·计算题】红旗公司 2013 年 12 月 31 日长期借款情况如表 8 -5 所示。

表 8-5 长期借款情况表

借款起始日期	借款期限（年）	金额（元）
2007 年 1 月 1 日	5	1 200 000
2006 年 3 月 1 日	3	2 400 000
2004 年 8 月 1 日	4	1 650 000

编表时如何列示？

参考答案：

将于一年内到期的长期借款为 1 650 000 元应填列在流动负债下"一年内到期的非流动负债"项目中，所以该企业 2007 年 12 月 31 日的资产负债表中。

“长期借款”项目的金额=1 200 000+2 400 000=3 600 000（元）。

（4）根据科目余额减去其备抵项目后的净额填列。

如“应收账款”、“长期股权投资”项目，应根据“应收账款”、“长期股权投资”等科目的期末余额，减去“坏账准备”、“长期股权投资减值准备”等科目的期末余额后以净额填列。“固定资产”项目应根据“固定资产”科目的期末余额减去“累计折旧”、“固定资产减值准备”科目期末余额后的净额填列；又如，“无形资产”项目应根据“无形资产”科目的期末余额减去“累计摊销”、“无形资产减值准备”科目余额后的净额填列。

我国企业规定需要计提减值准备的有：坏账准备、存货跌价准备、长期股权投资准备、固定资产减值准备、无形资产减值准备、在建工程减值准备、投资性房地产减值准备、商誉减值准备、生产性生物资产减值准备。

【例题 8-8·计算题】红旗公司 2013 年 12 月 31 日结账后，“应收账款”账户总账借方余额为 450 000 元，其中“应收账款——A 公司”账户借方余额为 500 000 元，“应收账款——B 公司”账户贷方余额为 50 000 元。当年对应收账款计提的坏账准备为 60 000 元，“预收账款”账户总账贷方余额为 300 000 元，其中“预收账款——C 公司”账户贷方余额为 320 000 元，“预收账款——D 公司”账户借方余额为 20 000 元。

要求：计算应收账款项目项目应列示金额。

参考答案：应收账款项目的金额=(500 000+20 000)-60 000=460 000（元）。

【例题 8-9·计算题】红旗公司 2013 年 12 月 31 日结账后，其他应收款账户余额为 55 000 元，“坏账准备”账户中有关其他应收款计提的坏账准备为 2 000 元。

要求：计算其他应收款项目项目应列示金额。

参考答案：其他应收款项目的金额=55 000-2000=53 000（元）。

【例题 8-10·计算题】红旗公司 2013 年 12 月 31 日结账后，“长期股权投资”账户余额为 120 000 元，“长期股权投资减值准备”账户余额为 7 000 元。

要求：计算长期股权投资项目项目应列示金额。

参考答案：长期股权投资项目的金额=120 000-7 000=113 000（元）。

【例题 8-11·计算题】红旗公司 2013 年 12 月 31 日结账后，“固定资产”账户余额为 1 200 000 元，“累计折旧”账户余额为 80 000 元，“固定资产减值准备”账户余额为 150 000 元。

要求：计算固定资产项目项目应列示金额。

参考答案：固定资产项目的金额=1 200 000-80 000-150 000=970 000（元）。

【例题 8-12·计算题】红旗公司 2013 年 12 月 31 日结账后，“无形资产”账户余额为 484 000 元，“累计摊销”账户余额为 46 800 元，“无形资产减值准备”账户余额为 90 000 元。

要求：计算无形资产项目项目应列示金额。

参考答案：无形资产项目的金额=484 000-46 800-90 000=347 200（元）。

（5）综合运用上述方法分析填列。

如“存货”项目，需要根据“在途物资”、“物资采购”、“材料成本差异”、“原材料”、

“生产成本”、“库存商品”、“商品进销差价”等总账科目期末余额的分析汇总数，再减去“存货跌价准备”科目余额后的净额填列。

【例题 8-13·多选题】资产负债表中的“存货”项目根据“（　）”账户的期末余额合计数填列。

A. 材料采购　B. 库存商品　C. 原材料　D. 生产成本

参考答案：A、B、C、D

答案解析：“存货”项目应根据“材料采购”（在途物资）、“原材料”、“库存商品”、“生产成本”、“周转材料”、“委托加工物资”、“材料成本差异”、“发出商品”等账户的期末余额合计减去“存货跌价准备”等账户期末余额后的金额填列。

3. 资产负债表附注内容的填列

资产负债表附注的内容应根据实际需要结合有关备查账簿等的记录分析填列。

如在或有负债披露方面，对“已贴现的商业承兑汇票”这一项目就应该按照备查簿中记录的商业承兑汇票贴现情况进行填列。

【例题 8-14·单选题】“预收账款”科目所属明细科目期末有借方余额，应在资产负债表（　）项目内填列。

A. “预付款项”　B. “应付账款”　C. “应收账款”　D. “预收款项”

参考答案：C

答案解析：“预收账款”科目所属明细科目期末有借方余额，应在资产负债表“应收账款”项目内填列。

【例题 8-15·单选题】红旗公司 10 月末“应付账款”、“预付账款”有关明细账余额情况：“应付账款——甲”贷方余额 20 000 元，“应付账款——乙”贷方余额 50 000 元，“应付账款——丙”借方余额 10 000 元，“预付账款——1#客户”借方余额 30 000 元，“预付账款——2#客户”贷方余额 5 000 元。该公司 10 月末资产负债表中“应付账款”项目应填列（　）元。

A. 60 000　B. 70 000　C. 75 000　D. 40 000

参考答案：C

答案解析：“应付账款”项目的金额=20 000+50 000+5 000=75 000 元。

【例题 8-16·单选题】资产负债表中，根据有关总账期末余额直接填列的项目是（　）。

A. 短期借款　B. 应收账款　C. 货币资金　D. 存货

参考答案：A

答案解析：短期借款在资产负债表中是根据有关总账期末余额直接填列的。

【例题 8-17·多选题】资产负债表中可以根据有关明细账的期末余额计算填列的项目有（　）。

A. 应收账款　B. 交易性金融资产　C. 应付账款　D. 存货

参考答案：A、C

答案解析：“应收账款”和“应付账款”在资产负债表中是根据有关明细账的期末余额计算

填列的。

【例题 8-18・判断题】 资产负债表中的“长期借款”项目应根据“长期借款”账户的余额直接填列。（　　）

参考答案： ×

答案解析： “长期借款”项目应根据“长期借款”总账账户余额扣除“长期借款”账户所属明细账户中将于一年内到期的长期借款后的金额计算填列。

【例题 8-19・单选题】 红旗公司会计年度的期末应收账款所属明细账户借方余额之和为 500 800 元，所属明细账户贷方余额之和为 9 800 元，总账为借方余额 491 000 元。则在当期资产负债表“应收账款”项目所填列的数额为（　　）。

A. 500 800 元　　B. 9 800 元　　C. 491 000 元　　D. 510 600 元

参考答案： A

答案解析： “应收账款”科目所属明细科目期末有贷方余额，应在资产负债表“预收账款”项目内填列。

（二）资产负债表各项目的填列方法

根据企业会计准则及其讲解，资产负债表中主要项目的填列方法如下。

1. 资产项目的填列方法

（1）“货币资金”项目，反映企业库存现金、银行结算户存款、外埠存款、银行汇票存款、银行本票存款、信用卡存款、信用证保证金存款等的合计数。本项目应根据“库存现金”、“银行存款”、“其他货币资金”科目期末余额的合计数填列。

（2）“交易性金融资产”项目，反映企业持有的以公允价值计量且其变动计入当期损益的为交易目的所持有的债券投资、股票投资、基金投资、权证投资等金融资产。本项目应当根据“交易性金融资产”科目的期末余额填列。

（3）“应收票据”项目，反映企业因销售商品、提供劳务等而收到的商业汇票，包括银行承兑汇票和商业承兑汇票。本项目应根据“应收票据”科目的期末余额，减去“坏账准备”科目中有关应收票据计提的坏账准备期末余额后的金额填列。

（4）“应收账款”项目，反映企业因销售商品、提供劳务等经营活动应收取的款项。本项目应根据“应收账款”和“预收账款”科目所属各明细科目的期末借方余额合计减去“坏账准备”科目中有关应收账款计提的坏账准备期末余额后的金额填列。如“应收账款”科目所属明细科日期末有贷方余额的，应在本表“预收款项”项目内填列。

（5）“预付款项”项目，反映企业按照购货合同规定预付给供应单位的款项等。本项目应根据“预付账款”和“应付账款”科目所属各明细科目的期末借方余额合计数，减去“坏账准备”科目中有关预付款项计提的坏账准备期末余额后的金额填列。如“预付账款”科目所属各明细科目期末有贷方余额的，应在资产负债表“应付账款”项目内填列。

（6）“应收利息”项目，反映企业应收取的债券投资等的利息。本项目应根据“应收利息”科目的期末余额，减去“坏账准备”科目中有关应收利息计提的坏账准备期末余额后的金额填列。

（7）“应收股利”项目，反映企业应收取的现金股利和应收取其他单位分配的利润。本项目应根据“应收股利”科目的期末余额，减去“坏账准备”科目中有关应收股利计提的坏账准备期末余额后的金额填列。

（8）“其他应收款”项目，反映企业除应收票据、应收账款、预付账款、应收股利、应收利息等经营活动以外的其他各种应收、暂付的款项。本项目应根据“其他应收款”科目的期末余额，减去“坏账准备”科目中有关其他应收款计提的坏账准备期末余额后的金额填列。

（9）“存货”项目，反映企业期末在库、在途和在加工中的各种存货的可变现净值。本项目应根据“材料采购”、“原材料”、“低值易耗品”、“库存商品”、“周转材料”、“委托加工物资”、“委托代销商品”、“生产成本”等科目的期末余额合计，减去“受托代销商品款”、“存货跌价准备”科目期末余额后的金额填列。材料采用计划成本核算，以及库存商品采用计划成本核算或售价核算的企业，还应按加或减材料成本差异、商品进销差价后的金额填列。

（10）“一年内到期的非流动资产”项目，反映企业将于一年内到期的非流动资产项目金额。本项目应根据有关科目的期末余额填列。

（11）“长期股权投资”项目，反映企业持有的对子公司、联营企业和合营企业的长期股权投资。本项目应根据“长期股权投资”科目的期末余额，减去“长期股权投资减值准备”科目的期末余额后的金额填列。

（12）“固定资产”项目，反映企业各种固定资产原价减去累计折旧和累计减值准备后的净额。本项目应根据“固定资产”科目的期末余额，减去“累计折旧”和“固定资产减值准备”科目期末余额后的金额填列。

（13）“在建工程”项目，反映企业期末各项未完工程的实际支出，包括交付安装的设备价值、未完建筑安装工程已经耗用的材料、工资和费用支出、预付出包工程的价款等的可收回金额。本项目应根据“在建工程”科目的期末余额，减去“在建工程减值准备”科目期末余额后的金额填列。

（14）“工程物资”项目，反映企业尚未使用的各项工程物资的实际成本。本项目应根据“工程物资”科目的期末余额填列。

（15）“固定资产清理”项目，反映企业因出售、毁损、报废等原因转入清理但尚未清理完毕的固定资产的净值，以及固定资产清理过程中所发生的清理费用和变价收入等各项金额的差额。本项目应根据“固定资产清理”科目的期末借方余额填列，如“固定资产清理”科目期末为贷方余额，以“-”号填列。

（16）“无形资产”项目，反映企业持有的无形资产，包括专利权、非专利技术、商标权、著作权、土地使用权等。本项目应根据“无形资产”的期末余额，减去“累计摊销”和“无形资产减值准备”科目期末余额后的金额填列。

（17）“开发支出”项目，反映企业开发无形资产过程中能够资本化形成无形资产成本的支出部分。本项目应当根据“研发支出”科目中所属的“资本化支出”明细科目期末余额填列。

（18）“长期待摊费用”项目，反映企业已经发生但应由本期和以后各期负担的分摊期限在一年以上的各项费用。长期待摊费用中在一年内（含一年）摊销的部分，在资产负债表“一年内到期的非流动资产”项目填列。本项目应根据“长期待摊费用”科目的期末余额减去将于一年内（含一年）摊销的数额后的金额填列。

（19）“其他非流动资产”项目，反映企业除长期股权投资、固定资产、在建工程、工程物资、无形资产等以外的其他非流动资产。本项目应根据有关科目的期末余额填列。

2. 负债项目的填列方法

（1）“短期借款”项目，反映企业向银行或其他金融机构等借入的期限在一年以下（含一年）的各种借款。本项目应根据“短期借款”科目的期末余额填列。

（2）“应付票据”项目，反映企业购买材料、商品和接受劳务供应等而开出、承兑的商业汇票，包括银行承兑汇票和商业承兑汇票。本项目应根据“应付票据”科目的期末余额填列。

（3）“应付账款”项目，反映企业因购买材料、商品和接受劳务供应等经营活动应支付的款项。本项目应根据“应付账款”和“预付账款”科目所属各明细科目的期末贷方余额合计数填列；如“应付账款”科目所属明细科目期末有借方余额的，应在资产负债表“预付款项”项目内填列。

（4）“预收款项”项目，反映企业按照购货合同规定预付给供应单位的款项。本项目应根据“预收账款”和“应收账款”科目所属各明细科目的期末贷方余额合计数填列。如“预收账款”科目所属各明细科目期末有借方余额，应在资产负债表“应收账款”项目内填列。

（5）“应付职工薪酬”项目，反映企业根据有关规定应付给职工的工资、职工福利、社会保险费、住房公积金、工会经费、职工教育经费、非货币性福利、辞退福利等各种薪酬。外商投资企业按规定从净利润中提取的职工奖励及福利基金，也在本项目列示。

（6）“应交税费”项目，反映企业按照税法规定计算应交纳的各种税费，包括增值税、消费税、营业税、所得税、资源税、土地增值税、城市维护建设税、房产税、土地使用税、车船税、教育费附加、矿产资源补偿费等。企业代扣代交的个人所得税，也通过本项目列示。企业所交纳的税金不需要预计应交数的，如印花税、耕地占用税等，不在本项目列示。本项目应根据“应交税费”科目的期末贷方余额填列；如“应交税费”科目期末为借方余额，应以“-”号填列。

（7）“应付利息”项目，反映企业按照规定应当支付的利息，包括分期付息到期还本的长期借款应支付的利息、企业发行的企业债券应支付的利息等。本项目应当根据“应付利息”科目的期末余额填列。

小知识

企业发放的股票股利不通过“应付股利”账户核算。

（8）“应付股利”项目，反映企业分配的现金股利或利润。企业分配的股票股利，不通过本项目列示。本项目应根据“应付股利”科目的期末余额填列。

（9）“其他应付款”项目，反映企业除应付票据、应付账款、预收款项、应付职工薪酬、应付股利、应付利息、应交税费等经营活动以外的其他各项应付、暂收的款项。本项目应根据“其他应付款”科目的期末余额填列。

（10）“一年内到期的非流动负债”项目，反映企业非流动负债中将于资产负债表日后一年内到期部分的金额，如将于一年内偿还的长期借款。

（11）“长期借款”项目，反映企业向银行或其他金融机构借入的期限在一年以上（不含一年）的各项借款。根据总账余额减去“长期借款”所属明细账中将在一年内到期的长期借款后净额填列。一年内到期的长期借款在流动负债下“一年内到期的非流动负债”项目中填列。

（12）“应付债券”项目，反映企业为筹集长期资金而发行的债券本金和利息。本项目应根据“应付债券”科目的期末余额填列。

（13）“其他非流动负债”项目，反映企业除长期借款、应付债券等项目以外的其他非流动负债。本项目应根据有关科目的期末余额填列。其他非流动负债项目应根据有关科目期末余额减去将于一年内（含一年）到期偿还数后的余额填列。非流动负债各项目中将于一年内（含一年）到期的非流动负债，应在“一年内到期的非流动负债”项目内单独反映。

3. 所有者权益项目的填列方法

（1）“实收资本（或股本）”项目，反映企业各投资者实际投入的资本（或股本）总额。本项目应根据“实收资本”（或“股本”）科目的期末余额填列。

（2）“资本公积”项目，反映企业资本公积的期末余额。本项目应根据“资本公积”科目的期末余额填列。

（3）“盈余公积”项目，反映企业盈余公积的期末余额。本项目应根据“盈余公积”科目的期末余额填列。

（4）“未分配利润”项目，反映企业尚未分配的利润。本项目应根据“本年利润”科目和“利润分配”科目的余额计算填列。同号相加，异号相减，取绝对值大的余额方向。

学习任务三　利润表

一、利润表的概念

1. 利润表的概念

利润表是反映企业在一定会计期间经营成果的报表。

2. 利润表的意义

（1）通过利润表，可以从总体上了解企业在一定会计期间收入、成本、费用及净利润（或亏损）等的实现及构成情况。

（2）通过利润表提供的不同时期的数字比较，可以分析企业的获利能力及利润的变化情况和未来发展趋势；通过利润表，可以了解投资者投入资本的保值增值情况，评价企业经营业绩。

（3）通过对不同时期的利润及构成项目进行分析，找出影响利润增减变动的原因，进而评价各职能部门的业绩，以及它们的业绩与整个企业经营成果的关系，据此评价企业管理者的工作业绩。

【例题 8-20・单选题】 企业编制的某年度 12 月利润表中“本期金额”一栏反映了（ ）。

A. 12 月 31 日利润或亏损的形成情况

B. 1～12 月累计利润或亏损的形成情况

C. 第 4 季度利润或亏损的形成情况

D. 12 月份利润或亏损的形成情况

参考答案： D

答案解析： 企业编制的某年度 12 月利润表中“本期金额”一栏反映了 12 月份利润或亏损的形成情况。

二、利润表的内容和结构

1. 利润表的内容

利润表的内容必须包括影响企业该会计期间的所有损益的内容，包括来自生产经营单位已实现的各项收入，以及与该收入相配比的各项成本、费用，以及来自其他方面的业务收支，如投资净收益；还要包括与生产经营活动无关的各项营业外收入和支出。

我国的利润表内容具体包括营业收入、营业成本、营业税金、其他抵扣、销售费用、管理费用、财务费用、投资净收益、营业外收入、营业外支出、非常净损失、以前年度损益调整、所得税等。

2. 利润表的结构

利润表由表头、表身和表尾等部分组成。表身部分为利润表的主体和核心。

表头应列示编表单位的名称、报表名称、提供信息的期间、所用货币的名称和讲师单位等，这些体现了会计基本假设的要求。

表身要根据企业利润表的构成因素，按利润计算过程排列表中项目。在此有两种排列方式，一种为单步式排列，称单步式利润表；另一种为多步式排列，称多步式利润表。

按照我国《企业会计准则》的规定，我国企业的利润表采用多步式利润表。

（1）多步式利润表中的利润是通过多步计算而来的，其分为以下三步。

第一步，以营业收入为基础，计算营业利润。

营业利润=营业收入-营业成本-营业税金及附加-销售费用-管理费用-财务费用-资产减值损失+公允价值变动收益（-公允价值变动损失）+投资收益（-投资损失）

第二步，以营业利润为基础，计算利润总额。

利润总额=营业利润+营业外收入-营业外支出

第三步，以利润总额为基础，计算净利润。

净利润=利润总额-所得税费用

多步式利润表的基本格式如表 8-6 所示。

表 8-6　　利润表　　会企 02 表

编制单位：　　年度　　单位：元

项　目	行　次	本年金额	上年金额
一、营业收入			
减：营业成本			
营业税金及附加			
销售费用			
管理费用			
财务费用（收益以"－"号填列）			
资产减值损失			
加：公允价值变动净收益（净损失以"－"号填列）			
投资净收益（净损失以"－"号填列）			
二、营业利润（亏损以"－"号填列）			
加：营业外收入			
减：营业外支出			
其中：非流动资产处置净损失（净收益以"－"号填列）			
三、利润总额（亏损总额以"－"号填列）			
减：所得税费用			
四、净利润（净亏损以"－"号填列）			
五、每股收益			
（一）基本每股收益			
（二）稀释每股收益			

（2）单步式利润表是将本期所有的收入加在一起，然后将所有的费用加在一起，通过一次计算求出本期损益。

【例题 8-21 · 单选题】编制利润表主要是根据（　　）。

A. 资产、负债及所有者权益各账户的本期发生额

B. 资产、负债及所有者权益各账户的期末余额

C. 损益类各账户的期末余额

D. 损益类各账户的本期发生额

参考答案：D

答案解析：编制利润表主要是根据损益类各账户的本期发生额。

【例题 8-22 · 多选题】下列项目中，影响营业利润的有（　　）。

A. 营业收入　　B. 管理费用　　C. 营业外收入　　D. 营业税金及附加

参考答案：A、B、D

答案解析：影响营业利润的有营业收入、营业成本、营业税金及附加、销售费用、管理费用、

财务费用、资产减值损失等。

【例题 8-23・判断题】所得税费用不会影响净利润。（　　）

参考答案：✓

答案解析：所得税费用会影响净利润。

三、利润表的编制步骤

（1）根据原始凭证编制记账凭证，登记总账及明细账，并进行账账核对、账实核对及账证核对。

（2）保证所有会计业务均入账的前提下，编制试算平衡表，检察会计账户的正确性，为编制会计报表做准备。

（3）依据试算平衡表损益类账户的发生额，结合有关明细账户的发生额，计算并填列利润表的各项目。

（4）检验利润表的完整性及正确性，包括表头部分的填制是否齐全、各项目的填列是否正确、各种利润的计算是否正确。

（5）有关人员签字盖章。

四、利润表的填列方法

利润表各项目的数据来源主要是根据各损益类科目的发生额分析填列。各项目均须填列“本期金额”和“上期金额”两栏。

（一）利润表各项目的填列方法

1. 上年金额栏的列报方法

利润表“上年金额”栏内各项数字，应根据上年度利润表“本年金额”栏内所列数字填列。如果上年度利润表规定的各个项目的名称和内容同本年度不相一致，应对上年度利润表各项目的名称和数字按本年度的规定进行调整，填入利润表“上年金额”栏内。

2. 本年金额栏的列报方法

利润表“本年金额”栏内各项数字一般应根据损益类科目的发生额分析填列。具体包括以下内容。

（1）“营业收入”项目，反映企业经营主要业务和其他业务所确认的收入总额。本项目应根据“主营业务收入”和“其他业务收入”科目的发生额分析填列。

（2）“营业成本”项目，反映企业经营主要业务和其他业务所发生的成本总额。本项目应根据“主营业务成本”和“其他业务成本”科日的发生额分析填列。

（3）“营业税金及附加”项目，反映企业经营业务应负担的消费税、营业税、城市建设维护税、资源税、土地增值税和教育费附加等。本项目应根据“营业税金及附加”科目的发生额分析填列。

（4）“销售费用”项目，反映企业在销售商品过程中发生的包装费、广告费等费用和为销售本企业商品而专设的销售机构的职工薪酬、业务费等经营费用。本项目应根据“销售费用”科目的发生额分析填列。

（5）“管理费用”项目，反映企业为组织和管理生产经营发生的管理费用。本项目应根据“管理费用”的发生额分析填列。

（6）“财务费用”项目，反映企业筹集生产经营所需资金等而发生的筹资费用。本项目应根据“财务费用”科目的发生额分析填列。

（7）“资产减值损失”项目，反映企业各项资产发生的减值损失。本项目应根据“资产减值损失”科目的发生额分析填列。

（8）“公允价值变动收益”项目，反映企业应当计入当期损益的资产或负债公允价值变动收益。本项目应根据“公允价值变动损益”科目的发生额分析填列，如为净损失，本项目以“-”号填列。

（9）“投资收益”项目，反映企业以各种方式对外投资所取得的收益。本项目应根据“投资收益”科目的发生额分析填列。如为投资损失，本项目以“-”号填列。

（10）“营业利润”项目，反映企业实现的营业利润。如为亏损，本项目以“-”号填列。

（11）“营业外收入”项目，反映企业发生的与经营业务无直接关系的各项收入。本项目应根据“营业外收入”科目的发生额分析填列。

（12）“营业外支出”项目，反映企业发生的与经营业务无直接关系的各项支出。本项目应根据“营业外支出”科目的发生额分析填列。

（13）“利润总额”项目，反映企业实现的利润。如为亏损，本项目以“-”号填列。

（14）“所得税费用”项目，反映企业应从当期利润总额中扣除的所得税费用。本项目应根据“所得税费用”科目的发生额分析填列。

（15）“净利润”项目，反映企业实现的净利润。如为亏损，本项目以“-”号填列。

（16）“基本每股收益”和“稀释每股收益”项目，反映普通股股东每持有一股所能享有的企业利润或须承担的企业亏损。不存在稀释性潜在普通股的企业应当单独列示基本每股收益；存在稀释性潜在普通股的企业应当单独列示基本每股收益和稀释每股收益。

（二）月份利润表“本年累计数”栏各项目的填列方法

利润表“本年累计数”栏反映各项目自年初起至本月末止的累计实际发生数。根据上月利润表的“本年累计数”栏的数字，加上本月利润表的“本月数”栏的数字，可以得出各项目的本月利润表的“本年累计数”，然后填入相应的项目内。

（三）年度利润表有关栏目的填列方法

在编制年度利润表时，应将“本月数”栏改为“上年数”栏，填列上年全年累计实际发生数，从而与“本年累计数”栏各项目进行比较。如果上年度利润表与本年度利润表的项目名称和内容不相一致，应对上年度报表项目的名称和数字按本年度的规定进行调整，填入利润表的“上年数”栏内。

由于年终结账时，应将年报中的“净利润”数字，与“本年利润”科目结转到“利润分配——未分配利润”科目的数字相核对，检查报表编制和账簿记录的正确性。

【例题 8-24 · 计算题】红旗公司 2013 年度“主营业务收入”账户的贷方发生额为 30 600 000 元，借方发生额为 180 000 元（11 月份发生的销售退回），“其他业务收入”账户的贷方发生额为 200 000 元。要求：计算“营业收入”项目的金额。

参考答案：在利润表中，“营业收入”项目应当根据“主营业务收入”和“其他业务收入”两个账户的借方与贷方发生额的差额之和填列，因此，该企业 2013 年度的利润表中，“营业收入”项目的金额=30 600 000−180 000+200 000=30 620 000（元）。

【例题 8-25・计算题】红旗公司 2013 年度“主营业务成本”账户的借方发生额为 30 000 000 元，“其他业务成本”账户的借方发生额为 2 000 000 元。要求：计算“营业成本”项目的金额。

参考答案：在利润表中，“营业成本”项目应当根据“主营业务成本”和“其他业务成本”两个账户的借方与贷方发生额的差额之和填列，因此，该企业 2013 年度的利润表中，“营业成本”项目的金额=30 000 000+2 000 000=32 000 000（元）。

【例题 8-26・计算题】红旗公司 2013 年 12 月 31 日，“资产减值损失”账户的借方发生额为 650 000 元，贷方发生额为 350 000 元。要求：计算“资产减值损失”项目的金额。

参考答案：在利润表中，“资产减值损失”项目应根据“资产减值损失”账户借方发生额与贷方发生额的差额填列，因此，该企业 2013 年度的利润表中，“资产减值损失”项目的金额=650 000−350 000=300 000（元）。

【例题 8-27・计算题】红旗公司 2013 年 12 月 31 日，“公允价值变动损益”账户的贷方发生额为 850 000 元，借方发生额 100 000 元．要求：计算“公允价值变动损益”项目的金额。

参考答案：在利润表中，“公允价值变动损益”项目应根据“公允价值变动损益”账户贷方发生额与借方发生额的差额填列，如果为负数，表示公允价值变动损失，以“−”号填列，则：该企业 2013 年度的利润表中，“公允价值变动收益”项目的金额=850 000−100 000=750 000（元）。

【例题 8-28・多选题】利润表中需要自然计算填列的项目有（　　）。

A. 营业利润　　B. 所得税费用　　C. 营业成本　　D. 利润总额

参考答案：A、D

答案解析：利润表中需要自然计算填列的项目有营业利润、利润总额和净利润。

【例题 8-29・单选题】企业的净利润是企业一定期间的利润总额扣除（　　）后的余额。

A. 营业外收支净额　　B. 投资收益　　C. 所得税费用　　D. 全对

参考答案：C

答案解析：企业的净利润是企业一定期间的利润总额扣除所得税费用后的余额。

学习任务四　现金流量表

一、现金流量表的含义

现金流量表（Statement of Cash Flow）是反映一定时期内（如月度、季度或年度）企业经营活动、投资活动和筹资活动对现金及等价物所产生影响的财务报表。用来揭示企业经营活动、投资活动和筹资活动所引起的各种现金流入、现金流出与现金净流量情况。

现金流量表中使用的“现金”概念，包括库存现金、银行存款和其他货币资金，而“现金等价物”主要是指企业持有的、能随时转换为已知金额现金的有价证券。企业应当根据具体情况确定现金等价物的具体范围，并且其划分标准应当符合“一致性”原则的要求。

二、现金流量表的内容与结构

（一）现金流量表的内容

（1）经营活动产生的现金流量。

（2）投资活动产生的现金流量。

（3）筹资活动产生的现金流量。

（二）现金流量表的结构

（1）现金流量表分为表头、表体和补充资料三部分。

（2）表头有四要素：表名、编制单位、时年（年度）和货币单位。

（3）表体部分包括三个方面基本内容：经营活动产生的现金流量；投资活动产生的现金流量；筹资活动产生的现金流量。

三、现金流量表的编制方法——“直接法”和“间接法”

（1）直接法是通过现金收入和现金支出的主要类别来反映来自企业经营活动的现金流量。

（2）间接法是以本期净利润为起点，通过调整不涉及现金的收入、费用、营业外收支以及应收、应付等项目的增减变动，来计算经营活动现金流量。

项目小结

本项目主要介绍财务会计报告的概念、财务会计报告的构成及编制要求，资产负债表、利润表相关概述和编制方法及现金流量表的概念。

本项目的主要内容包括以下内容。

一是财务会计报告的概念和构成。年度、中期报告包括的内容及编制的时间要求和基本内容。

二是资产负债表的内容、结构和编制方法。（财务状况）

三是利润表的内容、结构和编制方法。（经营成果）

同步练习与实践训练

一、理论与技能测试

（一）单项选择题

1. 编制静态报表的主要依据是（　　）。

A. 账户的期初余额　　B. 账户的期末余额

C. 账户的借方发生额　　　　　　D. 账户的贷方发生额

2. 按《企业财务报告条例》规定，我国的资产负债表采用的是（　　）。

A. 账户式结构　B. 报告式结构　C. 多步式结构　D. 单步式结构

3. 编制动态报表的主要依据是（　　）。

A. 账户的期初余额　　　　　　B. 账户的期末余额

C. 账户的本期发生额　　　　　D. 账户的期初、期末余额

4. （　　）对本单位会计报表的真实性、完整性负责。

A. 编表人员　B. 会计主管人员　C. 单位负责人　D. 财政部门

5. 下列资产负债表项目中，（　　）应根据相应总账账户期末余额直接填列。

A. 固定资产　B. 长期股权投资　C. 应收票据　D. 预付账款

6. 某企业期末“应收账款”账户为借方余额 207 000 元，其所属明细账户的借方余额合计为 280 000 元，所属明细账户贷方余额合计为 73 000 元，“坏账准备”账户贷方余额 1 000 元，其中针对应收账款的坏账准备为 680 元。则该企业资产负债表中“应收账款”项目的期末数应是（　　）元。

A. 280 000　B. 279 320　C. 207 000　D. 206 320

7. 某企业期末“固定资产”账户借方余额为 200 万元，“累计折旧”账户贷方余额为 80 万元，“固定资产减值准备”账户贷方余额为 30 万元，“固定资产清理”账户为借方余额 2 万元。则该企业资产负债表中“固定资产”项目的期末数应是（　　）万元。

A. 202　B. 120　C. 92　D. 90

8. 全部损益账户的本月发生额如下：营业收入 800 万元，营业成本 500 万元，营业税金及附加 86 万元，销售费用 50 万元，管理费用 40 万元，财务费用 10 万元，营业外收入 5 万元，所得税费用 44 万元。则利润表中“净利润”项目的本月数为（　　）万元。

A. 75　B. 79　C. 114　D. 119

9. 部分账户的期末余额如下：库存现金 2 万元，银行存款 80 万元，其他货币资金 5 万元，应收账款 25 万元。则资产负债表中的“货币资金”项目应填列（　　）万元。

A. 82　B. 85　C. 87　D. 112

10. 全部损益账户的本月发生额如下：营业收入 800 万元，营业成本 500 万元，营业税金及附加 86 万元，销售费用 50 万元，管理费用 40 万元，财务费用 10 万元，营业外收入 5 万元，所得税费用 44 万元。则利润表中“营业利润”项目的本月数为（　　）万元。

A. 300　B. 114　C. 204　D. 160

11. 在企业会计报表体系中居于主要地位的会计报表是（　　）。

A. 资产负债表　B. 利润表　C. 现金流量表　D. 所有者权益变动表

12. 编制资产负债表所依据的会计等式是（　　）。

A. 收入-费用=利润

B. 资产=负债+所有者权益

C. 借方发生额=贷方发生额

D. 期初余额+本期借方发生额-本期贷方发生额=期末余额

13. 资产负债表中资产的排列顺序是（　　）。

A. 项目重要性　B. 项目流动性　C. 项目收益性　D. 项目时间性

14. 可以反映企业的短期偿债能力和长期偿债能力的报表是（　　）。

A. 利润表　B. 所有者权益变动表　C. 资产负债表　D. 现金流量表

15. 资产负债表的下列项目中，必须根据总账科目和明细账科目两者的余额分析计算填列的是（　　）。

A. 短期借款　B. 长期借款　C. 应收账款　D. 应付账款

16. 《小企业会计制度》规定，小企业年度财务会计报告可以不包括（　　）。

A. 资产负债表　B. 利润表　C. 现金流量表　D. 会计报表附注

17. 年度财务会计报告在每年度终了时编制，应于年度终了后（　　）内对外提供。

A. 15 日　B. 30 日　C. 2 个月　D. 4 个月

18. （　　）是反映企业经营成果的会计报表。

A. 资产负债表　B. 利润表　C. 现金流量表　D. 会计报表附注

19. 按照我国现行会计制度规定，企业每个（　　）都要编制资产负债表。

A. 月末　B. 季末　C. 半年度　D. 年末

20. 在利润表上，利润总额扣除（　　）后，得出净利润。

A. 管理费用和财务费用　B. 增值税

C. 营业外收支净额　D. 所得税费用

21. 附注是指会计报表正式项目之外的资料，通常不采用（　　）的形式表示。

A. 数字图表　B. 文字　C. 表格　D. 文字加数字图表

22. 资产负债表中的负债项目是按负债的（　　）顺序排列的。

A. 流动性　B. 重要性　C. 变动性　D. 偿还期

23. 下列对资产流动性描述正确的是（　　）。

A. 库存现金的流动性强于固定资产　B. 交易性金融资产的流动性强于银行存款

C. 应收账款的流动性强于交易性金融资产　D. 固定资产的流动性强于银行存款

24. 资产负债表分为左右两方，左方是（　　）项目。

A. 资产　B. 负债　C. 所有者权益　D. 利润

25. 根据我国现行会计制度的规定，下列不属于财务会计报告组成部分的是（　　）。

A. 会计报表　B. 会计报表附注

C. 财务分析师报告　D. 财务情况说明书

26. 下列关于现金流量表的描述正确的是（　　）。

A. 现金流量表是反映企业在一定会计期间库存现金流入和流出的报表

B. 现金流量表是反映企业在一定会计期间现金和现金等价物流入和流出的报表

C. 现金等价物指的是企业的银行存款以及其他货币资金

D. 购买的股票投资也属于企业现金等价物

27. 多步式利润表中的利润总额是以（ ）为基础来计算的。

A. 营业收入 B. 营业成本 C. 投资收益 D. 营业利润

28. 关于资产负债表的格式，下列说法不正确的是（ ）。

A. 资产负债表主要有账户式和报告式

B. 我国的资产负债表采用报告式

C. 账户式资产负债表分为左右两方，左方为资产，右方为负债和所有者权益

D. 负债和所有者权益按照求偿权的先后顺序排列

29. 下列各项中，不会引起利润总额增减变化的是（ ）。

A. 销售费用 B. 管理费用 C. 所得税费用 D. 营业外支出

30. “应收账款”科目所属明细科目如有贷方余额，应在资产负债表（ ）项目中反映。

A. 预付款项 B. 预收款项 C. 应收账款 D. 应付账款

31. 在下列各个财务报表中，属于企业对外提供的静态报表是（ ）。

A. 利润表 B. 所有者权益变动表 C. 现金流量表 D. 资产负债表

32. 依照我国的会计准则，利润表采用的格式为（ ）。

A. 单步式 B. 多步式 C. 账户式 D. 混合式

33. 在利润表上，利润总额减去（ ）后，得出净利润。

A. 管理费用 B. 增值税 C. 营业外支出 D. 所得税费用

34. 下列各项中，不会影响营业利润金额增减的是（ ）。

A. 资产减值损失 B. 财务费用 C. 投资收益 D. 营业外收入

35. 资产负债表的下列项目中，需要根据几个总账科目的期末余额进行汇总填列的是（ ）。

A. 应付职工薪酬 B. 短期借款 C. 货币资金 D. 资本公积

36. 在资产负债表中，资产按照其流动性排列时，下列排列方法正确的是（ ）。

A. 存货、无形资产、货币资金、交易性金融资产

B. 交易性金融资产、存货、无形资产、货币资金

C. 无形资产、货币资金、交易性金融资产、存货

D. 货币资金、交易性金融资产、存货、无形资产

37. 某企业“应付账款”明细账期末余额情况如下：“应付账款——X 企业”贷方余额为 200 000 元，“应付账款——Y 企业”借方余额为 180 000 元，“应付账款——Z 企业”贷方余额为 300 000 元。假如该企业“预付账款”明细账均为借方余额。则根据以上数据计算的反映在资产负债表上“应付账款”项目的数额为（ ）元。

A. 680 000 B. 320 000 C. 500 000 D. 80 000

38. 编制财务报表时，以“收入-费用=利润”这一会计等式作为编制依据的财务报表是（ ）。

A. 利润表 B. 所有者权益变动表 C. 资产负债表 D. 现金流量表

（二）多项选择题

1. 根据我国会计准则的规定，下列属于年度财务会计报告组成部分的有（　　）。

A. 资产负债表　　B. 所有者权益变动表

C. 利润表　　D. 会计报表附注

2. 以下属于财务会计报表编制要求的有（　　）。

A. 编报及时　　B. 全面完整　　C. 真实可靠　　D. 节约成本

3. 资产负债表反映的经济内容是企业的财务状况，表现为（　　）。

A. 资产状况　　B. 权益状况　　C. 偿债能力　　D. 财务成果

4. 资产负债表有（　　）两种基本格式。

A. 账户式　　B. 报告式　　C. 资产权益式　　D. 收入费用式

5. 资产负债表左方反映的经济内容有（　　）。

A. 流动负债　　B. 流动资产

C. 长期股权投资　　D. 无形资产及其他资产

6. 企业财务会计报告的使用者通常包括（　　）。

A. 投资者　　B. 债权人　　C. 企业管理人员　　D. 政府及相关机构

7. 财务会计报告可以提供企业（　　）的信息。

A. 财务状况　　B. 经营成果　　C. 劳动状况　　D. 现金流量

8. 企业编制财务会计报告，应当严格遵循国家会计制度规定的（　　）。

A. 编制基础　　B. 编制依据　　C. 编制原则　　D. 编制方法

9. 负债一般分为（　　）。

A. 流动负债　　B. 短期负债　　C. 非流动负债　　D. 预计负债

10. 下列项目中，属于非流动负债的有（　　）。

A. 应付债券　　B. 应付股利　　C. 专项应付款　　D. 长期应付款

11. 资产负债表的下列项目中．需要根据总账科目余额减去其备抵项目后的净额填列的有（　　）。

A. 交易性金融资产　　B. 长期股权投资

C. 存货　　D. 固定资产

12. 多步式利润表可以反映企业的（　　）等利润要素。

A. 每股收益　　B. 营业利润　　C. 利润总额　　D. 净利润

13. 财务会计报告的编制要求包括（　　）等。

A. 真实可靠　　B. 便于理解　　C. 全面完整　　D. 编报及时

14. （　　）统称为中期报表。

A. 月度报表　　B. 季度报表　　C. 半年度报表　　D. 年度报表

15. 资产负债表中“货币资金”项目的期末数，应根据（　　）账户期末余额的合计数填列。

A. 其他应收款——备用金　　B. 库存现金

C. 其他货币资金　　D. 银行存款

16. 编制资产负债表时，下列项目可根据总分类账户的期末余额直接填列（　　）。

A. 交易性金融资产　　B. 应收票据

C. 应收账款　　D. 短期借款

17. 利润表的特点有（　　）。

A. 根据相关账户的本期发生额编制　　B. 根据相关账户的期末余额编制

C. 属于静态报表　　D. 属于动态报表

18. 企业中期财务报表至少应当包括（　　）。

A. 资产负债表　B. 利润表　C. 现金流量表　D. 附注

19. 以下项目中，会影响营业利润计算的有（　　）。

A. 营业外收入　B. 营业税金及附加　C. 营业成本　D. 销售费用

20. 编制资产负债表时，须根据有关总账科目期末余额分析、计算填列的项目有（　　）。

A. 货币资金　B. 预付款项　C. 存货　D. 短期借款

21. 资产负债表中的“存货”项目反映的内容包括（　　）。

A. 发出商品　B. 材料成本差异　C. 委托加工物资　D. 生产成本

22. 资产负债表中“应收账款”项目应根据（　　）之和减去“坏账准备”账户中有关应收账款计提的坏账准备期末余额填列。

A. “应收账款”科目所属明细科目的借方余额

B. “应收账款”科目所属明细科目的贷方余额

C. “应付账款”科目所属明细科目的贷方余额

D. “预收账款”科目所属明细科目的借方余额

23. 下列等式正确的有（　　）。

A. 资产=负债+所有者权益

B. 营业利润=主营业务收入+其他业务收入-主营业务成本-其他业务成本+投资收益+公允价值变动收益

C. 利润总额=营业利润+营业外收入-营业外支出

D. 净利润=利润总额-所得税费用

24. 下列各项中，属于资产负债表中流动资产项目的有（　　）。

A. 货币资金　B. 预收账款　C. 应收账款　D. 存货

25. 利润表中的“营业成本”项目填列的依据有（　　）。

A. “营业外支出”发生额　　B “主营业务成本”发生额

C. “其他业务成本”发生额　　D. “营业税金及附加”发生额

（三）判断题

1. 根据我国现行《企业会计制度》的规定，只有月度财务会计报告中包括会计报表。（　　）

2. 财务会计报告是企业会计核算的最终成果。（　　）

3. 季度财务会计报告应包括的内容与月度财务会计报告基本相同。（　）

4. 对于财务会计报告，企业可以根据需要不定期编制。（　）

5. 半年度财务会计报告应于半年度终了后的 2 个月内报出。（　）

6. 企业对重要的事项，应当按照要求在会计报表附注中进行说明。（　）

7. 在一年内到期的长期负债应属于流动负债项目。（　）

8. 资产负债表是反映企业在一定时期内财务状况的报表。（　）

9. 在我国，对外会计报表的种类、格式、指标内容和编报时间等都是由国家统一的会计制度予以规定的。（　）

10. 会计报表应当根据经过审核的会计账簿记录和有关资料编制。（　）

11. 会计报表附注是对会计报表的编制基础、编制依据、编制原则和方法及主要项目所做的解释，以便于会计报表使用者理解会计报表的内容。（　）

12. 编制会计报表的主要目的就是为会计报表使用者决策提供信息。（　）

13. 资产负债表中各项目的“期末余额”，都可以根据总账科目和有关明细科目的期末余额直接填列。（　）

14. 资产负债表和利润表都是反映企业特定日期财务状况的会计报表。（　）

15. 账户式结构指的是资产负债表按上下顺序依次排列资产、负债及所有者权益项目。（　）

16. 营业利润扣减管理费用、销售费用、财务费用和所得税费用后得到净利润。（　）

17. 会计报表包括资产负债表、利润表、现金流量表及会计报表附注。（　）

18. 资产负债表是总括反映企业特定日期资产、负债和所有者权益情况的动态报表，通过它可以了解企业的资产构成、资金的来源构成和企业债务的偿还能力。（　）

19. 利润表中“营业成本”项目，反映企业销售产品和提供劳务等主要经营业务的各项销售费用和实际成本。（　）

20. 实际工作中，为使财务报表及时报送，企业可以提前结账。（　）

21. 一套完整的财务报表至少应当包括资产负债表、利润表、现金流量表、所有者权益变动表和附注等部分。（　）

22. 资产负债表中“固定资产”项目应根据“固定资产”账户余额减去“累计折旧”、“固定资产减值准备”等账户的期末余额后的金额填列。（　）

23. 资产负债表中“货币资金”项目，应根据“银行存款”账户的期末余额填列。（　）

24. 营业利润减去管理费用、销售费用、财务费用和所得税费用后得到净利润。（　）

25. 资产负债表中的“长期待摊费用”项目应根据“长期待摊费用”科目的余额直接填列。（　）

26. 季度、月度财务会计报告通常仅指财务报表，至少应该包括资产负债表、利润表和现金流量表。（　）

二、模拟实训

请根据下列相关会计资料，计算红旗公司 2013 年 10 月利润表中“营业利润”、“利润总额”、“所得税费用”、“净利润”共四个项目的“本月数”和“本年累计数”栏的金额，如表 8-7 所示。

表 8-7　损益类账户发生额

损益类账户	10 月份发生额	1～9 月累计发生额
主营业务收入	600 000	9 002 055
主营业务成本	300 000	5 574 000
营业税金及附加	30 000	945 000
其他业务收入	60 000	600 000
其他业务成本	45 000	450 000
管理费用	6 000	933 000
财务费用	3 000	600 000
销售费用	3 690	405 000
投资收益	16 800	1 500 000
营业外收入	13 500	0
营业外支出	9 900	150 000
所得税费用	25%	25%

三、拓展训练

甲公司 2011 年 11 月 31 日的有关资料如下。

1. 部分总账余额如表 8-8 所示。

表 8-8　部分账户总账余额表

资产账户	借方余额	负债和所有者权益账户	贷方余额
库存现金	10 000	短期借款	10 000
银行存款	57 000	应付票据	4 000
交易性金融资产	24 000	应付账款	70 000
应收票据	60 000	预收账款	10 000
应收账款	40 000	应付职工薪酬	5 8500

2. 部分债权债务明细账户 2011 年 12 月 31 日余额如表 8-9 所示。

表 8-9　部分债权债务明细账户余额

账户名称	借方金额	贷方金额
应收账款——B 公司	50 000	
应收账款——C 公司		10 000
预付账款——D 公司		20 000

续表

账户名称	借方金额	贷方金额
预付账款——E 公司	20 000	
应付账款——G 公司	10 000	
应付账款——L 公司		80 000
预收账款——H 公司	5 000	
预收账款——N 公司		15 000

3. 12 月 1 月到 31 日部分经济业务如下。

（1）3 日赊销 B 公司商品一批，价款 60 000 元，增值税 10 200 元，另用银行存款代垫运杂费 2 000 元，公司为及早收回货款，在合同中承诺给予购货方如下现金折扣条件：2/10、1/20、n/30，计算现金折扣时不考虑增值税。

（2）15 日收到 B 公司以银行存款支付本月 3 日购进货款及代垫的运杂费。

（3）计提本月工资，其中管理部门 8 500 元，销售部门 20 000 元，生产部门 30 000 元。

要求：

（1）根据以上经济业务编制相关的会计分录；

（2）根据上述资料及本月发生的经济业务，编制甲公司 2011 年 12 月 31 日资产负债表（如表 8-10 所示）的部分项目。

表 8-10　　资产负债表　　会企 01 表

编制单位：甲公司　　2011 年 12 月 31 日　　单位：元

资产账户	借方余额	负债和所有者权益账户	贷方余额
货币资金	（①）	短期借款	10 000
交易性金融资产	24 000	应付票据	4 000
应收票据	60 000	应付账款	（④）
应收账款	（②）	预收账款	（⑤）
预付账款	（③）	应付职工薪酬	58 500

项目九　会计档案

学习目标

知识目标

✧ 掌握会计档案的保管方法

✧ 理解会计档案的概念

✧ 了解会计档案的保管期限及销毁的方法

能力目标

✧ 学习会计档案的保管及销毁的方法

案例导入

会计档案的保管问题

与东兴公司有业务往来的安盛公司因业务需要，要求查阅东兴公司的会计档案，并对有关原始凭证进行复制。经东兴公司负责人批准同意后，将部分会计档案复制给安盛公司。

启发与思考

1. 该企业向业务往来单位提供查阅会计档案、复制有关原始凭证的做法是否符合法律规定？

2. 会计档案的管理需要注意哪些事项？

学习任务一 会计档案

一、会计档案的含义

（一）会计档案的概念和分类

会计档案是指会计凭证、会计账簿或财务会计报告等会计核算专业材料，它是记录和反映单位经济业务的重要史料和证据。具体包括以下几种：

（1）会计凭证，包括原始凭证、记账凭证、汇总凭证、其他会计凭证；

（2）会计账簿，包括总账、明细账、日记账、固定资产卡片、辅助账簿、会计账簿；

（3）财务会计报告，包括月度、季度、年度财务报告（包括会计报表、附表、附注及文字说明）和其他财务报告。

（4）其他会计资料，包括银行存款余额调节表、银行对账单、其他应当保存的会计核算资料、会计档案移交清册、会计档案保管清册、会计档案销毁清册。

（二）会计档案的作用

会计档案是国家经济档案的重要组成部分，具有史料和查证作用，在经济管理活动和财务会计工作中的地位非常重要。具体表现在以下几个方面。

（1）会计档案信息是落实政策，打击经济领域犯罪，清理债权债务，解决以及处理会计事务的重要依据。

（2）会计档案信息是检查和监督企业、行政、事业单位的经济活动、财务收支及遵守财经纪律情况的重要工具。

（3）会计档案信息是单位总结经营管理经验，进行预测和决策，编制计划和预算，开展经济活动的重要参考资料。

（4）会计档案信息在经济科学的研究工作活动中具有重要的史料价值。

二、会计档案基础工作规范

（一）会计凭证

1. 会计凭证的整理方法

（1）把所有应归档的会计凭证收集齐全，并根据记账凭证进行分类。记账凭证一般分为收、付、转三种，整理时要根据不同的凭证种类，按序号或者按时间逐张排放好。

（2）整理记账凭证的同时，补充遗漏的、必不可少的核算资料，剔除不属于会计档案范围和没有必要归档的一些资料。

（3）清除凭证上的订书钉、曲别针、大头针等金属物。

（4）将每一类记账凭证按适当厚度分成若干本。会计凭证整理好后，应按照有关规定的要求，认真做好会计凭证的装订工作。

2. 会计凭证的装订

（1）会计凭证被装订前的准备。首先按凭证汇总日期归集整理并检查凭证顺序号，如有颠倒要重新排列，发现缺号要查明原因。然后检查附件有否漏缺，领料单、入库单、工资、奖金发放单是否随附齐全，记账凭证上有关人员的印章是否齐全。其次要编制记账凭证汇总表，经试算平衡后，应与总账核对，确保账表相符，方可着手装订。每月装订会计凭证的本数应根据单位业务量的大小确定，避免过厚或过薄，订本太厚，事后翻阅不便；订本太薄，不好保管，容易散失。

（2）会计凭证的装订。会计凭证的装订是指把定期整理完毕的会计凭证按照编号顺序，外加封面、封底，装订成册，并在装订线上加贴封签。在封面上，应写明单位名称、年度、月份、记账凭证的种类、起讫日期、起讫号数，以及记账凭证和原始凭证的张数，并在封签处加盖会计主管的骑缝图章。如果采用单式记账凭证，在整理装订凭证时，必须保持会计分录的完整。这时，应按凭证号码顺序还原装订成册，不得按科目归类装订。对各种重要的原始单据，以及各种需要随时查阅和退回的单据，应另编目录，单独登记保管，并在有关的记账凭证和原始凭证上相互注明日期和编号。会计凭证装订的要求是既美观大方又便于翻阅，所以在装订时要先设计好装订册数及每册的厚度。一般来说，一本凭证的厚度以1.5～2厘米为宜。凭证装订册数可根据凭证多少来定，原则上以月份为单位装订，每月订成一册或若干册。有些单位业务量小，凭证不多，把若干个月份的凭证合并订成一册就可以，只要在凭证封面注明本册凭证所含的月份即可。为了使装订成册的会计凭证外形美观，在装订时要考虑到凭证的整齐均匀，特别是装订线的位置，如果太薄时可用纸折一些三角形纸条，均匀地垫在此处，以保证它的厚度与凭证中间的厚度一致。

（二）会计账簿

会计账簿作为全面、系统、连续地记载某种经济业务的工具，是编制各种财务报告所需经济资料的来源，是检查、分析、监督单位经济活动和财务收支的依据。整理会计账时要做到以下几点。

（1）为了保证会计账簿记录的合法性和账簿资料的完整性，明确记账责任，便于查阅，在启用账簿时，要在账簿的扉页填写“账簿启用和经管人员一览表”和“账户目录”。

（2）会计账簿在会计年度结束后，要及时加工。

账簿装订前，首先按账簿启用表的使用页数核对各个账户是否相符，账页数是否齐全，序号排列是否连续；然后按会计账簿封面、账簿启用表、账户目录、按页数顺序排列的账页、封底的顺序装订。

① 活页账簿装订要求为：a. 保留已使用过的账页，将账页数填写齐全，去除空白页和撤掉账夹，用质量好的牛皮纸做封面、封底，装订成册；b. 多栏式活页账、三栏式活页账、数量金额式活页账等不得混装，应按同类业务、同类账页装订在一起；c. 在本账的封面上填写好账目的种类，编好卷号，会计主管人员和装订人（经办人）签章。

② 账簿装订后的其他要求包括：a. 会计账簿应牢固、平整，不得有折角、缺角、错页、掉页、夹空白纸的现象；b. 会计账簿的封口要严密，封口处要加盖有关印章；c. 封面应齐全、平整，并注明所属年度及账簿名称、编号，编号一年一编，编号顺序为总账、现金日记账、银行存（借）款日记账、分户明细账；d. 会计账簿按保管期限分别编制卷号，如现金日记账全年按顺序

编制卷号；总账、各类明细账、辅助账全年按顺序编制卷号。

（3）财务报告。财务报告一般按照月报、季报、年报分别整理、装订、立卷。年终决算报告要单独整理立卷，季报和月报可根据张数的多少，立成一卷或数卷。平时，月度、季度财务报告由会计主管人员负责保存。年终要将全年的财务报告按时间顺序整理，装订成册，登记会计档案目录，逐项写明财务报告的人员负责归档。

财务报告的装订应以左上角对齐。装订顺序为：封面、财务情况说明书、会计报告、封底。

【例题 9-1・单选题】会计档案其他类是指与会计核算、会计监督密切相关，由会计部门负责办理的有关数据资料，不包括（　　）。

A. 银行对账单　　B. 存储在磁性介质上的会计数据

C. 财务数据统计资料　　D. 生产计划书

参考答案：D

答案解析：生产计划书不是会计档案。

【例题 9-2・单选题】以下内容不属于会计档案的是（　　）。

A. 银行存款日记账　　B. 总账　　C. 购销合同　　D. 购货发票

参考答案：C

答案解析：会计档案包括会计凭证、会计账簿、财务会计报告和其他会计资料。其他会计资料包括银行存款余额调节表、银行对账单、其他应当保存的会计核算资料、会计档案移交清册、会计档案保管清册、会计档案销毁清册。购销合同不包括在内。

学习任务二　会计档案的保管

一、会计档案的保管方法

各单位每年形成的会计档案，应当由会计机构按照归档的要求，负责整理立卷，装订成册，编制会计档案保管清册。当年的会计档案要在会计年度终了后，由本单位财会部门保管一年，期满后应当由会计机构编制移交清册，移交本单位档案机构统一保管；未设立档案机构的应当在会计机构内部指定专人保管，但出纳人员不得兼管会计档案。移交本单位档案机构保管的会计档案原则上应当保持原卷册的封装，个别需要拆封重新整理的，档案机构应当会同会计机构和经办人员共同拆封整理，以分清责任。

（一）会计账簿的保管

为了便于账簿的使用和管理，一般情况下，总分类账、现金日记账、银行存款日记账和大部分明细账都应在年度结账完毕后，以新账代替旧账。对于在年度内业务发生量较少、账簿变动不大的部分明细账，如固定资产明细账和固定资产卡片账，可以连续使用，不必每年更换。

平常用的各种账簿要分工明确，指定专人管理，谁负责登记，谁负责管理；会计账簿未经本单位领导或者会计主管允许，非经管人员不得翻阅查看会计账簿；会计账簿除需要与外单位核对账目外，一律不准携带外出。对因特殊需要须携带外出的账簿，必须经过本单位领导和会计主管批准，并指定专人负责。会计账簿不得随意放置或交于其他无关人员管理，以保证会计账簿的安全和防止任意涂改会计账簿等问题的发生。

年度终了更换并启用新账后，对更换下来的旧账要整理装订，造册归档。归档前旧账的整理工作包括：检查和补齐应变的手续，如注销空行和空页，结转余额等。活页账簿应抽出未使用的空白账页，再装订成册。

（二）财务会计报表的保管

财务会计报告编制完成及时报送后，留存的报表应按月装订成册，谨防丢失。月度、季度、年度财务报告应分别装订成册，一本为一册。决算审核意见书、审计报告等应分别附在该期财务报告后一起装订，并逐页按顺序编写页码。财务报告装订后封面应写明单位名称、报表名称、所属年度、张数、保管期限、档号，并由会计主管、装订人分别签名或盖章。

二、会计档案的保管期限

不同会计档案发挥作用的时期各不相同，因此各类会计档案的保管期限也不一样。《会计档案管理办法》规定了我国企业和其他组织、预算单位等会计档案的保管期限，该办法规定的会计档案保管期限为最低保管期限。会计档案的保管期限分为永久和定期两类。

具体的保管期限如表 9-1、表 9-2 所示。

表 9-1　　会计档案的保管期限

序　号	档案名称	保管期限	备　注
一	会计凭证类		
1	原始凭证	15 年	
2	记账凭证	15 年	
3	汇总凭证	15 年	
二	会计账簿类		
4	总账	15 年	包括日记总账
5	明细账	15 年	
6	日记账	15 年	现金和银行存款日记账保管 25 年
7	固定资产卡片		固定资产报废清理后保管 5 年
8	辅助账簿	15 年	
三	财务报告类		
9	月、季度财务报告	3 年	包括文字分析
10	年度财务报告（决算）	永久	包括文字分析
四	其他类		
11	会计移交清册	15 年	
12	会计档案保管清册	永久	
13	会计档案销毁清册	永久	
14	银行存款余额调节表	5 年	
15	银行对账单	5 年	

表 9-2　财政总预算、行政、事业单位和税收会计档案保管期限表

序号	档案名称	保管期限			备　注
		财政总预算	行政、事业单位	税收会计	
一、	会计凭证类				
1.	国家金库变动的各种报表及缴库退库凭证	10 年		10 年	
2.	各收入机关编送的报表	10 年			
3.	行政单位和事业单位的各种会计凭证		15 年		包括原始凭证、记账凭证和传票汇总表
4.	各种完税凭证和缴、退库凭证			15 年	缴款书存根联在销号后保管 2 年
5.	财政总预算拨款凭证及其他会计凭证	15 年			包括拨款凭证和其他会计凭证
6.	农牧业税结算凭证			15 年	
二、	会计账簿类				
7.	日记账		15 年	15 年	
8.	总账	15 年	15 年	15 年	
9.	税收日记账（总账）和税收票证分类出纳账			25 年	
10.	明细分类、分户账或登记簿	15 年	15 年	15 年	
11.	现金出纳账、银行存款账		25 年	25 年	
12.	行政单位和事业单位固定资产明细账（卡片）				行政单位和事业单位固定资产报废清理后保管 5 年
三、	财务报表类				
13.	财政总预算	永久			
14.	行政单位和事业单位决算	10 年	永久		
15.	税收年报（决算）	10 年		永久	
16.	国家金库年报（决算）	10 年			
17.	基本建设拨款、贷款年报（决算）	10 年			
18.	财政总预算会计旬报	3 年			所属单位报送的保管 2 年
19.	财政总预算会计月、季度报表	5 年			所属单位报送的保管 2 年
20.	行政单位和事业单位会计月、季度报表		5 年		所属单位报送的保管 2 年
21.	税收会计报表（包括票证报表）			10 年	电报保管 1 年，所属税务机关报送的保管 3 年
四、	其他类				
22.	会计移交清册	15 年	15 年	15 年	
23.	会计档案保管清册	永久	永久	永久	
24.	会计档案销毁清册	永久	永久	永久	

注：税务机关的税务经费会计档案保管期限，按行政单位会计档案保管期限规定办理。

三、会计档案的查阅与复制

各单位保存的会计档案不得借出。如有特殊情况，经本单位的负责人批准，可以提供查阅或者复制，并办理登记手续。查阅或者复制会计档案的人员，严禁在会计档案上涂画、拆封和抽换。各单位应当建立健全会计档案查阅、复制、登记制度。

四、会计档案的销毁

会计档案保管期满需要销毁的，由本单位档案机构会同会计机构提出销毁意见，编制会计档案的销毁清册，列明销毁会计档案的名称、卷号、册数、起止年度和档案编号、应保管期限、已保管期限、销毁时间等内容，并由单位负责人在会计档案销毁清册上签署意见。

销毁会计档案时，应由档案机构和会计机构共同派员监销。国家机构销毁会计档案时，应由同级财务部门和审计部门派员参加监销：财务部门销毁会计档案时，应当由同级审计部门派员参加监销。

在销毁会计档案之前，监销人应按照会计档案销毁清册所列的内容清点核对所要销毁的会计档案，销毁后应当在会计档案销毁清册上签名盖章，并将监销的情况报告本单位负责人。

保管期满，还未结清的债权债务的原始凭证和涉及其他未了事项的原始凭证不得销毁，应单独抽出并立卷，保管到未了事项完结为止。单独抽出并立卷的会计档案，应在会计档案销毁清册和会计档案保管清册中列明。正在项目建设期间的建设单位，其保管期满的会计档案不得销毁。

【例题 9-3・单选题】国家机关销毁会计档案时，应由（　　）派员参加监销。

A. 同级财政部门　　B. 同级财政部门和审计部门

C. 同级审计部门　　D. 上级财政部门和审计部门

参考答案：B

答案解析：国家机关销毁档案时，应由同级财政部门、审计部门派员参加监销。

【例题 9-4・单选题】需要永久保存的会计档案是（　　）。

A. 现金日记账　　B. 原始凭证　　C. 会计档案保管清册　　D. 银行对账单

参考答案：C

答案解析：现金日记账应该保管 25 年；原始凭证应该保管 15 年，银行对账单应该保管 5 年。

【例题 9-5・单选题】各单位每年形成的会计档案，都应由本单位（　　）负责整理立卷，装订成册，编制会计报告清册。

A. 档案部门　　B. 会计机构　　C. 人事部门　　D. 指定专人

参考答案：B

答案解析：各单位每年形成的会计档案都应该由会计部门负责整理立卷，装订成册，编制会计档案保管清册。

【例题 9-6・单选题】《会计档案管理办法》规定会计档案保管期限为（　　）。

A. 最高保管期限　B. 最低期限　C. 平均保管期限　D. 适当保管期限

参考答案：B

答案解析：《会计档案管理办法》规定会计档案保管期限为最低期限，会档案保管工作只能多于不能少于这个规定。

【例题 9-7·多选题】 保管期满，不得销毁的会计档案有（　　）。

A. 未结清的债权债务原始凭证

B. 正在建设期间的建设单位的有关会计档案

C. 超过保管期限但尚未报废的固定资产购买凭证

D. 银行存款余额调节表

参考答案：A、B、C

答案解析：对于保管期满，还未结清的债权债务的原始凭证和涉及其他未了事项的原始凭证不得销毁，应单独抽出并立卷，保管到未了事项完结为止，选项 A、C 属于这种情况。正在项目建设期间的建设单位，其保管期满的会计档案不得销毁。

【例题 9-8·多选题】 根据《会计档案管理办法》规定，（　　）保管期限为 5 年。

A. 银行对账单　B. 银行存款余额调节表

C. 记账凭证　D. 原始凭证

参考答案：A、B

答案解析：根据《会计档案管理办法》规定，银行对账单、银行存款余额调节表保管期限为 5 年。

【例题 9-9·判断题】 年度终了，各种账户在结转下年，建立新账后，一般都要把旧账送交主办会计集中统一管理。（　　）

参考答案：×

答案解析：只是暂由本单位财务会计部门保管一年，期满之后，由财务会计部门编造清册移交本单位的档案部门管理。

【例题 9-10·判断题】 财政部门销毁会计档案时，应当由同级会计档案机构派员参加监销。（　　）

参考答案：×

答案解析：财政部门销毁会计档案时，应当由同级审计部门派员参加监销，而不是同级会计档案机构。

补充阅读：关于会计档案的具体事项请详细阅读《会计档案管理办法》。

项目小结

会计档案对于总结经济工作，指导生产经营管理和事业管理，查验经济财务，防止贪污腐败，研究经济发展方针、战略具有重要的作用。因此，各单位必须加强对会计档案的管理，确保会计档案的安全和完整。

同步练习与实践训练

一、理论与技能测试

（一）单项选择题

1. 下列会计资料中不属于会计档案的是（　　）。

A. 记账凭证　B. 会计档案移交清册　C. 年度财务计划　D. 银行对账单

2. 以下会计资料中不属于会计档案的是（　　）。

A. 现金日记账　B. 总账　C. 购销合同　D. 购货发票

3. 会计档案是指记录和反映经济业务事项的重要（　　）。

A. 凭证　B. 资料和依据　C. 史料和证据　D. 材料

4. 企业年度财务报告的保管期限为（　　）。

A. 5 年　B. 15 年　C. 25 年　D. 永久

5. 各种会计档案的保管期限，根据其特点分为永久、定期两类。定期保管期限分为（　　）。

A. 3 年、10 年、20 年、30 年、40 年 5 种

B. 1 年、5 年、10 年、15 年、20 年 5 种

C. 3 年、5 年、10 年、15 年、20 年 5 种

D. 3 年、5 年、10 年、15 年、25 年 5 种

6. 下列会计档案中需要保管 25 年的是（　　）。

A. 银行存款总账　B. 银行存款日记账　C. 汇总凭证　D. 辅助账簿

7. 其他单位如果因特殊原因需要使用会计档案时，经本单位负责人批准（　　）。

A. 可以借阅　B. 只可以查阅不能复制

C. 不可以查阅或复制　D. 可以查阅或复制

8. 下列会计档案中，不需要永久保存的是（　　）。

A. 财政总预算　B. 税收日记账和总账

C. 会计档案保管清册　D. 会计档案销毁清册

9. 会计档案的保管期限是从（　　）算起。

A. 会计年度终了后第一天　B. 审计报告之日

C. 移交档案管理机构之日　D. 会计资料的整理装订日

10. 企业的总账的保管期限为（　　）。

A. 15 年　B. 3 年　C. 25 年　D. 永久

11. 原始凭证和记账凭证的保管期限为（　　）年。

A. 3 年　B. 5 年　C. 10 年　D. 15 年

12. 行政事业单位的各种会计凭证的保管期限为（　　）。

A. 10 年　B. 5 年　C. 20 年　D. 15 年

13. 固定资产卡片的保管期限为（　　）。

A. 固定资产报废清理时　　B. 固定资产报废清理后保管 10 年

C. 固定资产报废清理后保管 5 年　　D. 固定资产报废清理后保管 15 年

14. 根据《会计档案管理办法》规定，单位合并后原单位解散或一方存续、其他方解散的，原单位的会计档案应由（　　）保管。

A. 存续方　　B. 档案局　　C. 合并前单位的主管部门　　D. 财政部门

15. 会计档案是指记录和反映经济业务事项的重要历史（　　）。

A. 凭证　　B. 资料和依据　　C. 资料和证据　　D. 材料

（二）多项选择题

1. 下列属于会计档案的内容的有（　　）。

A. 原始凭证　　B. 总分类账

C. 资产负债表　　D. 会计档案保管清册

2. 下列会计档案中需要永久保管的有（　　）。

A. 会计移交清册　　B. 会计档案保管清册

C. 现金和银行存款日记账　　D. 财政总预算

3. 保管期限为 3 年的会计档案有（　　）。

A. 企业月度财务报告　　B. 企业季度财务报告

C. 行政单位月度报表　　D. 财政总预算会计旬报

4. 会计档案的保管期限分为（　　）。

A. 永久　　B. 定期　　C. 临时　　D. 短期

5. 会计档案的定期保管期限可以是（　　）。

A. 3 年　　B. 5 年　　C. 10 年　　D. 15 年

6. 下列属于企业会计档案的有（　　）。

A. 会计档案移交清册　　B. 固定资产卡片

C. 银行对账单　　D. 月、季度财务报告

7. 企业的下列会计档案中，保管期限为 15 年的应有（　　）。

A. 往来款项明细账　　B. 存货总账

C. 银行存款明细账　　D. 长期股权投资总账

8. 下列关于会计档案管理的说法中正确的有（　　）。

A. 出纳人员不得监管会计档案

B. 会计档案的保管期限从会计档案形成后的第一天算起

C. 单位负责人应在会计档案销毁清册上签署意见

D. 各单位保存的会计档案不得借出

9. 按照《会计档案管理办法》的规定，下列说法中正确的有（　　）。

A. 会计档案的保管期限分为 3 年、5 年、10 年、15 年、25 年 5 类

B. 单位合并后原各单位仍存续的，其会计档案仍应由原各单位保管

C. 固定资产卡片于固定资产报废清理后保管 5 年

D. 我国境内所有单位的会计档案不得携带出境

10. 对移交本单位档案机构保管的会计档案，需要拆封重新整理的，应由（　　）同时参与，以分清责任。

A. 财务会计部门　B. 经办人　C. 本单位档案结构　D. 本单位人事部门

11. 会计档案包括（　　）。

A. 会计凭证　B. 会计账簿　C. 财务会计报告　D. 其他会计资料

12. 下列事项中需要保管 15 年的会计档案有（　　）。

A. 企业的明细账　B. 企业的库存现金日记账

C. 总账　D. 企业的汇总凭证

13. 下列有关会计档案查阅的表述中，正确的有（　　）。

A. 会计档案可以借出

B. 外部人员查阅会计档案须持有单位正式介绍信

C. 单位内部人员查阅会计档案，应经会计主管人员或单位负责人批准

D. 查阅人员可以自行拆散原卷册

14. 《会计档案管理办法》规定了我国（　　）等的会计档案保管期限。

A. 企业　B. 其他组织　C. 行政、事业单位　D. 家庭

15. 下列关于会计档案管理的说法中正确的有（　　）。

A. 出纳人员不得兼任会计档案保管员

B. 会计档案的保管期限，从会计档案形成后的第一天算起

C. 单位负责人应在会计档案销毁清册上签署意见

D. 采用电子计算机进行会计核算的单位，应保存打印出来的纸质会计档案

（三）判断题

1. 会计档案的保管期限分为永久保管和定期保管两种。其中定期保管又分为 3 年、5 年、10 年、15 年和 25 年。（　　）

2. 本单位的会计档案机构为方便保管会计档案，可以根据需要对其拆封重新整理。（　　）

3. 会计账簿类会计档案的保管期限均为 15 年。（　　）

4. 企业会计账簿中的总账应当保管 15 年。（　　）

5. 企业和其他组织的银行存款余额调节表、银行对账单和固定资产报废清理后的固定资产卡片等会计档案保管期限应当为 3 年。（　　）

6. 当年形成的会计档案，在会计年度终了后，可暂由本单位会计机构保管 1 年。（　　）

7. 企业年度会计决算（包括文字分析）保管期限为永久。（　　）

8. 会计档案是指会计凭证、会计账簿和财务会计报告等会计核算专业材料。（　　）

9. 财会部门或经办人，必须在会计年度终了后的第一天，将应归档的会计档案全部移交档案

部门，保证会计档案齐全完整。（ ）

10. 单位负责人应在会计档案销毁清册上签署意见。（ ）

11. 各单位对会计凭证、会计账簿、财务会计报告和其他会计资料应当建立档案，妥善保管。（ ）

12. 对于保管期满的会计档案可以直接销毁。（ ）

13. 对于保管期满但未结清的债权债务原始凭证和涉及其他未了事项的原始凭证不得销毁，应单独抽出立卷，由档案部门保管未了事项完结时为止。（ ）

14. 各单位保存的会计档案原则上不得借出，但如有特殊需要，经由本单位负责人批准，可以借出。（ ）

15. 会计档案保管清册保管期限为 25 年。（ ）

16. 我国境内所有单位的会计档案均不得携带出境。（ ）

17. 库存现金和银行存款日记账保管期限为 15 年。（ ）

18. 各单位的会计档案不得借出，但经批准后可以复制。（ ）

19. 会计档案整理入卷后，档案部门要按不同要求对各类会计档案编制卷号。（ ）

20. 移交本单位档案机构保管的会计档案，只要有需要，可以随时拆封。（ ）

项目十　主要经济业务事项账务处理

学习目标

知识目标

- ✧ 掌握会计核算的六项具体内容的账务处理
- ✧ 了解会计工作过程及其内在规律性

能力目标

- ✧ 了解主要经济业务的会计处理及核算中较为常见的基本核算项目
- ✧ 建立对会计账务处理重要性的正确认知
- ✧ 树立利用会计学方法分析和解决问题的思想观念

案例导入

基础会计在生活中的应用

小吴是一名大学二年级的学生，在学校的两年中小吴发现，每年夏天临放假前，总有一些毕业生会将一些学习和生活用品如电脑、台灯等进行变卖，而一些新生也会因为货品价格便宜而购买这些二手货，这一现象引发了小吴的灵感，何不赚取中间的差额呢？心动不如行动，于是小吴开始了第一次经商……

刚开始，小吴只有 100 元现金；由于 100 元投入不够，小吴向同学借款 1 000 元，答应生意做完给 10%的利息；现在小吴用 1 100 元中的 1 040 元去收购毕业生要处理的日常用品和小电器；接下来小吴将采购来的 1 040 元商品以 2 600 元价格出售，赚取毛利 1 560 元；但小吴出售商品时只收回现金 2 500 元，有个同学说暂时没钱，欠 100 元，答应父母寄钱来时归还，小吴答应了；现在小吴决定将借款 1 000 元还给同学，同时支付利息 100 元。

启发与思考

请从企业会计核算的角度出发，从不同会计要素的增减变化来描述小吴的第一次经商所发生的具体业务和事项。

学习任务一 款项的收付

一、款项的概念

款项作为支付手段的货币资金，主要包括现金、银行存款及其他视同现金和银行存款的货币资金，有价证券是指表示一定财产拥有权或支配权的证券，主要包括交易性金融资产和可供出售的金融资产等。二者是流动性最强的资产，必须及时、如实地办理相关手续，进行会计核算。

货币资金包括出纳保管的库存现金、存在银行的银行存款和采用其他结算方式产生的符合现金定义的票证等。现金主要使用在以下几个方面：

（1）个人工资、各种工资性津贴；

（2）个人劳务报酬；

（3）颁发给个人的科学技术、文化艺术、体育等方面的各种奖金；

（4）各种劳保、福利费用以及国家规定的对个人的其他支出；

（5）向个人收购农副产品和其他物资的价款；

（6）出差人员必须随身携带的差旅费；

（7）结算起点以下的零星支出等。

库存现金限额一般是 3～5 天的日常零星开支需要量；边远地区可以多于 5 天，但最高不超过 15 天。

二、账户设置

现金和银行存款的收付账务处理需要设置的会计账户有“库存现金”和“银行存款”。“库存现金”科目用于核算企业库存现金的收入、支出。借方登记现金的增加，贷方登记现金的减少，期末余额在借方，反映企业实际持有的库存现金的金额。“银行存款”科目用于核算企业存入银行或其他金融机构的各种款项，但是银行汇票存款、银行本票存款、信用证保证金存款、信用卡存款、外埠存款和存出投资款等，不在本科目核算，而是通过“其他货币资金”科目核算。

三、账务处理

（一）提现的账务处理

企业从银行提取现金，企业的库存现金增加，银行存款减少，应借记“库存现金”科目，贷记“银行存款”科目。

【例题 10-1】企业从银行提取现金 3 000 元，编制的会计分录如下。

借：库存现金 3 000

　　贷：银行存款 3 000

（二）存现的账务处理

企业将现金存入银行，银行存款增加，库存现金减少，应借记“银行存款”科目，贷记“库存现金”科目。

【例题 10-2】企业将库存现金送存银行 8 000 元。编制的会计分录如下。

借：银行存款 8 000

　　贷：库存现金 8 000

应注意，如果一笔经济业务同时涉及现金和银行存款收付的，只编制付款凭证，不编制收款凭证。

学习任务二 交易性金融资产

一、交易性金融资产的概念

交易性金融资产主要是指企业为了近期出售而持有的金融资产，如企业以赚取差价为目的从二级市场购入的股票、债券、基金等。交易性金融资产同属于企业的有价证券（拥有一定财产拥有权或支配权的证券，包括国库券、股票、企业债券和其他债券等）。款项和有价证券都是企业流动性最强的资产。

二、账户设置

为了核算交易性金融资产的取得、收取的现金股利或利息、处置等业务，需要设置的账户有“交易性金融资产”、“公允价值变动损益”、“投资收益”、“银行存款”等，具体如下：

（1）“交易性金融资产——成本”——以取得金融资产的公允价值作为初始确认金额；

（2）“交易性金融资产——公允价值变动”——资产负债表日金融资产的公允价值与其账面余额的差额（借或贷记）；

（3）“公允价值变动损益”——因公允价值变动而形成的应计入当期损益的收益和损失（借或贷记）；

（4）“应收股利”或“应收利息”——取得金融资产时所支付的价款包含了已宣告但尚未发放的现金股利或已经到付息期但尚未领取的债权利息；持有期间对于被投资单位宣告发放的现金股利和对于按分期付息、一次还本债券的票面利率计算的利息，应确认为应收项目；

（5）“投资收益”——取得交易性金融资产时所发生的相关交易费用（包括支付给代理机构、咨询公司、券商的手续费和佣金及其他必要支出）记入借方，以及持有金融资产期间取得的股利和利息记入贷方。

三、账务处理

1. 取得交易性金融资产

借：交易性金融资产——成本

　　应收股利/应收利息

　　投资收益

　　贷：银行存款/存出投资款

【例题 10-3】2013 年 1 月 1 日，甲公司购入乙公司股票 10 000 股并划分为交易性金融资产核算。该股票每股面值为 8 元，每股市价 10.2 元（其中包含已宣告但尚未发放的现金股利每股 0.2 元），支付的相关交易费用为 3 000 元，购入时实际支付价款 105 000 元。

借：交易性金融资产——成本	100 000	
应收股利	2 000	
投资收益	3 000	
贷：银行存款		105 000

2. 交易性金融资产的现金股利和利息

（1）确认应收项目。

借：应收股利/应收利息

　　贷：投资收益

（2）实际收到款项时。

借：银行存款

　　贷：应收股利/应收利息

【例题 10-4】接【例题 10-3】2013 年 6 月 30 日，乙公司宣告分派现金股利，每股 0.3 元。7 月 3 日，甲公司收到分派的现金股利。

（1）6 月 30 日，宣告发放时。

借：应收股利	3 000	
贷：投资收益		3 000

（2）7 月 3 日，收到股利时。

借：银行存款	3 000	
贷：应收股利		3 000

3. 交易性金融资产的期末计量——按照公允价值计量

（1）公允价值>账面余额（升值），应调增账面余额。

借：交易性金融资产——公允价值变动

　　贷：公允价值变动损益

（2）公允价值<账面余额（减值），应调减账面余额。

借：公允价值变动损益

　　贷：交易性金融资产——公允价值变动

【例题 10-5】接【例题 10-3】2013 年 12 月 31 日资产负债表日，甲公司购入的 10 000 股股票，每股市价为 12 元，请编制相关会计分录。若每股市价为 9 元，请编制相关会计分录。

（1）每股市价为 12 元时。

借：交易性金融资产——公允价值变动　　20 000（12×10 000−10×10 000）

　　贷：公允价值变动损益　　20 000

（2）每股市价为 9 元时。

借：公允价值变动损益　　10 000

　　贷：交易性金融资产——公允价值变动　　10 000

4. 出售交易性金融资产

（1）将交易性金融资产的账面余额转出。

借：银行存款（按出售实际收取的价款）

　　贷：交易性金融资产——成本

　　　　　　　　　　　——公允价值变动

　　　　投资收益（价款和账面余额的差额，或在借方）

（2）同时，把原计入该金融资产的公允价值变动转出。

借：公允价值变动损益

　　贷：投资收益

　　　　（或者做相反会计分录，主要看原来公允价值变动损益账户余额在借方还是贷方。）

【例题 10-6】接【例题 10-3】2014 年 1 月 8 日，甲公司出售了所持有乙公司的 10 000 股股票，每股 13 元，已将款项存银行。

（1）将交易性金融资产的账面余额转出。

借：银行存款　　130 000

　　贷：交易性金融资产——成本　　100 000

　　　　　　　　　　　——公允价值变动　　20 000

　　　　投资收益　　10 000

（2）借：公允价值变动损益　　20 000

　　　　贷：投资收益　　20 000

5. 购买和出售交易性金融资产发生的交易费用

借：投资收益

　　贷：银行存款

学习任务三　存货的核算

一、存货的概念

存货是指企业在日常活动中持有以备出售的产成品或商品，处在生产过程中的在产品，在生产过程或提供劳务过程中耗用的材料、物料等。

存货区别于固定资产等非流动资产的最基本的特征是，企业持有存货的最终是为了出售，不论是可供直接销售的，如企业的产成品、商品等；还是需经过进一步加工后才能出售的，如原材料等。

二、原材料

企业在生产过程中通过加工改变其形态或性质并构成产品主要实体的各种原材料和外购半成品，以及不构成产品实体但有助于产品形成的辅助材料。

1. 外购企业材料成本的构成

（1）买价，指进货发票所开列的货款金额。

（2）运杂费，包括运输费、装卸费、包装费、保险费、仓储费等。

（3）运输途中的合理损耗，指企业与供应或运输部门所签订的合同中规定的合理损耗或必要的自然损耗。

（4）入库前的挑选整理费用，指购入的材料在入库前需要挑选整理而发生的费用，包括挑选过程中所发生的工资、费用支出和必要的损耗，但要扣除下脚残料的价值。

（5）购入材料负担的税费（如关税等）和其他费用等（不可包括可抵扣的增值税进项税额）。

2. 账户设置

（1）“材料采购”账户（尚未验收入库）：企业采用计划成本法核算购入各种材料的实际采购成本。

（2）“在途物资”账户（尚未验收入库）：企业采用实际成本法核算购入各种材料的实际采购成本。

（3）“原材料”账户（已验收入库）：用来核算企业库存的各种材料的增减变动及其结余情况。该账户借方登记已验收入库的材料的实际成本（或计划成本）；贷方登记发出材料的实际成本（或计划成本）。

（4）“材料成本差异”账户：用来核算材料实际成本与计划成本的差异，该账户借方登记入库材料产生的超支差异和发出材料应承担的节约差异；贷方登记入库材料产生的节约差异与发出材料应承担的超支差异。

（5）“应付账款”账户：用来核算企业因购买材料、商品和接受劳务供应等而应付给供应单位的款项，属于负债类账户。

（6）“应付票据”账户：用来核算企业因购买材料、商品和接受劳务供应等开出、承兑的商业汇票（包括商业承兑汇票和银行承兑汇票），属于负债类账户。

（7）“预付账款”账户：用来核算企业按照购货合同规定预付给供应单位的款项。

（8）“应交税费”账户：用来核算企业按照税法规定计算应交纳的各种税费，企业应在“应交税费”科目下设置“应交增值税”明细科目，在“应交增值税”明细账中，应设置“进项税额”等专栏进行明细核算。企业采购物资时，应按可抵扣的增值税额，借记本账户；销售物资或提供劳务时，应贷记本账户。

3. 计划成本法下的购入处理

此情况下设置“材料采购”、“材料成本差异”、“原材料（按计划成本）”账户

材料成本差异率=（期初结存材料的成本差异+本期验收入库材料的成本差异）/（期初结存材料的计划成本+本期验收入库材料的计划成本）×100%

发出材料应负担的成本差异=发出材料的计划成本×材料成本差异率

（1）确认采购的实际成本。

借：材料采购

　　应交税费——应交增值税（进项税额）

　　贷：银行存款/应付账款/应付票据

（2）验收入库时，把“材料采购”账户的金额按计划成本转入“原材料”账户，其差异通过“材料成本差异”来反映。

借：原材料

　　贷：材料采购

　　材料成本差异（超支记借方，节约记贷方）

【例题 10-7】红星公司购入甲材料一批，货款为 200 000 元，增值税为 34 000 元，发票账单已收到，计划成本为 220 000 元，材料已验收入库。款项已用银行存款支付。

（1）确认采购的实际成本。

	借方	贷方
借：材料采购——甲材料	200 000	
应交税费——应交增值税（进项税额）	34 000	
贷：银行存款		234 000

（2）验收入库。

	借方	贷方
借：原材料	220 000	
贷：材料采购		200 000
材料成本差异		20 000

4. 实际成本法下的购入处理

此情况下设置“在途物资”、“原材料（实际成本）”，不存在材料成本差异问题。

（1）材料在途尚未入库。

借：在途物资

　　应交税费——应交增值税（进项税额）

　　贷：银行存款/应付账款/应付票据

（2）验收入库时，把“在途物资”账户金额直接转入“原材料”账户。

借：原材料

　　贷：在途物资

若材料已验收入库，账务处理如下。

借：原材料（购入时的实际成本）

　　应交税费——应交增值税（进项税额）

　　贷：银行存款/应付账款/应付票据

注意

考试时，若题目中没给出计划成本，就表示企业采用实际成本法核算。

【例题 10-8】红星公司购入 C 材料 5 000 千克，买价 300 000 元，增值税 51 000 元，材料验收入库，企业开出商业承兑汇票支付货款。

借：原材料——C 材料	300 000	
应交税费——应交增值税（进项税额）	51 000	
贷：应付票据		351 000

红星公司到期支付上述票据。

借：应付票据	351 000	
贷：银行存款		351 000

【例题 10-9】企业购入材料一批，买价 80 000 元，增值税 13 600 元，货款、增值税已通过银行存款支付，材料尚未入库。

借：在途物资	80 000	
应交税费——应交增值税（进项税额）	13 600	
贷：银行存款		93 600

5．发出原材料的账务处理

（1）计划成本法下——按计划成本发出，并分担材料成本差异

月末根据领料单等编制“发出材料汇总表”结转发出材料的计划成本，按照材料的用途分别计入不同的费用成本等账户，同时需要根据发出材料应负担的材料成本差异将发出材料的计划成本调为实际成本。

（2）实际成本法下——按实际成本发出，适用于材料发放较少的企业

【例题 10-10】红星公司根据本月“发料凭证汇总表”分配材料费，基本生产车间生产产品领用材料 70 000 元，基本生产车间管理部门领用材料 986 元，行政管理部门领用材料 2 800 元，在建工程领用材料 35 000 元。

借：生产成本	70 000	
制造费用	986	
管理费用	2 800	
在建工程	35 000	
贷：原材料		108 786

原材料领用应计入的账户如下。

（1）生产产品耗用原材料，能分清产品品种的，直接计入“生产成本——某某产品”借方；

（2）生产车间一般耗用计入“制造费用”借方；

（3）行政管理部门耗用计入“管理费用”借方；

（4）专设销售机构耗用计入“销售费用”借方；

（5）专项工程耗用计入“在建工程”借方。

【例题 10-11】红星公司月初结存材料的计划成本为 5 000 元，成本差异为超支差 100 元。本月入库材料的计划成本为 15 000 元，成本差异为节约差异 500 元，根据本月发料凭证汇总表，该公司当月基本生产车间领用材料 1 000 元，辅助生产车间领用材料 500 元，车间管理部门领用原材料 50 元。会计分录如下。

借：生产成本——基本生产成本　　1 000

　　　　　　——辅助生产成本　　500

　　制造费用　　50

　　贷：原材料　　1 550

该企业材料成本差异率=(100−500) / (5 000+15 000)×100%=−2%（节约差异用负数）

结转发出材料的成本差异的会计分录如下。

借：生产成本——基本生产成本　　20

　　　　　　——辅助生产成本　　10

　　制造费用　　1

　　贷：材料成本差异　　31

三、库存商品

库存商品是指企业已完成全部生产过程并已验收入库，合乎标准规格和技术条件，可以按照合同规定的条件送交订货单位，或可以作为商品对外销售的产品以及外购或委托加工完成验收入库用于销售的各种商品。

1. 产成品入库的账务处理

借：库存商品

　　贷：生产成本

2. 销售商品结转销售成本的账务处理

借：主营业务成本

　　贷：库存商品

【例题 10-12】2012 年 12 月 31 日，红星公司根据“商品验收入库单”和甲、乙产品“成本计算表”，结转完工入库甲、乙产品成本。甲产品 10 000 台，实际单位成本 500 元，计 5 000 000 元，乙产品 2 000 台，实际单位成本 1 000 元，计 2 000 000 元。相关会计分录如下。

借：库存商品——甲产品　　5 000 000

　　　　　　——乙产品　　2 000 000

贷：生产成本——基本生产成本（甲产品） 5 000 000

——基本生产成本（乙产品） 2 000 000

【例题 10-13】2012 年 12 月 31 日，假定红星公司经统计，本月共销售甲产品 650 件，加权平均单价为 230 元；销售乙产品 500 件，加权平均单价为 360 元。请计算并结转已销产品的销售成本。

本月已销甲产品的销售成本=650×230=149 500（元）

本月已销乙产品的销售成本=500×360=180 000（元）

会计分录如下。

借：主营业务成本 329 500

贷：库存商品——甲产品 149 500

——乙产品 180 000

学习任务四 固定资产的核算

一、固定资产

固定资产是指同时具有下列特征的有形资产：

（1）为生产商品，提供劳务，出租或经营管理而持有的；

（2）使用寿命超过一个会计年度。

固定资产应以其取得时的实际成本作为入账的价值、取得时的成本包括买价、进口关税、运输和保险等相关费用，以及为使固定资产达到预定可使用状态前所必须的支出。

按照国家税务总局的规定，自 2009 年 1 月 1 日起，在全国实行增值税转型改革，允许生产经营用固定资产进行进项税额的抵扣。

准予抵扣的固定资产范围仅限于现行增值税征税范围内的固定资产，包括机器、机械、运输工具以及其他与生产、经营有关的设备、工具、器具。

二、账户设置

（1）“固定资产”科目。“固定资产”科目用来核算企业固定资产的原价。该科目的借方登记固定资产增加的原始价值；贷方登记减少固定资产的账面价值。本科目可按固定资产类别和项目进行明细核算。

（2）“累计折旧”科目。累计折旧科目属于“固定资产”科目的备抵调整科目，用于核算企业固定资产的累计折旧。该科目贷方登记计提的固定资产折旧，借方登记因减少固定资产而转销的已提折旧，期末余额在贷方，比奥斯累计提取的固定资产折旧额。该科目只进行总分类核算，不进行明细分类核算。

（3）"固定资产清理"科目借方登记转入处置固定资产账面价值、处置过程中发生的费用和相关税费；贷方登记收回处置固定资产的价款、残料、变价收入和应由保险公司赔偿的损失。本科目借方余额，反映尚未清理完毕的固定资产净损失。

三、账务处理

（一）购入不需要安装的固定资产的账务处理

借：固定资产

　　应交税费——应交增值税（进项税费）

　　贷：银行存款/应付账款

【例题 10-14】企业购入不需要安装的机器设备一台，买价 1 000 000 元，增值税 170 000 元，包装费和运费 3 000 元，全部款项以银行存款支付。

借：固定资产——某设备　　1 002 790

　　应交税费——应交增值税（进项税费）　　170 210

　　贷：银行存款　　1 173 000

（二）固定资产折旧的账务处理

固定资产折旧是指在固定资产使用寿命内，按照确定的方法对应计折旧额进行系统分摊。

我国现行会计准则规定，除以下情况外，企业应对所有固定资产计提折旧。

（1）已提足折旧仍继续使用的固定资产；

（2）按规定单独估价作为固定资产入账的土地。

应计提折旧额为固定资产原价减去预计残值加上预计清理费用。

1. 折旧计提原则

企业一般应按月计提折旧，当月增加的固定资产，当月不提折旧，当月减少的固定资产，从下月起计提折旧。

2. 折旧计提方法

折旧计提的方法有年限平均法（直线法）、工作量法、双倍余额递减法、年数总和法等。

年限平均法下：

每月应该计提的折旧额=（固定资产原价-预计净残值）/使用年限/12

3. 计提折旧的会计分录

企业计提的固定资产折旧应当根据固定资产的用途，分别计入相关资产的成本或当期损益。例如，基本生产车间使用的固定资产，其计提的折旧应计入制造费用；未使用固定资产，其计提的折旧应计入管理费用等。相关分录如下。

借：制造费用

　　管理费用

　　贷：累计折旧

【例题 10-15】红星公司 2013 年 5 月 1 日购入机器设备一台，价值 550 000 元，预计使用年限

10 年，预计净残值为 8 000 元，该机器设备采用年限平均法计提折旧，至 2013 年 12 月 31 日，该机器设备应计提多少折旧？（保留两位小数）

(550 000−8 000)/10/12×7=31 616.67 元

【例题 10-16】计提本月固定资产折旧，其中，基本生产车间计提 20 000 元，行政管理部门计提 10 000 元。

借：制造费用　　20 000
　　管理费用　　10 000
　贷：累计折旧　　30 000

（三）固定资产处置的账务处理

核算的是企业因出售、报废和毁损等原因而转入清理的固定资产价值及其在清理过程中所发生的清理费用和清理收入等。分几个步骤进行账务处理。

（1）把固定资产转入清理，即转销账上记录的固定资产价值。

借：固定资产清理
　　累计折旧
　　固定资产减值准备
　贷：固定资产

（2）取得变卖收入。

借：银行存款
　贷：固定资产清理

（3）支付相关的清理费用。

借：固定资产清理
　贷：银行存款/库存现金

（4）确认清理该项固定资产的利得和损失。

① 利得。

借：固定资产清理
　贷：营业外收入

② 损失。

借：营业外支出
　贷：固定资产清理

企业出售、处置固定、无形资产等业务属于非日常活动，取得的收益和损失应该计入“营业外收入”或“营业外支出”。

【例题 10-17】出售一台设备，账面原值 43 000 元，已计提折旧 27 950 元，已计提减值准备 10 000 元，取得变卖收入 10 000 元，已存入银行，以现金支付清理费用 200 元。

（1）转入清理。

借：固定资产清理　　5 050

累计折旧 27 950

固定资产减值准备 10 000

贷：固定资产 43 000

（2）取得变卖收入。

借：银行存款 10 000

贷：固定资产清理 10 000

（3）支付清理费用。

借：固定资产清理 200

贷：银行存款/库存现金 200

（4）确认收益或损失，即结转固定资产处置的净收益。

借：固定资产清理 4 750

贷：营业外收入 4 750

企业发现盘亏的固定资产，应通过“待处理财产损溢”科目进行核算，在未报批准处理前，要先按账面原价和累计折旧及时予以注销，其账面净值转入“待处理财产损溢”科目；待报经批准处理后，再将净值转入相关账户，如是由财产责任人或保险公司赔偿，则转为“其他应收款”科目；如有关人员和保险公司赔偿后仍有损失的，其差额作为企业的“营业外支出——固定资产盘亏”入账。

固定资产盘盈是通过“以前年度损益调整”科目进行账务处理的。

【例题 10-18】红星公司在固定资产的定期清查中，发现少了一台 A 设备，该设备账面价值原价 10 000 元，已提折旧 3 000 元。

经批准处理前，注销 A 设备原价与累计折旧。

借：待处理财产损溢——A 设备 7 000

累计折旧 3 000

贷：固定资产——A 设备 10 000

经批准，盘亏 A 设备由保险公司赔偿 5 000 元，财产责任人甲赔偿 800 元，其余的净损失转为企业的“营业外支出”处理。

借：营业外支出——固定资产盘亏 1 200

其他应收款——某保险公司 5 000

——甲 800

贷：待处理财产损溢——A 设备 7 000

【例题 10-19】红星公司于 2012 年 12 月 30 日盘盈了一项固定资产，评估确认价值 10 000 元，企业所得税税率为 25%，则相关的账务处理如下。

（1）盘盈时。

借：固定资产 10 000

贷：以前年度损益调整 10 000

（2）调整应交所得税。

借：以前年度损益调整　　2 500

　　贷：应交税费——应交所得数　　2 500

（3）将“以前年度损益调整”科目余额转入“利润分配”科目。

借：以前年度损益调整　　7 500

　　贷：利润分配——未分配利润　　7 500

（4）调整利润分配有关数字。

借：利润分配——未分配利润　　750

　　贷：盈余公积　　750

学习任务五　应收账款的核算

一、应收账款的概念

应收账款是企业因销售产品、商品或提供劳务等经营活动应向购货方或接受劳务单位收取的款项。我国《企业会计准则》规定，企业应收账款的入账价值，应当采用总价法进行确认、计量。总价法是以销售商品的实际售价，作为应收账款的入账价值，也即应收账款的入账价值中包含着现金折扣。现金折扣只有客户在折扣期内支付货款时，才予以确认，销货方把给予客户的现金折扣视作融资费用，在会计上借记“财务费用”科目。

二、账务处理

1. 账户设置

（1）“应收账款”账户核算企业因销售商品、提供劳务等应向购货单位或接受单位收取的款项。

（2）“应收账款”的入账价值包括：销售货物或提供劳务从购货方或接受劳务方收取的合同或协议价款（销售价款）；增值税销项税额，代购货单位垫付的运杂费、包装费等费用。

2. 账务处理

（1）应收账款的发生。

借：应收账款

　　贷：主营业务收入/其他业务收入

　　　　应交税费——应交增值税（销项税额）

　　　　银行存款（代购货单位垫付的运杂费、包装费等费用）

（2）应收账款的收回。

借：银行存款

　　贷：应收账款

【例题 10-20】红星公司销售 A 商品 10 000 元，增值税额 1 700 元，按总价入账，买方在 10

天以后，20 天内付款，按合同享受 1%的现金折扣（假设计算折扣时不考虑增值税）。

（1）确认应收。

借：应收账款　　11 700

　贷：主营业务收入　　10 000

　　　应交税费——应交增值税（销项税额）　　1 700

（2）收到款项。

总金额=10 000×99%+1 700=11 600

借：银行存款　　11 600

　　财务费用　　100

　贷：应收账款　　11 700

（3）应收款项减值（坏账准备）的账务处理——“坏账准备”、“资产减值损失”企业应当在资产负债表日（月末、季末、年末）对应收款项的账面价值进行检查，若证明应收款项发生减值，应当将应收款项的账面价值减记至预计未来现金流量现值，减记的金额确认为减值损失，计提坏账准备。坏账准备——备抵账户，贷记当期计提的坏账准备金额，借记实际发生的坏账损失和冲减的坏账准备金额，期末余额一般在贷方，表示企业已计提但尚未结转的坏账准备。

当期应计提坏账准备金额的计算如下（坏账是指企业无法收回或者收回的可能性极小的应收账款）。

① 计提方法。

应收账款余额百分比法——按应收账款余额的一定比例计算提取坏账准备（考试一般采用此法）。

账龄分析法——根据应收账款的时间长短来估计坏账损失的方法。

赊销百分比法——根据当期赊销金额的一定百分比估计坏账的方法。

② 计提坏账准备的基本公式。

当期应计提的坏账准备=当期应收款项的余额×坏账准备计提率-（或+）“坏账准备”科目的贷方（借方）余额

③ 计提坏账准备的会计分录

借：资产减值损失（损益类账户）

　贷：坏账准备（资产类中的备抵账户）

实际发生坏账时的账务处理。

借：坏账准备

　贷：应收账款

【例题 10-21】2013 年 12 月 31 日，甲公司对应收乙公司的账款进行减值测试，应收账款金额合计为 200 000 元，甲公司根据乙公司的资信情况确定按照 10%计提坏账准备，假定 2013 年 12 月 31 日“坏账准备”科目借方余额为 10 000 元，则甲公司应计提的坏账准备为多少元？并编制计提时的会计分录。

甲公司应计提的坏账准备=200 000×10%+10 000=30 000（元）

借：资产减值损失　　30 000

　　贷：坏账准备　　30 000

【例题 10-22】接【例题 10-21】，2014 年甲公司对乙公司的应收账款实际发生坏账损失 2 000 元，请编制确认坏账损失的会计分录。

借：坏账准备　　2 000

　　贷：应收账款　　2 000

学习任务六　预付账款、其他应收款、应收票据

一、预付账款

1. 定义

预付账款是企业为了购买所需物资或为了接受劳务而按照购货合同规定提前预付给供应单位的款项，它属于企业的短期债权。为了加强对预付账款的核算和监督，应设置“预付账款”科目进行核算，其明细账应按供货方或提供服务的单位设置。预付账款不多的企业，可以不设置“预付账款”科目，而直接通过“应付账款”科目核算，但在编制会计报表时，仍然要将“预付账款”和“应付账款”的金额分开报告。

2. 账务处理

（1）向销货单位支付一笔预付货款时。

借：预付账款

　　贷：银行存款

（2）收到所购物资时。

借：原材料/材料采购/库存商品

　　应交税费——应交增值税（进项税额）

　　贷：预付账款

（3）当预付账款小于所须支付的款项时，应将不足部分补付。

借：预付账款

　　贷：银行存款

（4）当预付账款大于所须支付的款项时，应将多余部分退付。

借：银行存款

　　贷：预付账款

【例题 10-23】公司订购甲材料 60 吨，货款 60 000 元（其中，增值税税额 8 718 元），按订货合同规定，向供货单位预付 15 000 元的货款，以银行存款支付。

借：预付账款　　15 000

　　贷：银行存款　　15 000

【例题 10-24】接【例题 10-23】，收到甲材料，已验收入库，公司以银行存款补付所欠款项 53 718 元。

借：原材料——甲材料　　51 282

　　应交税费——应交增值税（进项税额）　　8 718

　　贷：预付账款　　60 000

补付所欠货款。

借：预付账款　　45 000

　　贷：银行存款　　45 000

二、其他应收款

1. 核算范围

（1）应收的各种赔款、罚款，如因企业财产等遭受意外损失而应向有关保险公司收取的赔款。

（2）应收的出租包装物租金。

（3）租入包装物支付的押金——存出保证金。

（4）应向职工收取各种垫付款项，如为职工垫付的水电费、应由职工负担的医药费等。

（5）员工出差预借差旅费等其他各种应收、暂付款项。

2. 账户设置

企业的各种其他应收款式通过“其他应收款”科目进行核算和监督的，本科目可按对方单位（或个人）进行明细核算。本科目借方反映新增加的各种其他应收款，贷方反映收回的各种其他应收款。本科目期末借方余额，反映企业尚未收回的其他应收款项。

（1）员工出差前预借差旅费。

借：其他应收款

　　贷：库存现金/银行存款

（2）出差回来报销差旅费。

借：管理费用/销售费用　　（假如销售部门员工出差，则计入“销售费用”）

　　库存现金　　（多余款归还给企业；假如须补给员工的款项，则记在贷方）

　　贷：其他应收款

【例题 10-25】企业员工李某预支差旅费 2 000 元，用现金支付。

借：其他应收款——李某　　2 000

　　贷：库存现金　　2 000

职工李某报销差旅费 1 950 元并交回现金余额 50 元。

借：管理费用　　1 950

库存现金 50

贷：其他应收款——李某 2 000

三、应收票据

（一）应收票据的含义

应收票据仅指企业因销售商品、提供劳务等而收到的商业汇票。

企业持有的应收票据是一项短期债权，在资产负债表上列示为一项流动资产。企业可以将自己持有的商业汇票背书转让。符合条件的持票人还可以持有未到期的商业汇票向银行申请贴现。应收票据贴现是指持票人因急需资金，将未到期的商业汇票背书后转让给银行，银行受理后，从票面金额中扣除按银行的贴现率计算确定的贴现息后将票款金额付给贴现企业的业务活动。

我国企业会计准则规定，企业收到应收票据，不论是否带息，均应按应收票据票面价值进行初始计量，但对于带息的应收票据，应于期末（指年末）按应收票据票面价值和票面利率计提应收利息，计提的应收利息应增加应收票据的账面价值。

（二）应收票据的分类

1. 商业汇票按承兑人不同，分为商业承兑汇票和银行承兑汇票

（1）商业承兑汇票是指由付款人签发并承兑或由收款人签发交付款人承兑的汇票。

（2）银行承兑汇票是指由在承兑银行开立存款账户的存款人签发，由承兑银行承兑的票据。企业申请使用银行承兑汇票时，应向其承兑银行按票面金额的万分之五交纳手续费。银行承兑汇票的出票人于汇票到期前未能足额交存票款时，承兑银行做逾期贷款处理，并对出票人尚未支付的汇票金额按照每天万分之五计收利息。

2. 商业汇票按其是否带息，可以分为带息票据和不带息票据

（1）带息票据承兑人除了向收款人或被背书人支付票面金额外，还应按票面金额和规定的利息率计算支付自票据生效日起至票据到期日止的利息。

（2）不带息票据承兑人只按票面金额向收款人或被背书人支付款项。

（三）应收票据的账务处理

1. 账户设置

“应收票据”账户：借方登记取得的应收票据的面值；贷方登记到期收回票款或到期前向银行贴现的应收票据或背书转让的应收票据。期末余额在借方，反映企业持有的商业汇票的票面金额。

2. 具体账务处理

（1）取得商业汇票。

① 因销售商品收到开出承兑的商业汇票。

借：应收票据

贷：主营业务收入

应交税费——应交增值税（销项税额）

② 因债务人抵偿前欠货款而取得的应收票据。

借：应收票据

　　贷：应收账款

（2）商业汇票到期，按照实际收到的金额入账。

借：银行存款

　　贷：应收票据

（3）商业汇票到期承兑人违约拒付或无力支付票款。

借：应收账款

　　贷：应收票据

【例题 10-26】红星公司销售一批产品给 B 公司，货已发出，货款 10 000 元，增值税额为 1 700 元。按合同约定 3 个月以后付款，B 公司交给红星公司一张 3 个月到期的商业承兑汇票，票面金额 11 700 元。账务处理如下。

（1）红星公司收到票据时。

借：应收票据　　11 700

　　贷：主营业务收入　　10 000

　　　　应交税费——应交增值税（销项税额）　　1 700

（2）3 个月后，票据到期，收回票款存入银行。

借：银行存款　　11 700

　　贷：应收票据　　11 700

（3）如果票据到期，B 公司无力偿还票款。

借：应收账款　　11 700

　　贷：应收票据　　11 700

学习任务七　应付账款、应付票据、其他应付款的核算

一、应付账款

应付账款是指企业因购买材料、商品和接受劳务供应等经营活动而产生的应支付给供应单位的款项，属于负债类账户。它是因为买卖双方在购销活动中实际取得货物和支付款项的时间不一致所造成的。

（一）账户设置

企业应设置“应付账款”科目，核算应付账款的发生、偿还、转销等情况。该科目贷方登记企业购买材料物资、商品和接受劳务等而发生的应付账款，借方登记偿还的应付账款或开出商业汇票抵付应付账款的款项，或已冲销的无法支付的应付账款，余额一般在贷方，表示企业尚未支付的应付账款金额。本科目一般按债权人设置明细账户进行核算。

（二）账务处理

1. 应付账款发生的账务处理

借：原材料/在途物资/库存商品

　　应交税费——应交增值税（进项税额）

　　贷：应付账款

2. 偿付应付账款的账务处理

企业偿还应付账款或开出商业承兑汇票抵付应付账款时。

借：应付账款

　　贷：银行存款/应付票据

如果企业确实无法支付应付账款，经批准后应转入营业外收入，借记“应付账款”科目，贷记“营业外收入”科目。

【例题 10-27】2013 年 6 月 20 日，红星公司从 A 公司购入材料一批，价款 100 000 元，增值税 17 000 元，对方代垫运杂费 1 000 元，材料已运到并验收入库（该企业采用实际成本法核算），款项尚未支付。

借：原材料　　101 000

　　应交税费——应交增值税（进项税额）　　17 000

　　贷：应付账款——A 公司　　118 000

6 月 25 日，红星公司用银行存款支付上述材料款。

借：应付账款——A 公司　　118 000

　　贷：银行存款　　118 000

二、应付票据

“应付票据”账户核算企业购买材料、商品和接受劳务供应等而开出承兑商业汇票的情况。贷方登记开出的商业汇票面值和应计利息；借方登记支付票据的款项，期末贷方余额反映企业开出的尚未到期的应付票据本息。

1. 开出承兑商业汇票

借：原材料（在途物资、材料采购、库存商品等）

　　应交税费——应交增值税（进项税额）

　　贷：应付票据

2. 支付银行承兑汇票手续费

借：财务费用

　　贷：银行存款

3. 以商业汇票抵付货款

借：应付账款

　　贷：应付票据

4. 到期付款时

借：应付票据

　　贷：银行存款

5. 应付票据到期，企业无力支付票款，按应付票据的账面余额入账

借：应付票据

　　贷：应付账款（或者“短期借款”）

【例题 10-28】某公司（一般纳税人）2013 年 2 月 1 日开出一张面值为 351 000 元、期限为 3 个月的不带息商业汇票，用以采购原材料一批，材料已经验收入库，材料采用实际成本法核算。收到的增值税专用发票上注明的材料价款为 300 000 元，增值税额为 51 000 元。根据上述资料，该公司的账务处理如下。

（1）购入商品时。

	借方	贷方
借：原材料	300 000	
应交税费——应交增值税（进项税额）	51 000	
贷：应付票据		351 000

（2）2013 年 5 月 1 日票据到期付款时。

	借方	贷方
借：应付票据	351 000	
贷：银行存款		351 000

（3）到期无力付款时。

① 如为商业承兑汇票。

	借方	贷方
借：应付票据	351 000	
贷：应付账款		351 000

② 如为银行承兑汇票。

	借方	贷方
借：应付票据	351 000	
贷：短期借款		351 000

三、其他应付款

（1）其他应付款的定义：企业经营活动以外的其他各项应付、暂收款。

（2）其他应付款的内容：应付租入包装物的租金、经营租入固定资产的应付租金、出租或出借包装物收取的押金（存入保证金）、应付以及暂收其他单位款项。

（3）设置账户：“其他应付款”账户，贷方登记发生的各种应付、暂收款项，借方登记偿还或转销的各种应付、暂收款项，余额在贷方，表示应付未付的款项。

（4）核算：企业发生各种应付、暂收款项时。

借：银行存款（管理费用）

　　贷：其他应付款

支付或退回有关款项时。

借：其他应付款

　　贷：银行存款

【例题 10-29】红星公司将一台设备出租给 B 企业，收取押金 1 500 元，存入银行。

（1）收到押金。

借：银行存款　　1 500

　　贷：其他应付款　　1 500

（2）退还押金。

借：其他应付款　　1 500

　　贷：银行存款　　1 500

（3）保管不善扣押金的 50%作为罚款，其余归还押金。

借：其他应付款　　1 500

　　贷：营业外收入　　750

　　　　银行存款　　750

学习任务八　职工薪酬、应交税费、借款的核算

一、应付职工薪酬

职工薪酬是指企业为获得职工提供的服务而给予各种形式的报酬以及其他相关支出。职工薪酬包括以下内容。

（1）职工工资、奖金、津贴和补助；

（2）职工福利费；

（3）医疗保险费、养老保险费、失业保险费、工商保险费、生育保险费等社会保险费和住房公积金；

（4）工会经费和职工教育经费；

（5）非货币性福利；

（6）因解除与职工的劳动关系给予的补偿。

（一）账户设置

企业根据有关规定应付给职工各种薪酬，包括职工工资、奖金、津贴和补贴、职工福利费等应通过“应付职工薪酬”科目进行核算。该科目的借方登记实际发放职工薪酬的数额；贷方登记已分配计入有关成本费用项目的职工薪酬的数额；该科目期末贷方余额表示企业应付未付的职工薪酬。

（二）计提应付职工薪酬的账务处理

根据职工提供服务的收益对象，将应确认的职工薪酬计入相关资产成本或当期损益。

1. 计提工资时

借：生产成本

　　制造费用

　　管理费用

　　销售费用

　　贷：应付职工薪酬——工资

2. 计提福利费时（一般按工资总额的1%提取）

借：应付职工薪酬——职工福利

　　贷：库存现金/银行存款

【例题 10-30】计提本月的职工福利费，其中，基本生产车间生产工人 3 000 元，基本生产车间管理人员 600 元，行政管理部门人员 2 800 元。

借：生产成本　　3 000

　　制造费用　　600

　　管理费用　　2 800

　　贷：应付职工薪酬——职工福利　　6 400

【例题 10-31】2013 年 1 月 12 日，红星公司根据工资单，用现金发放上月工资 530 000 元，其中实发工资为 466 400 元，代垫代扣员工个人自交医保共 10 600 元，以及员工个人自交住房公积金 53 000 元。相关分录如下。

借：应付职工薪酬——工资　　530 000

　　贷：库存现金　　466 400

　　　　其他应付款——医药保险费　　10 600

　　　　　　　　　——住房公积金　　53 000

二、应交税费

应交税费是指企业在生产经营过程中产生的，按照税法规定计算应向国家缴纳的各种税费。

企业一般设置“应交税费”科目进行总分类核算。该科目总括地核算企业按照税法规定计算应缴纳的各种税费，包括增值税、消费税、营业税、所得税、资源税、土地增值税、城市维护建设税、房产税、土地使用税、车船税、教育附加费、矿产资源补偿费和企业代扣代缴的个人所得税等。本科目贷方登记应缴纳的各种税费，期末余额一般在贷方，表示企业尚未缴纳的各种税费金额，如果期末余额在借方，则表示企业多缴或尚未抵扣的各种税费。

需要特别注意的是，企业应缴纳的印花税、耕地占用税、契税、车辆购置税等一般不需要预计应交数的各种税费不必通过“应交税费”科目核算。

（一）应交增值税的账务处理

主要掌握采购时的进项税额和销售时的销项税额的处理。

1. 进项税额的账务处理

借：原材料

　　应交税费——应交增值税（进项税额）

　　贷：应付账款

2. 销项税额的账务处理

借：银行存款

　　贷：主营业务收入

　　　　应交税费——应交增值税（销项税额）

【例题 10-32】2012 年 12 月 5 日，红星公司向宏远公司开出增值税发票，销售 A 产品 60 件，销售单价 3 500 元；销售 B 产品 30 件，销售单价 5 500 元；增值税税率为 17%；货已发出，货款已收存入建设银行。相关分录如下。

借：银行存款　　438 750

　　贷：主营业务收入　　375 000

　　　　应交税费——应交增值税（销项税额）　　63 750

3. 进项税额转出的账务处理

【例题 10-33】2012 年 12 月 10 日，红星公司自建 8 号办公大楼，领用丙材料 50 吨，进货单价 500 元，增值税进项税额 4 250 元，材料已发出。有关账务处理如下。

借：在建工程——8 号办公大楼　　29 250

　　贷：原材料——丙材料　　25 000

　　　　应交税费——应交增值税（进项税额转出）　　4 250

（二）应交营业税的账务处理

营业税是对在我国境内提供应税劳务、转入无形资产或销售不动产的单位和个人征收的流转税。营业税对营业额全额征税，营业税是价内税。

1. 账户设置

企业缴纳的营业税通过“营业税金及附加”科目核算。该科目核算企业经营活动发生的营业税、消费税、城市维护建设税、资源税和教育费附加等相关税费。

（1）以提供应税劳务为主营业务的企业，计算应交的营业税，计入“营业税金及附加”科目。

（2）提供应税劳务以外的企业，转让无形资产或销售不动产，计算应交的营业税，计入“固定资产清理”科目。

（3）转让无形资产计算应交的营业税，作为转让无形资产净损失。

但要注意，企业的房产税、车船税、土地使用税、印花税等税费在“管理费用”科目列支。

2. 账务处理

（1）计算应交营业税、城市维护建设税和教育费附加。

借：营业税金及附加

　　贷：应交税费——应交营业税

——应交城市维护建设税

——应交教育费附加

（2）缴纳税费。

借：应交税费——应交营业税

——应交城市维护建设税

——应交教育费附加

贷：银行存款

三、借款——短期借款、长期借款

企业向银行或其他金融机构借入的期限在一年以下（含一年）的借款通过“短期借款”科目进行核算，期限在一年以上的借款通过“长期借款”科目核算。以下简要说明借款发生、计提利息和偿还的会计处理。

（一）短期借款的账务处理——“短期借款”、“财务费用”、“应付利息”

“短期借款”账户是用来核算企业向银行或其他金融机构等借入的期限在一年以内（含一年）的各种借款。

1. 短期借款借入和归还的账务处理

（1）借入时。

借：银行存款/应付账款（借入短期借款直接偿还欠款）

贷：短期借款

（2）归还时。

借：短期借款

贷：银行存款

2. 计提短期借款利息以及支付利息的账务处理

（1）短期借款利息的计算。

短期借款利息一般按单利计算。其计算公式如下：

短期借款利息=借款本金×借款期限×借款利率

（2）相关账务处理。

① 计提利息时。

借：财务费用

贷：应付利息

② 支付利息时。

借：应付利息

贷：银行存款

【例题 10-34】2013 年 1 月 1 日，红星公司借入一笔短期借款，共计 120 000 元，期限 9 个月，年利率 4%，该借款的本金到期后一次归还，利息分月预提，按季支付。会计分录如下。

（1）借入时。

借：银行存款　　120 000

　　贷：短期借款　　120 000

（2）月末，计提1月份应付利息。

借：财务费用　　400

　　贷：应付利息　　400

本月计提利息金额=120 000×4%/12=400（元）

2月末计提2月份利息与1月份相同。

（3）3月末支付第一季度银行借款利息。

借：财务费用　　400

　　应付利息　　800

　　贷：银行存款　　1 200

第二、三季度的会计处理同上。

（4）10月1日到期归还本金时。

借：短期借款　　120 000

　　贷：银行存款　　120 000

（二）长期借款的账务处理——“长期借款——本金、应计利息”

用来核算企业借入的期限在一年以上（不含一年）的各种借款。该账户贷方登记企业借入的各种长期借款数额（包括本金和利息）；借方登记各种长期借款归还数额（包括本金和利息）。期末贷方余额表示尚未归还的长期借款本金和利息数。

1. 长期借款借入和归还的账务处理

（1）借入时。

借：银行存款

　　贷：长期借款——本金

（2）归还时。

借：长期借款——本金

　　贷：银行存款

2. 计提长期借款利息以及支付利息的账务处理

（1）计提利息时。

借：在建工程（用于构建固定资产，尚未达到可预定使用前）

　　管理费用（利息支出发生在筹建期间）

　　财务费用（属于生产经营期间）

　　贷：长期借款——应计利息　　（到期一次还本付息）

　　　　应付利息　　（分期付息）

长期借款计提利息（到期一次还本付息）是增加借款的账面价值，这跟短期借款是不同的。

（2）支付借款利息时。

借：应付利息/长期借款——应计利息

　　贷：银行存款

【例题 10-35】2012 年 1 月 1 日，红星公司从建行取得一笔为期两年的借款 500 万元，款项已收存银行，年利率为 7%，该借款用于基建工程，借款利息按年支付，借款本金到期后一次还本。相关会计分录如下。

（1）取得借款时。

借：银行存款——建设银行　　5 000 000

　　贷：长期借款——本金　　5 000 000

（2）结转利息时。

借：在建工程　　350 000

　　贷：银行存款　　350 000

（3）支付利息时。

借：财务费用——利息　　350 000

　　贷：银行存款　　350 000

（4）归还长期借款时。

借：长期借款　　5 000 000

　　贷：银行存款　　5 000 000

学习任务九　资本的增减

资本是投资者为开展生产经营活动而投入的资金，会计上的资本专指所有者投入的资本。投资者的出资方式可以分为货币资金、实物资产（如固定资产、原材料等）、无形资产（如专利权、商标权、非专利技术等）三类。

一、账户设置

（1）“实收资本”科目。该科目核算企业接受投资者投入的实收资本，该科目按照所有者设置明细账，进行明细分类核算。该科目借方登记所有者投资的减少额，期末余额在贷方，表明期末所有者投资的实有数额。

（2）“资本公积”科目。该科目核算企业收到投资者出资超过其在注册资本或股本中所占份额的部分，作为资本溢价，在本科目核算；直接计入所有者权益的利得和损失，也通过本科目核算。期末余额一般在贷方，反映企业期末的资本公积数额。本科目应当分别按“资本溢价”、“其他资本公积”进行明细核算。

二、接受投资

一般企业增加资本主要有三个途径：接受投资者追加投资；资本公积转增资本；盈余公积转增资本。

（一）接受现金资产投资的账务处理

借：银行存款

　　贷：实收资本

　　资本公积——资本溢价　（超出所占注册资本份额部分）

【例题 10-36】收到投资者追加资本金 1 000 000 元，款项已存入银行。

借：银行存款　　1 000 000

　　贷：实收资本　　1 000 000

（二）接受非现金资产投资的账务处理

企业接受非现金资产投资时，按投资合同或协议约定价值确定非现金资产价值（投资合同或协议约定价值不公允的除外）和在注册资本中应享有的份额。

借：固定资产

　　贷：实收资本

　　　　资本公积——资本溢价

【例题 10-37】收到投资者投入的固定资产一件，原价为 100 000 元，已计提折旧 40 000 元，协议作价为 70 000 元。

借：固定资产　　70 000

　　贷：实收资本　　70 000

【例题 10-38】经批准，用盈余公积 8 000 元转增资本。

借：盈余公积　　8 000

　　贷：实收资本　　8 000

三、实收资本的减少——必须按照法定程序减少

【例题 10-39】按照法定程序减少注册资本 1 000 000 元，用银行存款向所有者支付。

借：实收资本　　1 000 000

　　贷：银行存款　　1 000 000

学习任务十　收入、成本和费用

收入是指企业在日常活动中形成的，会导致所有者权益增加的，与所有者投入资本无关的经济利益的总流入。成本是指企业为生产产品、提供劳务而发生的各种经济资源的耗费。费用是指企业在日常活动中发生的，会导致所有者权益减少的，与向所有者分配利润无关的经济利益的总流出。

一、收入

（一）销售商品收入必须同时满足下列条件时才能予以确认

（1）企业已将商品所有权上的主要风险和报酬转移给购货方；

（2）企业既没有保留通常与所有权相联系的继续管理权，又没有对已出售的商品实施有效控制；

（3）收入的金额能够可靠地计量；

（4）相关的经济利益很可能流入企业；

（5）相关的已发生或将发生的成本能够可靠地计量。

（二）账户设置

（1）"主营业务收入"科目。该科目核算企业确认的销售商品、提供劳务等主营业务收入。本科目可按主营业务的种类进行明细核算。期末，应将"主营业务收入"科目余额转入"本年利润"科目，结转后本科目应无余额。

（2）"其他业务收入"科目。核算企业确认的除主营业务活动以外的其他经营活动实现的收入，包括出租固定资产、出租无形资产、出租包装物和商品、销售材料的收入。本科目可按其他业务收入种类进行明细核算。

（三）收入的账务处理

1. 主营业务收入的账务处理 —销售产品

（1）确认销售收入。

借：银行存款/应收账款/应收票据

　　贷：主营业务收入

　　　　应交税费——应交增值税（销项税额）

（2）结转销售成本。

借：主营业务成本

　　贷：库存商品

【例题 10-40】2012 年 12 月 5 日，红星公司向宏远公司开出增值税发票，销售 A 产品 60 件，销售单价 3 500 元；销售 B 产品 30 件，销售单价 5 500 元；增值税税率为 17%；货已发出，货款已收，存入建设银行。相关分录如下。

借：银行存款	438 750	
贷：主营业务收入		375 000
应交税费——应交增值税（销项税额）		63 750

2. 其他业务收入的账务处理——销售材料、出租固定资产、转让无形资产使用权等取得的租金收入

（1）确认销售收入。

借：银行存款/应收账款/应收票据

　　贷：其他业务收入

应交税费——应交增值税（销项税额）

（2）结转销售成本。

借：其他业务成本

贷：原材料（考试一般是出售多余的原材料）

【例题 10-41】红星公司 7 月 19 日销售材料一批，合计 10 000 元，货款尚未收到（假设不考虑增值税）。

借：应收账款　　10 000

贷：其他业务收入　　10 000

二、成本

产品制造企业为制造一定种类和数量的产品所支付的各项费用的总和，称为产品成本。

（一）账户设置

产品成本主要通过“生产成本”和“制造费用”科目核算。“生产成本”科目核算企业进行工业性生产发生的各项生产成本；“制造费用”科目核算企业生产车间（部门）为生产产品和提供劳务而发生的各项间接费用，包括生产车间发生的机物料消耗、生产车间管理人员的工资、折旧费、办公费、水电费、季节性停工损失等。在生产一种产品的车间中，制造费用可以直接计入产品成本；在生产多种产品的车间中，企业应根据制造费用的性质，合理选择分配方法，将制造费用分配计入各种产品成本。

（二）账务处理

1. 发生直接材料、直接人工、制造费用的账务处理

（1）生产领料。

借：生产成本

贷：原材料

（2）分配生产工人薪酬。

借：生产成本

贷：应付职工薪酬

（3）支付车间发生的水电费、办公费、计提折旧费等。

借：制造费用

贷：银行存款/累计折旧

2. 制造费用在不同产品之间分配的账务处理

借：生产成本

贷：制造费用

3. 结转完工入库产品成本

借：库存商品

贷：生产成本

三、费用

企业的费用主要包括主营业务成本、其他业务成本、营业税金及附加、销售费用、管理费用和财务费用等。

（一）结转主营业务成本、其他业务成本的账务处理

（1）借：主营业务成本

　　　贷：库存商品

（2）借：其他业务成本

　　　贷：原材料

（二）发生营业税金及附加的账务处理（如前所述）

（三）发生管理费用、销售费用、财务费用的账务处理

1. 销售费用

销售费用是指企业在销售商品和材料、提供劳务过程中发生的各项费用，包括企业在销售商品过程中发生的包装费、保险费、展览费和广告费等，以及企业发生的为销售本企业商品而专设的销售机构的职工薪酬、业务费、折旧费等。

2. 管理费用

管理费用是指企业为组织和管理生产经营活动而发生的各种管理费用，包括企业在筹建期间发生的开办费、董事会和行政管理部门在企业的经营管理中发生的或者应由企业统一负担的公司经费等。

3. 财务费用

财务费用是指企业在生产经营过程中为筹集资金而发生的各项费用，包括企业生产经营期间发生的利息支出（减利息收入）、汇兑净损失（有的企业如商品流通企业、保险企业进行单独核算，不包括在财务费用中）、金融机构手续费，以及企业发生的现金折扣或收到的现金折扣。

（四）发生期间费用的账务处理

借：管理费用/销售费用/财务费用

　　贷：银行存款/库存现金

（五）营业外收支

企业的营业外收入包括非流动资产处置利得、盘盈利得、罚款利得、捐赠利得等，企业取得的营业外收入应通过“营业外收入”科目核算。企业的营业外支出包括非流动资产处置损失、盘亏损失、罚款支出、公益性捐赠支出、非常损失等，企业发生的营业外支出应通过“营业外支出”科目核算。

1. 取得营业收入的账务处理

【例题 10-42】红星公司取得固定资产清理净收益 8 000 元转做营业外收入。

借：固定资产清理　　　　　　　　　　　　　　　8 000

　　贷：营业外收入　　　　　　　　　　　　　　　　8 000

2. 发生营业外支出的账务处理

【例题 10-43】企业以银行存款支付罚款 8 400 元。

借：营业外支出　　　　8 400

　　贷：银行存款　　　　8 400

学习任务十一　财务成果的计算

财务成果的计算和处理一般包括利润的计算、所得税的计算和缴纳、利润分配或亏损弥补等。本任务简要介绍利润及利润分配的账务处理。

利润是指企业在一定会计期间的经营成果，是企业在一定会计期间内实现的收入减去费用的净额，包括营业利润、利润总额和净利润。

一、利润

（一）利润的计算

营业利润=营业收入-营业成本-营业税金及附加-营业费用-管理费用-财务费用-资产减值损失+公允价值变动收益（或减公允价值变动损失）+投资收益（或减投资损失）

其中：营业收入包括“主营业务收入”和“其他业务收入”；营业成本包括“主营业务成本”和“其他业务支出”。

利润总额=营业利润+营业外收入-营业外支出

应交所得税=应纳税所得额×税率-减免税额-抵免税额

其中：

应纳税所得额=收入总额-不征税收入-免税收入-各项扣除-允许弥补的以前年度亏损

净利润=利润总额-所得税

（二）期末结转各项收入、利得类科目的账务处理

企业当期实现的净利润（或发生的净亏损）通过“本年利润”科目核算。企业期末结转利润时，应将各损益类科目的金额转入本科目，结平各损益类科目。结转后本科目的贷方余额为当期实现的净利润；借方余额为当期发生的净亏损。

结转各项收入、利得类科目的账务处理如下。

借：主营业务收入

　　其他业务收入

　　投资收益

　　营业外收入

　　贷：本年利润　　（记贷方表示企业增加的利润）

（三）期末结转各项费用、损失类科目的账务处理

借：本年利润（记借方表示减少企业本年利润）

　　贷：主营业务成本

　　　　其他业务成本

　　　　营业税金及附加

　　　　销售费用

　　　　管理费用

　　　　财务费用

　　　　营业外支出

二、所得税

企业当期应交所得税的计算公式为：

应交所得税=应纳税所得额×所得税税率

在不存在纳税调整事项的情况下，应纳税所得额等于税前会计利润。

（1）计算应交所得税。

借：所得税费用

　　贷：应交税费——应交所得税

（2）交税。

借：应交税费——应交所得税

　　贷：银行存款

（3）结转所得税费用。

借：本年利润

　　贷：所得税费用

三、利润分配

利润分配是指企业根据国家有关规定和企业章程、投资者协议等，对企业当年可供分配的利润所进行的分配。利润分配的顺序依次如下所述。

（1）弥补5年以前年度亏损。

（2）提取10%法定公积金，法定公积金累计额达到注册资本50%以后，可以不再提取。

（3）应付优先股股利，指企业按照利润分配方案分配给优先股股东的现金股利。

（4）提取任意公积金，提取比例由投资者决议。

（5）向普通股投资者分配利润。

（6）保留一定量的未分配利润。

企业利润的分配（或亏损的弥补）应通过“利润分配”科目进行核算。

（1）将“本年利润”科目年末余额转入“利润分配——未分配利润”科目。

借：本年利润

贷：利润分配——未分配利润

（2）提取法定盈余公积、任意盈余公积及向投资者分配利润。

借：利润分配——提取法定盈余公积（一般按净利润的10%提取）

——提取任意盈余公积（提取比例由股东大会等机构决定）

贷：盈余公积——法定盈余公积

——任意盈余公积

应付利润/应付股利

（3）向投资者支付分配的利润。

借：应付利润/应付股利

贷：银行存款/库存现金

年终结算时，将“利润分配”账户所属的各明细分类账户的借方余额结转到“利润分配——未分配利润”明细账户的借方。

借：利润分配——未分配利润

贷：利润分配——提取法定盈余公积

——提取任意盈余公积

【例题10-44】2012年12月31日，假定红星公司年终“本年利润”科目贷方余额为1 000 000元，利润分配前“利润分配——未分配利润”科目余额为1 800 000元，经股东大会决议利润分配方案为：本年提取10%的法定盈余公积金，提取5%的任意盈余公积金，向投资者分配现金股利400 000元。

根据以上资料，编制如下会计分录。

（1）年终将“本年利润”科目余额全部转入“利润分配”科目。

借：本年利润　　1 000 000

贷：利润分配——未分配利润　　1 000 000

（2）提取法定盈余公积金。

借：利润分配——提取法定盈余公积　　100 000

贷：盈余公积——法定盈余公积　　100 000

（3）提取任意盈余公积金。

借：利润分配——提取任意盈余公积　　50 000

贷：盈余公积——任意盈余公积　　50 000

（4）向投资者分配现金股利400 000元。

借：利润分配——应付现金股利　　400 000

贷：应付股利　　400 000

年度终了，企业应将“利润分配”科目所属其他明细科目的余额转入“未分配利润”明细科目。结转后，本科目除“未分配利润”明细科目外，其他明细科目应无余额。“利润分配——未分配利润”科目如出现借方余额，则表示累计未弥补的亏损数额。对于未弥补亏损可以用以后年度实现的税前利润进行弥补，但弥补期限不得超过5年，超过5年以后可以用税后利润弥补，也可以用盈余公积补亏。

项目小结

各任务内容必须按教材例题进行全面掌握（关注账户的设置，以及具体的应用，教材例题是根本）；掌握基本的计算，包括存货发出的核算；固定资产折旧的账务处理；坏账准备的计算；应付职工薪酬的核算内容及处理；借款利息的计算；损益类科目转入本年利润的处理；应交所得税的计算；利润分配的计算与核算。

同步练习与实践训练

一、理论与技能测试

（一）单项选择题

1. 某企业6月初A材料的结存数量为3 000件，单价为2元。6月8日购入A材料5 000件，购入单价为2.10元；6月13日领用A材料3 000件；6月20日又购入A材料4 000件，购入单价为2.25元；6月28日领用A材料2 000件。至月末再无其他购入或领用A材料事项发生。用加权平均法计算6月发出A材料的总成本为（　　）元。

A. 9 085　　B. 11 290　　C. 10 675　　D. 10 625

2. 已知企业本年度累计营业利润总额为3 000 000元，本期共发生资产减值损失100 000元，营业外收入300 000元，营业外支出200 000元。那么，本期利润总额共计（　　）元。

A. 3 000 000　　B. 2 900 000　　C. 3 100 000　　D. 3 300 000

3. 某企业采用“先进先出法”计算发出存货成本，期初某种库存材料数量为100件，单位成本为800元；本月购入350件，单位成本为900元；本月领用250件，则存货发出成本为（　　）元。

A. 215 000　　B. 225 000　　C. 210 000　　D. 200 000

4. 某企业进行存货清查时，发现材料短缺20 000元，经查，该项短缺分别由多种原因造成，其中属于责任人过失的部分为3 000元，属于定额内合理耗损部分1 000元，其余16 000元属于非常损失。对此，会计人员的处理分录应为（　　）。

A. 借：“其他应收款——过失损失人”　　3 000
　　“管理费用”　　17 000
　　贷：“待处理财产损益”　　20 000

B. 借：“其他应收款——过失损失人”　　3 000
　　“营业外支出——非常损失”　　17 000
　　贷：“待处理财产损益”　　20 000

C. 借：“其他应收款——过失损失人”　　3 000
　　“管理费用”　　1 000

"营业外支出——非常损失"　16 000
　贷："待处理财产损益"　20 000

D. 借："其他应收款——过失损失人"　3 000
"管理费用"　16 000
"营业外支出——非常损失"　1 000
　贷："待处理财产损益"　20 000

5. 某企业购入不需要安装的设备一台，价款为 20 000 元，另外支付增值税 3 400 元，运输费和装卸费合计 500 元，那么该固定资产的入账价值为（　　）元。

A. 20 000　B. 23 400　C. 20 500　D. 23 900

6. ×企业 1 月初应计提折旧的固定资产总额为 18 万元，当月新增固定资产 2 万元，当月减少固定资产 10 万元，则该月应计提折旧的固定资产总额为（　　）万元。

A. 28　B. 18　C. 20　D. 10

7. 某企业采用年限平均法计提固定资产折旧。该企业 2008 年购入一台设备并支付价款合计 15 000 元，该设备预计可使用年限为 10 年，报废时净残值率为 2%，计算该设备 2009 年应计提的折旧额为（　）元。

A. 1 370　B. 1 470　C. 1 500　D. 1 600

8. 某企业对行政管理部门的小轿车进行大修理，支付修理费用高达 30 000 元。该企业会计人员对此的会计处理为（　　）。

A. 将该后续支出资本化，计入小轿车成本

B. 将该后续支出费用化，计入管理费用科目

C. 将该后续支出费用化，计入营业外支出科目

D. 将该后续支出费用化，计入其他业务成本科目

9. 企业处置不需用生产设备一台，取得的收入应交营业税 3 万元，会计人员应做的会计分录是（　）。

A. 借："其他业务支出"　30 000
　贷："应交税费——应交营业税"　30 000

B. 借："主营业务税金及附加"　30 000
　贷："应交税费——应交营业税"　30 000

C. 借："生产成本"　30 000
　贷："应交税费——应交营业税"　30 000

D. 借："固定资产清理"　30 000
　贷："应交税费——应交营业税"　30 000

10. ×公司为冰箱生产企业，共有职员 100 名，2009 年 2 月，公司以其生产的每台成本为 1 000 元的冰箱作为福利发放给职工。该冰箱售价为 1 200 元，适用增值税税率 17%，100 名职工中有 20 名为管理人员，有 80 名为生产人员，该公司应做账务处理为（　　）。

A. 借：生产成本　100 000
　　贷：应付职工薪酬　100 000
B. 借：管理费用　28 080
　　生产成本　112 320
　　贷：应付职工薪酬　140 400
C. 借：应付职工薪酬　140 400
　　贷：库存现金　140 400
D. 借：生产成本　140 400
　　贷：库存现金　140 400

（二）多项选择题

1. 企业购入原材料时，在货款已经支付，材料尚未到达或验收入库的情况下，要编制的会计分录涉及的会计科目有（　　）。

A. 在途物资　B. 应交税费——应交增值税（进项税额）
C. 银行存款　D. 原材料

2. 固定资产的折旧方法中，需要考虑残值的有（　　）。

A. 直线法　B. 工作量法　C. 年数总和法　D. 双倍余额递减法

3. ×企业本月应付职工薪酬总额为205 000元，其中，车间生产工人工资15 000元，车间管理人员工资20 000元，厂部行政管理人员工资15 000元，从事专项工程人员工资10 000元，福利人员工资5 000元，生产工人其他福利5 000元。则下列说法正确的是（　　）。

A. 借：“生产成本”150 000元　B. 借：“制造费用”20 000元
C. 借：“管理费用”20 000元　D. 借：“在建工程”10 000元

4. 在利润表中，营业利润减去或加上（　　）后，得出利润总额。

A. 管理费用　B. 营业外收入　C. 营业外支出　D. 所得税费用

5. 下列属于资产与负债同时增加的经济业务有（　　）。

A. 购买材料8 000元，货款暂欠（不考虑增值税）
B. 向银行借入长期借款10万元存入银行
C. 以存款6 000元偿还前欠货款
D. 接受某单位机器一台作为投资，价值10万元

6. 应计入产品成本的费用有（　　）。

A. 生产工人工资及福利费　B. 车间管理人员工资及福利费
C. 企业管理人员工资及福利费　D. 离退休人员的退休金

7. 下列不符合现金保管制度规定的是（　　）。

A. 超过库存限额的现金应在当日下班前送存银行
B. 超过库存限额的现金应在次日下班前送存银行
C. 限额内的库存现金下班后可存放在出纳员的抽屉内过夜

D. 限额内的库存现金下班后必须存放在保险柜内

8. 企业下列做法中，属于正确的是（　　）。

A. 在注册地或住所地开立银行结算账户　B. 在多家银行机构开立基本存款账户

C. 用一般存款账户办理现金缴存　D. 为还贷、还债需要，多头开立基本存款账户

9. 盘亏及毁损财产物资的数额中属于责任者个人赔偿的，不应记入（　　）。

A. “其他应收款”账户的借方　B. “营业外支出”账户的借方

C. “管理费用”账户的借方　D. “其他应收款”账户的贷方

10. 费用中不能予以对象化的部分构成（　　）。

A. 成本　B. 负债　C. 期间费用　D. 资产

（三）判断题

1. 任何单位和个人不得将单位的资金以个人名义开立账户储存。（　　）

2. 一般企事业单位只能选择一家银行的一个营业机构开立一个基本存款账户。（　　）

3. 交易性金融资产是指企业为了近期内出售而持有的金融资产。（　　）

4. 应收账款是流动资产性质的债权，不包括长期债权。（　　）

5. 当月增加的固定资产，当月应计提折旧；当月减少的固定资产，当月不计提折旧。（　　）

6. 其他业务收入主要是指企业转让无形资产等资产的所有权所形成的收入。（　　）

7. 使用寿命有限的无形资产应在其预计的使用寿命内，采用系统、合理的方法对其应摊销金额进行摊销，应摊销金额为其成本扣除预计净残值后的金额；已计提减值准备的，应摊销金额不应扣除已计提减值准备累计金额。（　　）

8. 企业以前年度亏损未弥补完，不能提取法定盈余公积。（　　）

9. 收入可以分为主营业务收入和营业外收入。（　　）

10. 对于到期一次还本付息的债券，其按票面利率计算确定的应付未付利息，应通过“应付债券——应计利息”科目核算。（　　）

二、模拟实训

1. 甲企业采用“应收账款余额百分比法”核算坏账损失，坏账准备的提取比例为 5%，有关资料如下。

（1）该企业从 2006 年开始提取坏账准备，该年末应收账款余额为 200 000 元。

（2）2007 年年末应收账款余额为 240 000 元，2007 年未发生坏账损失。

（3）2008 年 4 月，经有关部门确认发生一笔坏账损失，金额为 15 000 元。

（4）2008 年末应收账款余额为 220 000 元。

（5）2009 年 6 月上述已核销的坏账又收回 10 000 元。

（6）2009 年末应收账款余额为 250 000 元。

要求：根据上述资料（1）～（6）编制甲企业的有关会计分录。

（答案中的金额单位用元表示）

2. 2009 年 9 月至 11 月，甲上市公司发生的交易性金融资产业务如下。

（1）9 月 2 日，以银行存款购入 A 上市公司股票 10 万股，每股 8 元，另发生相关的交易费用 2 万元，并将该股票划分为交易性金融资产。

（2）9 月 30 日，该股票在证券交易所的收盘价格为每股 7.70 元。

（3）10 月 31 日，该股票在证券交易所的收盘价格为每股 8.10 元。

（4）11 月 15 日，将所持有的该股票全部出售，所得价款 82.5 万元，已存入银行。假定不考虑相关税费。

要求：根据上述资料（1）～（4）逐笔编制甲上市公司的会计分录（交易性金融资产科目要求写出明细科目，答案中的金额单位用万元表示）。

三、拓展训练

1. 中西公司是一家工业生产企业，为增值税一般纳税人，存货采用实际成本法计价。2006 年 11 月发生如下业务。

（1）11 月 1 日收到上月采购的甲材料，价款为 2 000 元，增值税为 340 元，未发生其他费用，款项上月已经支付。

（2）11 月 2 日购入甲材料一批，买价为 5 000 元，增值税为 850 元，途中发生运费、保险费等 200 元，各种款项已经通过银行存款支付，材料已经验收入库。

（3）11 月 10 日购入乙材料一批，买价为 2 000 元，增值税为 340 元，发生运费 300 元，款项已经通过银行存款支付，但材料尚未入库。

（4）11 月 15 日生产车间领用工具一批，实际成本为 600 元，于当月一次摊销。

（5）11 月 25 日根据本月“发料凭证汇总表”分配原材料费用：基本生产车间领用甲材料 5 000 元，行政管理部门领用原材料 200 元，在建工程领用原材料 1 000 元。

（6）11 月 30 日收到采购的丙材料，但是发票账单未到，款项也尚未支付。企业暂估价为 2 000 元。

（7）11 月 30 日甲材料的市价持续下跌，材料的减值额为 200 元。

（8）11 月 30 日进行存货清查，盘亏乙材料 20 千克，单价为 100 元/千克，是收发计量差错造成的。

要求：编制上述业务的会计分录。

2. 某企业 2009 年按有关财务制度规定应开支业务招待费 60 000 元，全年实际开支业务招待费 100 000 元，当年违约罚款 5 000 元。年末，按会计核算原则的税前会计利润为 1 000 000 元，所得税税率为 25%，所得税已缴纳。假定本企业全年无其他纳税调整事项。

要求：计算该企业应交所得税，并编制相关的会计分录。

3. 某企业赊销商品一批，增值税发票上的售价 600 000 元，增值税额 102 000 元，货到后买方发现商品质量不合格，要求在价格上给予 3%的折让。货款已经收到。

要求：编制相关的会计分录（销售商品时不考虑成本的结转）。

参考文献

[1] 黄永慧．会计基础复习指南与机考题库[M]．上海：立信会计出版社．2012.

[2] 陈国辉．基础会计[M]．第 3 版．辽宁：东北财经大学出版社．2012.

[3] 中华人民共和国财政部制定．企业会计准则——应用指南[M]．北京：中国财经出版社．2006.

[4] 王英玮．会计档案管理的原理与应用[M]．北京：中国档案出版社．2003.

[5] 会计从业资格考试辅导教材编写组．基础会计[M]．北京：中国财政经济出版社．2012.

[6] 福建省会计从业资格考试标准预测试卷[M]．北京：中国经济出版社．2013.

[7] 薛洪岩．基础会计[M]．第 4 版．上海：立信会计出版社．2009.